大方
sight

武士的女儿

穿越东西方的旅行

Janice P. Nimura

〔美〕贾尼斯·宝莫伦斯·二村　著

马　霖　译

中信出版集团 · 北京

图书在版编目（CIP）数据

　武士的女儿/（美）贾尼斯·宝莫伦斯·二村著；
马霖译. --北京：中信出版社，2019.1
　书名原文：Daughters of the Samurai：A Journey
from East to West and Back
　ISBN 978 - 7 - 5086 - 9692 - 8

　Ⅰ.①武…　Ⅱ.①贾…②马…　Ⅲ.①女性—教育家
—列传—日本—现代　Ⅳ.①K833.135.46

　中国版本图书馆 CIP 数据核字（2018）第 244214 号

Daughters of the Samurai：A Journey from East to West and Back
Copyright ⓒ 2015 by Janice P. Numura
Published by arrangement with Lippincott Massie McQuilkin，through The Grayhawk Agency
Simplified Chinese translation copyright ⓒ 2019 by CITIC Press Corporation

武士的女儿

著　者：[美]　贾尼斯·宝莫伦斯·二村
译　者：马　霖
策划推广：中信出版社　（China CITIC Press）
出版发行：中信出版集团股份有限公司
　　　　　（北京市朝阳区惠新东街甲 4 号富盛大厦 2 座　邮编　100029）
　　　　　（CITIC Publishing Group）
承 印 者：浙江新华数码印务有限公司

开　　本：880mm×1230mm　1/32　　　印　张：10.375　　字　数：155 千字
版　　次：2019 年 1 月第 1 版　　　　　印　次：2019 年 1 月第 1 次印刷
京权图字：01 - 2016 - 3357　　　　　　广告经营许可证：京朝工商广字第 8087 号
书　　号：ISBN 978 - 7 - 5086 - 9692 - 8
定　　价：48.00 元

献给阳二

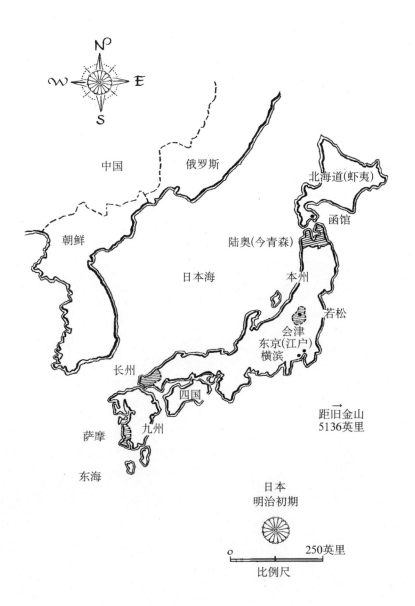

中国

俄罗斯

北海道(虾夷)

函馆

朝鲜

陆奥(今青森)

日本海

本州

若松

会津

长州

东京(江户)

横滨

四国

距旧金山
5136英里

萨摩

九州

东海

日本
明治初期

250英里

比例尺

我的小孙女，若不是那些红头发的蛮夷与众神的孩子了解彼此的心，这些船儿只得漂啊漂啊，而两块土地的距离永远也无法拉近。

　　　　　　　　　　　——杉本钺子《武士的女儿》，1926年

目　录

武士的女儿

作者的话

　　这个故事的主人公是三个女孩。她们出生在自己的国家，却被幼年时代尚无法理解的外力带到一个与家乡全然不同的地方。她们在那里长大，像所有孩子一样，从生活中汲取经验。论出身，她们都纯然是武士的女儿；论成长，她们却是不同文化融合的产物。十年之后，回到故乡的她们发现，在离开的岁月里，她们逐渐长成了故乡的陌生人。

　　我和我的父母以及祖父母、曾祖父母都出生在目前居住的这座城市。我本人的经历与我所要讲述的这段故事有着千丝万缕的联系。上大学的第一天，我遇到一个出生于日本的男孩。年幼时，他的家庭从东京移居西雅图。他的父母决定，等他长到 16 岁，他们就"回家"。对他而言，他的家就在美国，所以后来他的家人回到了东京，而他却留下来了。

　　毕业两年，也就是结婚两个月后，我们搬去了东京。从很多方面上看，我在日本的旅居生活都比我丈夫容易得多。随着我的日语不断提高，很多人都夸赞我的口音、举止，以及我在海胆、刺身和腌梅子上的好品位。我的长相使自己在遭遇失败时得到原谅——毕竟我是个外国人。但我丈夫就没有这样的豁免权了。他看起来是日本人，听口音也是日本人——为什么行为举止就不像日本人呢？

三年后，我们回到纽约。我重返校园，攻读东亚文化研究生课程，这时，我迷上了明治时代的日本历史。明治时代是生活在天神土地上的日本，开始反思历史、向西方工业文明新偶像学习的时代。一天，在纽约社会图书馆地下室珍贵的藏书中，我发现了一本绿皮书——《窥见日本》（*A Japanese Interior*），作者是爱丽丝·梅布尔·培根（Alice Mabel Bacon），一位康涅狄格的学校教师。这是本回忆录，培根记录了她于19世纪80年代后期在东京与"早就在美国相识多年且关系非常亲密的日本朋友们"一起生活的一年。这太奇怪了。19世纪的美国女性一般不会有日本朋友，更别说是她们在美国认识的日本朋友了。

　　爱丽丝来自纽黑文市，我正好在那里度过了我的大学岁月；她旅居东京的时候并没有和外国人一起住，而是住在日本家庭里，我也一样；她曾在一所日本女校教书，这所学校与100年后我在纽约就读的学校同年建立。她的文字耿直而风趣，让我想起我的老师，他们都是有才情、不做作的女学者，最不喜欢自负之人。从爱丽丝的故事中，我发现了另一位女士——与她的生命有诸多交集的山川舍松，爱丽丝的养妹，也是历史上第一位获得学士学位的日本女性；津田梅子，她在日本创立了具有划时代意义的英语学校，舍松和爱丽丝也参与其中；瓜生永井繁子，早在尚无"全职妈妈"一词的几代人之前，就能在对付七个孩子的同时兼顾一份教师职业了。

　　我非常认同这些女性。我了解那种感觉——来到日本，没有一点语言基础，努力想要融入日本家庭，同时又对女性在日本社会的地位深感不满。我的公公婆婆从未打算培养一个美式思维的孩子，而我丈夫却从来没有以日本人的视角看世界。一百年前，早在全球化、多元文化主义成为每一家公司、每一所学校的目标之前，三个日本女孩跨海跨洲，同时精通两个世界的语言，成为惺惺相惜的挚友。她们的故事深深烙在了我的脑海里。

第一部
PART
I

不论将面临何种未来，武士教育会使
你做好万全准备。

——杉本钺子《武士的女儿》，1926 年

女孩们拜见天皇当日。从左至右：上田悌子，永井繁子，山川舍松，津田梅子，吉
益亮子。（图片由津田塾大学档案馆提供。）

序言

1871 年 11 月 9 日

在皇居的周围，一条条窄街小巷铺展开去。一辆辆簇新的人力车转过街角，发出咔哒咔哒的声响。它们驶过商铺门前悬挂的靛青色帷帘，驶过神社那神气的朱红色鸟居拱门，又驶过武士聚居区一面面石灰粉刷过的墙壁。人力车夫紧握车把，一路穿梭，汗涔涔的身体泛着光泽，发出阵阵喘息声；叫人力车的大多是男人，铁制的车轱辘不断撞击路面。路途颠簸，但乘客们依旧面不改色。米店、草鞋店、腕表店和牛角眼镜店临街而立。士兵们清一色头戴鸭舌帽，脚蹬木屐，身穿军上衣和日式阔腿裤，闲荡在街角。他们有时看到几个人高抬着轿子经过，便好奇今次这位不露面的轿中人会是什么身份：一个有官衔的人，制服的双肩极其挺刮？一位不常出门的家臣之妻正要做一次难得的寺庙参拜？街道上，身着蓝棉褂的女仆们衣袖绑在身后①，飞奔在车流和人流中。

皇居威严的巨石路堤横亘在宽阔的路面上。就在这路堤旁，正走

---

① 此为"襻膊"，即用臂绳将袖子在身后绑起，方便作业。——译者注

过五个女孩。她们中，两个十几岁，尚未成年，另两个再年幼一些，而年龄最小的那个，还不到6岁。她们身着上好丝绸，三个年龄稍长的女孩着装是淡色的，上面绣着摇曳的草叶、樱花和牡丹；另外两个女孩则穿着印有羽毛的深色长袍。她们的头发高高盘起，带着沉重的发冠，整套发饰以发簪和发夹固定。走路的时候格外犹疑，好像一不小心，这精心梳理的发型就会让她们失去平衡而跌倒。她们的嘴唇涂成绯红色，脸颊抹上厚厚的粉底，只有眼睛透露出完美肤色之外的一些什么。

皇居雄武的大门轰隆隆缓缓打开。女孩们被迎进去后，宫门再次紧闭。皇居内，万籁俱寂。在迷宫一样的堡垒和供皇室消遣的花园之中，时间的流逝变得缓慢：一切似乎都被精心安排过，从侍卫的一举一动，到随风轻柔振翼的火焰般炽热的枫叶。女孩们踩着细碎的鸽子步，在蜿蜒的走廊上行进。她们身上华丽的和服是各自拥有过最上乘的了，每个人腰间都系有一条与和服本身形成对比色调的坚挺的宽腰带。陪同的女侍在她们耳边不动声色地给出指令：目光不离白色分趾袜正前方的光亮地板，双手紧贴大腿有如胶漆，大拇指藏于手心内。地板吱吱叫，丝绸沙沙响。线香的气味穿过拉门，随风送出。轻轻一窥，闪过的是那描画了仙鹤、乌龟、松树与菊花的一障障屏风、雕刻了老虎、神龙、藤萝与瀑布的门楣窗梁，以及紫色与金色的生动织物。

就这样，她们来到了宽敞的宫廷内室。前方是一障庄重的竹制屏风，但女孩们并不敢抬头看一眼。她们知道，这屏风后面坐的是日本天皇。五个女孩屈膝跪地，将双手放在榻榻米地板上，前倾身体，直至额头触碰指尖。

如果有谁将屏风挪开，如果女孩们大胆地抬起双眼，她们将会看到一位年方二十二、身形小巧的女子。她身着雍容的祭典长袍，全身上下唯有头露在衣饰外面——雪白的和服，厚重的猩红色丝绸阔腿裤，镶以金边的奢华织锦外套。她持一展画扇，画扇上系着一根绸绳，双手依旧藏于衣袖中。油亮的头发在一张鹅蛋脸上生硬地框出一个环状，长长的发辫几乎垂到地上，发辫上隔一小段就扎着一条白纸带。她的下巴看起来很有力量，突出的耳朵衬托出一副精灵的长相。她的面庞被涂得雪白，眉毛全部被剃掉，取而代之的是额头上用木炭高高画出的浓重的两笔。她的牙被染成黑色，此染料由溶于茶水与酒的铁屑和五倍子而得，这样的打扮是符合已婚女性的。虽然她的丈夫之前刚刚试穿过他有生以来的第一套西式服装，但是对这位女子来说，她依旧需要为这一刻打扮得符合宫廷要求，就像此前的几个世纪一样。

放有漆盘的鼓凳被端了上来，放在女孩们面前。漆盘里是一卷红白相间的丝绸、茶，以及庆典糕饼，糕饼也是红白色，象征吉兆。女孩们鞠躬，又鞠躬，再鞠躬，目光紧锁在双手间的榻榻米上。那些茶点，她们一点也没敢碰。一位女侍手持卷轴，走了上来。她用白皙的双手展开卷轴，动作非常优雅。她的嗓音高亮清脆，用词正式考究，女孩们几乎没怎么听懂。这幅卷轴上的文字为皇后亲手所写，想必此前从未有哪位皇后——哪怕是在想象中——起草过这样的内容。

"考虑到你们还是孩子，你们的留洋申请获得批准。"留洋，这几个字听起来真奇怪。从未有日本女孩留过洋，事实上，连读过书的日本女孩都很少。

女侍的嗓音又尖又高。"到那时，当女校建立起来，你们也学成归来，你们将成为全国女性的榜样。"又是一句令人大吃一惊的话，女孩们从未听说过还有什么女校。而且等她们学成归来——如果她们回来的话——她们会成为什么样的榜样？

女侍已经读到卷轴末尾了。"记住，要不舍昼夜，全身心投入你们的学习。"至少这一点，女孩们可以做到，自律与服从，她们铭记在心。在任何情况下，她们也没有其他选择。天皇是众神的子嗣，而这命令来自天皇的妻子。就女孩们所知，这位人间的女神正在借另一个人的声音，给她们下命令，她将一切看在眼中，你却看不到她。

拜谒结束。女孩们从飘散着幽幽线香的皇后内室退了下去。穿过迷宫一般的走廊，她们又一次回到了宫墙外吵嚷的市井。终于松了口气。当她们回到家里时，看到的是满屋子的宫廷礼品：每个人都得到了上好的红丝绸，以及包装精美的宫廷糕点。人们说，这些神圣的糕点是如此甜蜜，吃上一口，什么病都好了。这些女孩被新近任命为女性启蒙的先锋，她们的家人并不打算怠慢皇室的好意，他们将糕点分发给亲朋好友。

一个月后，女孩们将要踏上赴美的船。如果一切按计划发展，等到归来的那一天，她们将已是成年人了。

第一章

武士的女儿

在赴美留学的五个女孩中，年龄排在中间的山川舍松（Sutematsu Yamakawa）所行最遥远。她是已故会津藩主家老山川尚江的幼女，出生于1860年2月24日，那是武士权力式微的无战争年代。她还有一个名字：咲子，意为"盛放的孩子"。在北方高低起伏的山区和种满水稻梯田的山谷地带，她是最后一批遵循武士家族传统和节奏生活的人之一。

白墙峭瓦，鹤城盘踞在山峦之中，这里是会津若松藩主的领地。内护城河环绕城堡，外护城河方圆五英里，有谷仓、马厩，以及最高级别武士的居住区。筑造工程从内岸开始，有16扇门通向城堡。

山川家的建筑群自身就绵延数英里，靠近城堡北边的一扇门。这是一座典型的武士家宅（bukeyashiki）。家宅领域内建造起大片一层高的房屋和庭院，分布并不规则，好似形成了一个大迷宫阵，家族内的一代代人都居于此。有一小块较新的建筑，风格淳朴，房屋风格优雅，地板上铺了散发着干草香的榻榻米垫。如果没有特殊需要，这里就这样空着，娴静美好：有靠垫和低矮的漆桌供吃饭时使用，也有睡觉时铺盖的厚重棉被，以及头垫。之所以用头垫，而非枕头，是为了不弄乱精心打理的发型。壁龛（tokonoma）里放着房间内唯一的装饰物，一幅随季节变换更替的古画卷轴，有时候也放一个陶瓷花瓶，里面插着一株从花园里采下的鲜花。

花园作为背景，为室内提供了其所欠缺的装饰性元素。一股隐秘的清泉哺育了一个小小的瀑布，瀑布又形成了一湾微型河，金鱼躲在粉白相间的荷花下，快活地游来游去。小河周围是一座座假山，营造出奢华的山水造景氛围。一座古桥横跨溪流，直通祭礼茶室。在温暖的夏日，安在主体建筑外墙上的木格纸窗（shoji）通常是打开的，这样，凉爽的风可以吹进室内，并且不论坐在哪间房里，都能尽赏花园美景。

这宁静优雅的设计和装潢只不过是武士的住所，更壮观的是武士家宅的主门区域。主门内外均有卫兵日夜值守，瓦片屋顶直冲向下形成陡峭的房檐，覆盖下方的木造建筑。院墙后有会见室，乍一看，会见室外并没有人，实际上却有隐藏在暗处的卫兵时刻把守。便所屋顶的瓦片不承重，如果有侵入者爬上屋顶，恰又踩错地方，就会直直跌下去。

对还是孩子的舍松来说，家宅院墙就是世界的最远处。所有她认识的人（母亲、爷爷、哥哥、姐姐和嫂子们、总管、女仆、侍从、园丁、守门人以及奶妈）都居住在院墙内，奶妈的小屋也在院内。许多仆人在家宅院内长大，就像是武士家族里的成员。

新房被建起，旧屋成为废宅。拜访者很容易在这里迷路，但这里是小孩子放飞想象力的好地方。舍松和其他孩子经常天黑后在废弃的屋里演《百物语》（*Hyaku Monogatari*）里的故事。幽暗的灯光下，坐在破烂的榻榻米地板上，每个孩子轮流讲过去的鬼故事：《狐狸的房子》《雪女》《食人的小鬼》。每讲完一个故事，房间都变得更暗一些，孩子们一个个在被黑暗包围的房间里吓得发抖，却暗暗鼓励自己不要露出胆怯，不要背叛了武士纪律。

　　武士阶级奉行世袭制。虽然到舍松的时代，战争已成为传说，但武士文化的核心要义直指战争年代推崇的品质——勇敢、服从、节俭、尚武。武士阶层的人口数量占到日本三千万人口的百分之七，对社会经济却没有一点贡献，但掌管公共生活的武士阶层，使战争与和平年代的日本艺术得到了发展——包括诗歌、书法、学术研究，由各自所属区域的藩主提供财政支持，因而武士也必须绝对效忠藩主。武士阶层恪守空泛的忠诚与荣耀理想，卑微的生产与贸易活动则由平民承担。

　　据日本神话记载，日本首位天皇诞生于两千年前，是太阳女神天照大神（Amaterasu）的后裔。数世纪以来，日本社会的实权掌控在将军手中，将军由天皇任命，天皇对将军的任命被看作神圣的授权。16 世纪末，德川幕府的第一任大将军德川家康在江户（今天的东京）建立大本营。德川幕府从成百个土地领主（大名）的手中收回行政权，架空天皇，使天皇基本上成为手无实权的日本皇室血统的象征。天皇极少出现在公共场合，他与一众血统纯正的皇室朝臣住在宁静的京都城，过着与世隔绝的"云上生活"，而在距离京都东北方向 300

英里以外的热闹的江户城，由将军统治全国。

　　掌权之后，德川幕府的首要目标就是维持稳定。为了这一目标，德川幕府建立了一套行政系统，以平衡江户大将军与遍布日本列岛的几百个大名之间的脆弱关系。这几百个大名，个个拥有藩地、城堡要塞，以及效忠自己的武士。只要大名不断给江户幕府缴纳赋税并派出劳力以维护道路、开矿及修建宫殿，大名可在自己的藩地上收税、制定地方法律、建立军队。将军负责维持日本的对外关系，在很大程度上，并不参与大名的地方管理。

　　德川幕府可谓狡猾，发明了一套参勤交代制度，即要求每一个大名除了在自己的藩地建立住所以外，还要在江户保有一座宏伟住所，大名有义务每隔一年就前往江户随侍将军。虽然大名每隔一年就能回到自己的所属藩地，但将军要求大名的妻儿全部留在江户，一举一动都逃不出将军的眼睛。

　　参勤交代制度事实上是一套挟持人质的制度，它还有一个特点：昂贵的维护成本。每一个大名，不仅需要按照符合自己身份的华贵程度请奴仆，建造和打点维持江户住所，还要支付来往于江户与藩地之间奢侈昂贵的出行费用——这是一个展示大名权力和尊贵身份的重要机会。这些制度设置的目的是阻止动荡局面的发生：当大名对权力充满欲望，又没有多余的钱挑起战争，他就不大可能给将军带来麻烦。

　　德川幕府的这套维稳系统也给当时的日本社会带来了意想不到的好处。大名及其随行人员往来于江户与藩地之间，帮助维护和发展了道路系统，繁荣了沿路的旅店和茶馆贸易。新消息、新观点和流行趋势能够从充满活力的国家中心江户城一路传到最遥远的城下町。每一个大名的子嗣，不论他的老家多偏僻，都能像一个城市男孩一样长大，与日本其他地方的精英们分享共同的生活经验。

远离古色古香的京都与发展迅速的江户，一路向北，可以到达会津藩。会津是舍松的家，这里气候条件恶劣，文化也相对滞后。即使是在日本这样的国家，被群山环绕的会津也可谓相当偏僻，其极端的地势条件给旅行和交通都带来极大挑战。出入会津地区意味着要翻越鹿和猴子比人还多的崇山峻岭，要随时提防比土匪还多的熊和野猪的攻击。会津自成一体，偶尔进入会津的人会发现，当地方言是非常难以理解的。

会津是松平家的封邑，松平家是德川家的一支。直到1860年，德川家族已经统治日本长达250年。各藩并非一条心，而会津藩以其尚武、突出的军队实力、严明的官兵纪律，以及对德川家的忠诚著称。"对将军之义心存忠勤"，会津家训以此开篇。"不可满足于与他藩同程度的忠义。"松平家与德川家都世代相传三叶葵纹，松平家在遥距江户以北数百英里外的若松建立大本营，盘踞在日本本州东北部，是五条大路的交会口。若松是战略要地，将德川大本营与不论是地理还是政治上都与江户相隔甚远的北部地区相连接。

正如若松城堡统辖若松地区，会津家训支配着所有若松城管辖范围内的武士家庭。儒学——男人在女人之上、父母在子女之上、仁慈的统治者在恭顺的子民之上——在这里与军队等级制度相结合。"武备不可怠慢"，会津家训如此教导。"阶层有高低，分工不可乱；敬兄爱弟；犯法者不可宥。"不论是在护送藩主去江户的路上，还是处理家政内务，会津藩士都必须时刻严记会津家训，言行举止与家训相合，将自身利益放一边，服务于大名。当然还有一点，"妇人之言，切不可闻"。

每到年末，藩士都会拜谒藩主，聆听藩校校长诵读会津家训。地处若松城堡西边的会津藩校叫作"日新馆"，取每日进步之意。会津武士家的男孩子们十岁进入日新馆，学习中国古典典籍和军事之道，同时也学习数学、医学和天文学，这其中就包括了舍松的兄长们。学校的课程设置很先进，其中已经渗透了从遥远的南部港口长崎以及长崎的荷兰商馆传入日本的西方思想。在德川时代，日本处处兴建藩校。日新馆的讲堂有两层楼高，学校还有一座天文台，是一所一流的藩校。

日新馆的学生们都会加入邻里间发起的"十人组"。十人组制受藩主认可，其创立的目的是为了模拟藩地政治，组内成员宣誓忠诚于对方，对其他组则报以敌意。早晨，每个组的组长集合组员，带领他们去学校，确保组员们将剑放入剑架，上课期间不拔剑。放学后，组长带领组员回家。即使是在校外，组员的行为也受到严格约束。就像父亲们有会津家训一样，男孩子们也有组训，组长定期会给组员念诵组训。

1. 不可违背兄长。

2. 不忘向兄长鞠躬。

3. 不可撒谎。

4. 不可胆怯。

5. 不可欺凌弱者。

6. 不可当众饮食。

7. 不可与女孩说话。

男孩们整齐划一地喊出"我们绝不违抗命令"后，他们就自由了：可以去其他伙伴家里玩，可以在汤川游泳，也可以穿上空米袋子，从长满松树的上坡上高高滑下。那些违背组训的男孩会挨上一顿打，还会被其他组员排斥。

女孩的行为规范虽然很少涉及公共生活，但其严格程度不亚于男孩的行为规范。孩童纪律要求所有小孩早起，洗脸刷牙，直到父母动筷自己才可动筷，并且禁止孩子们在长辈面前打哈欠。会津藩的武士鼓励自己的女儿通过勤奋学习培养坚韧的品格，但女孩们在家中学习读写。不像自己的兄长们，舍松很少有机会踏出家门。

早餐过后，长辈们会在母亲的房间里用茶。在这期间，孩子们可以吃几块金平糖。金平糖是一种上层阶级才能享用的块状糖果[①]。吃完糖果，女孩们和年龄小一些男孩们就该到各自的老师那里学习了。

男孩们需要死记硬背孝道经典，女孩们则需要学习 18 世纪经典——《女大学》。这部经典认为女性生活最重要的是谨记儒家道德约束："女子应当服从、忠贞、仁慈和缄默。"它要求女性将对父母、

---

① 金平糖，即 kompeito，来自葡萄牙语的 confeito，于 16 世纪被葡萄牙传教士带入日本。从禅宗佛教到天妇罗，日本人全面吸收了这些舶来品，以至于它们原本的外国起源和来源经常被遗忘。——作者注

丈夫和公婆的服从放在首要位置。但是，要求女性服从并不包括要求她们任何时候都不反抗。一个会津女孩会收到一把短剑，作为嫁妆里的一件物品，她的母亲也会确保女孩知道如何使用短剑——女孩不仅可以使用短剑自卫，如果贞洁受到玷污，女孩还需要用短剑结束自己的生命。

作为每日诵读的内容，舍松和姐姐们会齐声朗读诸如"玷污女性思想的五大弊病是不顺从、不满足、造谣中伤、嫉妒和愚蠢"等。愚蠢也包括虚荣："一位女子仅需要穿着打扮整洁干净。过度关注自己的外表，因外在引起他人的注意，是一种冒犯。"女孩们会抄写这些段落并将它们奉为真理，印刻在脑海中，尽管或许她们的年纪还太小，并不能完全理解其中的含义。

听课的时间很长，但是孩子们需要正式地跪在榻榻米上，只有手和嘴可以动。在寒冷的冬日，当教室纸窗内的温度和院子里的温度相差无几，即使没有木炭火盆取暖，孩子们也不敢把手塞进和服里。即使炎热的夏日灼阳把整个教室变成一个烤箱，孩子们也不敢扇动扇子。训练身体也是训练意志。

并非所有传统都如此严苛。每个武士家庭的女儿都会从母亲那里继承一套珍贵的盛装人偶，这些精致的人偶代表着皇室。山川家收藏了超过一百个盛装人偶，甚至有一间专门存放人偶的房间。一年当中的大部分时间里，这间房都是女孩们的娱乐天地，没有哥哥们的打扰，她们可以玩过家家，"哄"最喜欢的人偶睡觉。每年，到了三月的第三天，就是女孩们最喜欢的"女孩节"，一场人偶的盛会。人偶们骄傲地"坐"在主会客间里铺了大红绸布的木柜上。最上层是天皇与皇后，朝臣、乐师、士兵，以及微型家具、马车和盛放有真食物的小碟子放在下面一排。当然，这些人偶并无法品尝供品，那么女孩们可不可以替人偶们尝一尝呢？

处处皆是礼仪和规矩，生活在其中的人几乎很难去想是否可能以另外一种方式生活。经过了长达250年的相对和平，一场天崩地裂的政治动荡就要降临日本。

德川幕府治下的日本社会，其主要目的是维持现状。1606年，为了巩固自己的权力，德川幕府第一代大将军德川家康宣称基督教为非法宗教。宣扬人人都需要对上帝忠诚，这对儒家等级制度、对德川家康仍旧不稳固的统治地位无疑是不可容忍的威胁。再者，日本的基督教传教士很可能会像菲律宾的传教士一样，将欧洲殖民主义带入日本。

德川幕府驱逐了很多自1550年以来就在日本传教的葡萄牙和西班牙传教士；迅速收紧了与欧洲的贸易往来，最终仅将贸易口岸局限于长崎港内的人工岛——出岛，且有重兵把守，每年仅允许一艘荷兰船停靠。40年间，德川幕府夺取了数以万计日本基督教皈依者的生命。

随着时间推移，德川幕府的排外态度越来越强硬。1630年，德川幕府通过了一项法律，禁止其子民离港或归国。如果一个倒霉的渔民被一股突如其来的暴风雨吹到外海，飘到某外国海岸，如果他还能活着回日本，一上岸就会被逮捕。虽然日本与中国和朝鲜保持了有限的贸易往来，同时荷兰每年一次从欧洲带来新资讯，日本还是将自身的稳定安全放在发展全球贸易、获得商业利润之上。在曾经数个世纪的战乱之后，德川幕府确实主持了相当长一段时间的和平。

但是，到了19世纪上半叶，日本很难再忽视外部世界所发生的变化了。俄国对日本北部虾夷（也就是今天的北海道）的渔业资源和木材虎视眈眈。英美两国的捕鲸船已经开入太平洋，出现在日本人的家门口，听到日本拒绝签订条款非常不高兴。当1840年中国在鸦片战争中战败的消息传入日本，人们才发现，原来西方的军事侵略不只是说说。

舍松的家虽然远在内陆会津，也只是遥远地听说了以上发生的情况，但武士们不可能不产生警觉。早在1806年，德川将军就部署了几千名会津武士驻守海岸线，一次就是几年，最远至北部虾夷，最南至江户城周围。在家乡会津，武士首领们必须负担部署武士的费用，他们不得不向当地的商人借以重金，并大幅削减武士家禄。

德川幕府治下生机勃勃的国内经济增长日渐迟缓，社会气氛也变得紧张起来。旧日的社会阶级秩序正在瓦解、坍塌。老百姓常年承担着繁重的税负压力，用以支付武士阶层的家禄，他们已经感到不满，商人却集聚大量财富，用金钱为自己买得武士的身份。世袭制的武士家庭发现家禄越来越少，已经无法负担符合身份的衣装；男孩从小被教导不碰钱财，现在却需要向他人借钱，甚至需要亲自想法子挣钱。一些外藩的藩主，本来就对德川政权没有根深蒂固的效忠意识，现在更加遵从自我的想法，而不听命于将军。虽然很多人极不情愿地忍受着外国船舰的到来，但他们也越来越多地关注"兰学"，特别是西方军事技术。

对荷兰的先进思想产生兴趣，这股趋势形成了日本的"兰学"。兰学于18世纪中叶开始在日本有志于思想创新的知识分子中产生影响。虽然将军政权对外国人还是一如既往地高度警惕，但是，除天主教之外，有关天文、地理、医学和技术方面的外国图书越来越受日本人欢迎，他们收藏并悉心保存了很多这方面的书籍。许多日本顶尖学者已经将对汉学的崇拜转向兰学。他们给自己起荷兰名字，学习荷兰语，甚至画出点缀着风车的荷兰风景画。虽然日本对西方贸易基本上采取锁国态度，但日本精英阶层中有相当多的人对西学了解甚多。当然，大多数老百姓还是将外国人想象成长鼻子、一副精灵长相、整日游荡在山野丛林中的天狗的远房表亲。

此种形势在日本一直延续到了1853年7月8日。那一天，美国海军准将马修·佩里（Matthew Perry）率领由四艘"黑船"组成的军舰驶入江户湾，要求日本向美国开放贸易。其中两艘蒸汽护卫舰释放出浓浓的煤烟，这不是什么好兆头。四艘军舰都带有大炮，以及最新的海事武器——佩克桑火炮（Paixhans gun），这种火炮可发射爆炸弹。在此之前，海上作战用的都是加农炮。这些军舰展示的不仅仅是军事实力，更是遥遥领先的技术。

与此同时，岛国日本却一艘军舰也没有，其海岸炮台也早已年久失修。武士的武器依旧是刀剑，刀剑象征了武士的勇猛与荣誉。早在100年前，将军政权就有意识地做出了这样的选择。1543年，当葡萄牙人首次将枪炮引入日本，日本的金属品制造者迅速掌握了制造枪炮的技术。他们开始生产最高质量的火绳枪和大炮。但是，枪缺乏人气、一点也不优雅，也展现不出双方搏斗对峙的英雄气概。枪很容易就置人于死地的武器，区分不出大名和农夫的身份差别。一个没有接受过任何武器训练的无名步兵，手持火绳枪，就可以在射程之内击中一个精英武士。这难道能够成为武士格斗的方式？于是，到了17世纪，将军政权收回了枪支弹药的生产权，并逐渐减少生产枪支弹药的命令；加之在德川统治之下，没什么仗需要打，对枪支弹药的需求就大大减少了。制枪业被日本逐渐遗忘，战士们又重新拿起了刀剑。

日本在江户湾部署的大炮，大多有两百年以上的历史，火力仅有6～8磅，但佩里的火炮火力达64磅。当时一位陪同官员炫耀称美国的这些火炮甚至可以加载日本这些赢弱的小炮，然后把这些小炮直接射向它们的主人。

佩里叩关当晚，江户城的上空出现了罕见的流星。江户湾笼罩在一片阴森可怖的蓝光下，好似一个不祥的天兆，预示着即将到来的危机。（佩里一行人自然将这现象看作是胜利的征兆。）佩里将美国总统米勒德·菲尔莫尔（Millard Fillmore）签署的国书递交给江户幕府，其军舰发射了几轮炮弹以示震慑，江户幕府答应次年春天佩里再来时给予答复。佩里一行于九日后返航。

将军本人德川家庆于佩里叩关当月离世，这加剧了将军政权的动荡。而德川家庆的继承人，29岁的德川家定，其智力和情感发育都仅相当于一个孩子。显然，维持了几个世纪的孤立政策危在旦夕。脆弱的日本如何能与西方相抗衡？有没有一个方法，既能让日本掌握西方的技术，又能确保日本不向这些蛮夷低头？江户的官僚们转而向各大名请求意见，而这一行为在历史上却是头一遭，这等于承认了当局的软弱无能。大多数大名拒绝与美国人进行贸易往来，只有极少数大名认为应该发动战争。但大名的建议仅仅只是建议。

1854年2月，当佩里率领比上次多一倍的军舰叩关时，江户幕府妥协了，很不情愿地向美国开放了两个通商口岸，同时给予美国建立领事馆的权利。日本的大门已经打开了一道缝，西方的重商国家便迫不及待想要将门彻底打开：五年内，江户幕府与法国、英国、俄国以及荷兰相继签订条约，开放了更多的口岸，征收极低的进口关税，并给予外国公民治外法权。

日本与西方各国签订的一系列屈辱的不平等条约极大地削弱了将军的权威。过去的方法不再适用于今天，而前方的路却并不清晰，江户幕府感到异常恐惧。"史学家告诉我们，要遵从古训，跟随我们的先人，不改变一丝一毫，"一位江户的高级官僚这样跟新上任的美国总领事秘书亨利·休斯根（Henry Heusken）说。"遵从先人，则获繁荣；做出改变，则得衰落。先人强大的力量警示我们，不要走捷径，要永远跟随他们，选择那条曲折之路。"然而，西方现代的坚船利炮已经迫使将军将所谓的先人之路舍弃掉了。

江户的版画家们敏锐地抓住了佩里叩关及江户陆续建立起大使馆的新景象。他们绘制了大量宽幅版画，描绘了巨大的黑船，长着长鼻子、顶一头奇怪毛发的水手，他们那包裹住胳膊和腿的窄袖口与裤腿，以及拖着笨重鞋跟的靴子。难道蛮夷的脚上没长脚后跟，所以才需要穿这样的鞋子？

当这些画面，连同不平等条约签订的新闻传到日本列岛之后，反对江户妥协退让的声音此起彼伏。外样大名表示出对江户的极大不满，不少下层武士也逐渐形成一股势力，威胁着将军的统治。他们称自己为"志士"，打出"尊王攘夷"的口号，宣布放弃对藩主的忠诚，将隐逸在京都的天皇奉为日本神圣传统的象征，挑起一连串排外事件，攻击将军手下的官僚、与外国人做生意的商人，以及在日外国公民。

虽然藩校有天文台，通商口岸附近建起许多供西方商人和外交官居住的西式建筑，日本上下都兴起了对西方军事技术和西方语言的兴趣，愤怒的武士们还不时发起暴力事件，但舍松从未见过外国人。在日本，从乡村到城市，特别是偏僻的会津，传统的生活节奏仍在继续。

直到 19 世纪 60 年代，日本国内还未曾出现过一位真正了解西方的掌权者。将军曾派人去美国、英国及欧洲大陆考察，改革派的大名也曾偷偷派人去西方学习，但他们在西方国家的短期停留，只能证明日本需要向西方学习的紧迫性。即使是日本国内最热衷的兰学研究者，对美国人或者欧洲人生活的真实情况也只有非常模糊的认识。

第二章

龙年的战争

消息从南方缓慢地传到会津，多数消息都令人不安。舍松虽然不能参加哥哥们严肃的谈话，但是在日式的纸墙建筑里，没有什么谈话是密不透风的。舍松听出了哥哥们话语间的紧张气氛，也听到了一些自己似懂非懂的词，比如"公武合体"（kobu gattai），即公家（皇室）和武家（幕府）达成和解。天皇和将军难道不是本来就站在同一边的吗？难道会津的武士们不是向来要效忠将军的吗？而将军的权力不是天皇授予的吗？为什么哥哥们的表情如此严肃，讨论如此激烈？

德川家最后一代大将军德川庆喜，虽富有远见，但志不能伸。庆喜爱吃猪肉，对西方的马术和人物摄影感兴趣，与号召攘夷的保守派格格不入。1867 年，被推上将军之位的庆喜，幻想着一场全面改革：由西方内阁部长取代将军幕府幕僚，组建一支拥有现代武器装备的专业军队，建立一套新的赋税制以支持军队建设，同时大力发展工业。然而，此时再去说服南方诸藩征得支持，为时已晚。

反对将军政权的不只是某一个藩中的几个人，这些人大量集中在富庶的南方萨摩藩（位于日本九州岛）和长州藩（位于日本最大岛本州西南角）。历史上，萨摩藩和长州藩本是宿敌，但是到了 1866 年，此二藩却达成了秘密联盟，宣示要推翻将军统治，辅佐天皇恢复实力，建立新政府。比起将军的同盟，此南方二藩的装备更精良，军队更有组织性。他们狡猾地将倒幕运动与皇室合法性联系起来，完美地将敌方置于叛贼的位置上。

两个不共戴天的宿敌暂时联手，不得不说，这就是历史的吊诡之处了。而之前提到的愤怒的攘夷志士们，经过数年与西方战舰残酷的正面交锋，此时也逐渐认清了现实。已经没有人再心存幻想，试图驱赶外国人。他们逐渐明白，并坚定了这样的信念：维护一个植根于儒家思想，同时学习西方先进武器和工业技术的强大团结的日本，是日本直面内忧外患的关键。但是，萨摩藩和长州藩那些激进的改革派一心所想，就是要斩断数个世纪以来盘亘在将军政权周围顽固的封建根基。

正当尊皇派在南方集结团结力量之时，德川政权却让步了。与其发动全面的内战，德川庆喜选择了请辞。毫无疑问，这一举动令其忠心耿耿的同盟大失所望。但从另一方面来说，这也反映出，此时的庆喜对政治局势已十分明了，而这一行动也确实在一定程度上避免了更多的流血与杀戮。1868 年 1 月，尊皇派的势力占领江户城堡，推倒将军政权，宣布时年 15 岁的天皇睦仁复辟，即大家所知的明治天皇。就这样，新时代的帷幕已然拉开。

然而，在日本北部各藩，旧时代残续得还要再久一些。虽然德川

武士的女儿

幕府的时代已经结束，但其忠诚的诸藩，尚未做好向一夜间崛起的南方改革者退让的准备。舍松家所在的会津，正处在北方五藩联盟的中心位置。会津藩在多次与天皇精良部队的作战中，均以失败告终。这场战争后来被称作戊辰战争，一场发生在1868年的龙年之战。

尽管会津藩为之奋斗的已是一个被时代抛弃的理想，但是，在会津家训深深的影响下，会津武士不愿在战场上退缩，并决心要为叛国的污名洗白。他们忠于武士道，宁可背水一战，也不愿与复杂的政治现实和解。实际上，会津藩大名，也就是果敢有为的松平容保（Katamori Matsudaira），正在冒着牺牲整个藩地的风险，为自己争取统领日本的机会——如果打赢这场仗，松平容保说不定能够夺取将军宝座。然而不幸的是，松平的军队力量远不及其政治野心。与此同时，南方的敌人们正在发起一场可怕的复仇之战。

南方诸藩很早就认识到了西方的军事实力，同时，与将军政权比，也手握更多的资金，他们几年前便从外国军火商手中购得了米涅步枪（Minié rifles）和加农大炮。会津藩手中却并没有什么现代武器，有的只是匆忙中制造的木制大炮，只以竹子加固，虽然可以发射石块，但几个回合下来，很有可能会解体。会津大名最终还是向外国军火商购买了武器，但其所购买的武器装备数量不多，且会津武士也远不如南方诸藩的武士那般训练有素。天皇的军队武装严密，军备技术遥遥领先，丝毫不惧会津的反抗。而会津藩的武士依旧看不起萨摩藩武士，认为他们只不过是"番薯武士"。（在日语中，番薯的发音为satsuma-imo，与萨摩的发音satsuma相似。）

那个春天，舍松和姐姐们照例将人偶摆上木柜，以庆祝女孩节。

孩子们的母亲则在一旁阴郁地盯着这些象征着皇室，象征着会津敌人领袖的人偶。夏天到来时，随着不远处传来的巨大轰隆声，武士家的女儿们绑起袖子，用白色头巾扎起辫子，开始练习如何挥舞薙刀，以待需要保卫家乡的那一天。薙刀是一种很残忍的兵器，刀柄很长，刀尖弧度很大。薙刀的长度能够让女性与更强壮的袭击者保持一定距离，以弥补女性在身高和体重上的劣势。舍松以前就经常在家中看到薙刀这种兵器，通常那些薙刀就挂在山川家守卫室里的刀架上，刀柄细长笔直，就像一列直梯。舍松只看到过大人拿薙刀用来习武。因为学校停课，男孩们也待在家中——日新馆现在是战地医院了。会津做好了最坏打算：尽管眼前的世界已经坍塌，但他们要背水一战，拼死守卫。

鹤城优雅的翼状屋顶掩护了城内浩大的防御工事。20英尺（约6.1米）宽的城墙沿护城河拔地而起，每一块巨石上都留下了几个世纪以前工人们艰难地搬运和雕凿的痕迹。从城墙最高处到护城河漂浮着绿色海藻的河面，高50英尺（约15.24米）。城堡内侧的城墙部分简直就是一个由石阶组成的迷宫。有些石阶组成了宽阔的石梯，即使15人并排爬出墙垣也没问题；有些石阶却很窄，上上下下如陡坡，曲折延伸。城堡的石基足有两层楼高。

城墙的一角是钟楼。1868年8月23日，钟楼的大钟被敲响，钟声震耳欲聋，召唤所有听到声响的人进城避难。尊皇派正带领三万士兵，杀入鹤城。舍松的母亲唐衣将四个年幼的孩子和两个儿媳妇召集起来，朝钟楼方向赶去。她的两个儿子已经奔赴战场。

逃生的场面是混乱的：民众在瓢泼大雨和敌人的炮火中挣扎前

行，以寻求庇护。街道上密密麻麻的全是人，被雨水浸泡过的木屋缓慢地燃烧着，浓重的烟雾让人几乎窒息。几个小时之后，城门关闭——城内已无法容下更多人了。没能入城的逃难者绝望地躲在城墙脚下，敌人的子弹在头顶呼啸而过。山川家的女人们都进了城，暂时安全。

大钟敲响以后，仍有许多人没有逃出家门。为了不拖后腿，他们心意已决，选择特有的仪式结束这一切。丈夫在战场上，后方的妻子穿上象征死者的白色长袍，辅助家里的老人和孩子完成殉道的过程后，再结束自己的生命。在一位高级将领的家中，父亲、妻子、两个姐妹、五个女儿全部殉道。这位将领的两个未成年的女儿曾做诀别诗一首：

> 我们手牵手，不惧前路，
> 我们动身启程，向着山路，向着死亡。

此刻，敌人的炮火轰鸣正在若松的群山上回响，空气中弥漫着令人胆寒的味道。在孩子们听来，来福枪射出的一发发子弹就像是锅里的烤豆子，有节奏地砰砰作响。

舍松的哥哥山川健次郎，还有几周就满 14 岁了。健次郎加入了白虎队——一支由未成年的孩子组成的后备部队。因为健次郎不够强壮，无法很好地掌握来福枪，于是被派去和其他年纪更小的男孩子一起看守城堡。事实证明，健次郎是幸运的。8 月 22 日，一支 20 人的白虎队队伍失去了他们的将领，与大部队走散。拂晓时分，20 个小伙子站在一处山岗上，看到城堡炮火弥漫，他们以为最坏的情况已经发生，以为敌人已经攻陷会津大本营，残杀了他们的领主，会津藩地完全沦陷了。他们绝望地跪倒在地，全体自尽。20 人之中，只有一人活了下来。这支白虎队的故事直到今天依旧广为流传，出现在教科书、旅游手册和漫画里，被视为武士精神的典范①。

　　舍松的大哥山川浩时年 23 岁，是会津藩一位很受尊敬的高级将领。敌人包围若松的消息传到山川浩耳中后，大家都觉得，即使他现在带领部队返回若松，也无法攻破敌人的包围，他们已经失去了保卫鹤城的时机。山川浩心生一计：他让自己的士兵们全部穿戴成农民的样子，将他们装扮成吹着笛子、打着鼓的舞狮队。结果，装扮成一支表演队伍的山川浩部队，在大白天堂而皇之地进入了鹤城。这一巧计给会津大名留下了很深的印象，他迅速任命山川浩统领抗敌工作。

　　除了 3000 名男性战士，围城内还有 1500 名女性及孩子。她们组成一支劳动队，有的淘米做饭，有的打扫日益糟糕的城内卫生，有的看护伤员，有的制作弹药。舍松 8 岁，是个生龙活虎的小姑娘，也很机警，周围发生的一切都逃不过她的眼睛。她跑来跑去，去一座仓库搬完铅弹，又跑去另一座仓库，将制成的弹药堆上已经高高垒起的弹

---

① 白虎队的故事超越了会津的地域界限，从旧日本某种英雄形象的代表逐渐变为超越国界的军国主义集体象征。贝尼托·墨索里尼被白虎队年轻勇士对大名领主的效忠程度深深震撼，1928 年，他派人将一座庞贝柱送到会津，立在饭盛山墓地中，俯瞰着山下的城堡。这座刻着意大利语的庞贝柱至今犹在，柱上刻有时间："Year VI of the Fascist Era"（法西斯六年）。——作者注

武士的女儿

药堆。

舍松的姐姐负责制作弹药。姐姐不满足于制作弹药的工作，希望能参与得更深入，她找来废弃的盔甲残骸，剪掉头发，拉低嘴角，做出一副典型的武士表情，然后宣布自己也要奔赴战场。可是，除了铭记武士道精神，服从的训诫也深深印刻在她的心中，于是当听到母亲命令她不要离开城堡时，她妥协了。

敌人对鹤城的包围长达一个月。就在最后几日，天皇部队的 60 门大炮还在狂轰滥炸。舍松的母亲让舍松和其他几个女孩去放风筝，风筝飞得比城墙还高，好像过节一样。"我们还在，"风筝传达出这样的信息，"我们不怕。"炮弹如雨点般落下，落向用潮湿的布捂住口鼻的女人们。山川浩的妻子斗世（Tose，音译）用力向前奔跑，然而前方有一颗炮弹就要爆炸。弹片擦过舍松的脖子，却直穿她嫂嫂的胸部。斗世的伤口已经溃烂，她央求舍松的母亲，帮助她履行一个武士的职责：让她英勇一死。

"母亲，母亲，杀了我吧！"她哭喊着，"请拿出您的勇气！记住，您是武士的妻子！"

正如同级别的其他武家女性，唐衣（Toi，音译）的腰间也别着一把锋利的短剑。可是，她无法拔出短剑杀死自己的儿媳妇。毕竟，她的职责是帮助大家在城堡中躲避枪林弹雨，而不是要她们完成殉道。最终，斗世在痛苦中死去。

9 月 22 日，会津藩大名无奈投降。城墙上飘荡着城内的女人们缝制的白旗。经历了长达一个月的炮击，此时城堡内外突然安静下来，安静得令人觉得诡异。外护城河以内的房屋全部被夷为平地，满载舍松童年回忆的漂亮房屋和精致花园化为废墟，城堡的白墙和瓦片屋顶上也千疮百孔。

戊辰战争酿成的双方伤亡人数达六千人，仅会津藩就占了这个数字的一半。尽管尊皇派取得了决定性的胜利，但是，因为会津藩大名松平容保在战争中表现出的决心不容置喙，他们决定力求万全，不留遗患。就在投降日当晚，尊皇派将松平容保关押在一座寺庙里，门外就是6门大炮。

舍松，以及母亲和姐姐们，离开了硝烟后的若松废墟，舍松又脏又饿，身上爬满虱子。但她们还要不停地走，前往几英里以外的战俘营。舍松所知的那个旧世界，已一去不复返。

一年后，新上任的明治政府对战败的会津藩的命运做出裁定：发配会津藩人至新藩——地处本州北部的蛮荒无人区斗南藩。明治政府派出美国船队，运送他们去斗南藩。1870年春天，山川家的女人们登上了从新潟出发的明轮汽船——这是她们平生第一次看到大海。美国水手给了她们一些饼干。她们站在甲板上，吃着这种从未吃过的奇怪的食物，看着海岸线一点点开阔起来。不过，新奇感很快就消退了；随着汽船缓慢地向北航行，她们愈加感到不安和沮丧，晕船带来的恶心更让人感到无助。

山川家的长子山川浩，已经成为会津的领导者之一，也是斗南藩的统领，需要对1.7万流放者的生命负责。当疲惫的武士们终于能与妻儿团聚时，一时间，他们的状况有了一定的改善。时值夏日，斗南很干净，也不像之前在战俘营里那么拥挤，有蘑菇可以采，也有鱼可以捉。但是，从会津流放而来的武士们从未做过一天农民，随着气候转凉，形势严峻起来：首先是大米不够吃，也没有像样的住所和保暖的衣物。柴火烧光了。锅里的粥汤都冻得僵硬。斗南的开拓者们从雪地底下挖出蕨菜根，采集冲上岸的海藻。储存的大豆和土豆剩的也不多了，只能省着吃。这时候，能吃到狗肉就算是幸运的了。

山川浩并没有倚靠自己的权位给家人谋得半点好处，山川家的困境并未得到一丝缓解；相反，他将人民的需要放在家人的需要之前。急于给母亲和妹妹们找些吃的，山川浩和当地卖豆腐的小贩商量，想要买一些豆渣，这种泥状的豆腐副产品通常是用来喂牲畜的。其他武士听闻山川浩的这一羞耻之举后制止了他。一位会津的武士从来不吃动物的饲料。山川浩用一首诗隐晦地表达了自己绝望的心情：

> 斗南是什么样的地方，
> 告诉那些想知道的人吧；
> 这里是一片先于人类历史的蛮荒之地。

武士训练从来不包括如何应对严酷生存环境的技能，但有一项能派上用场：忍耐。这也是家训里非常强调的一条。然而，正是严苛的会津家训将会津人置身于更艰难的处境。"萨摩和长州的那帮混蛋如果听说我们会津武士饿死了，肯定会嘲笑我们，"一位父亲对他的孩子说，"我们会声名狼藉。所以，这是一场战役，听清楚了吗？这是一场战役，我们要战斗到会津人雪耻的那一天。"

虽然要忍受寒冷、忍受饥饿，但是会津流亡者还是为自己的子弟建起了一所学校。这一次，孩子们的课程方向有了一百八十度的转变，他们阅读教育改革家福泽谕吉（Yukichi Fukuzawa）的著作。福泽谕吉推崇西学，劝诫日本社会不要禁锢在儒学之中，而要学习世界地理和历史。福泽谕吉翻译西方作家的作品，在翻译的过程中，他受到启发，将全球各个国家分为四大类型：蛮荒国家、未开化国家、半开化国家和文明国家。"欧洲毫无疑问是全世界最文明、发展程度最高的大洲；但也不要忘记，"他这样写道，"欧洲也是从混乱与无知中走出来的。"日本虽然尚不如欧洲那样文明，但也不是未开化的非洲，假以时日，日本的发展是让人期待的。

　　会津的领导者看到，是西方的先进技术帮助尊皇派打赢了仗，所以他们十分明白，应该让自己的孩子们学什么。可是，学习归学习，空空如也的肚子还是无法填饱。会津的流亡者一个个营养不良、肠子里长寄生虫，还贫血。舍松这时已经11岁了，她整日要做的事情就是给田地施肥，收集贝类，给家里的餐桌上贡献少得可怜的食物。

　　战争的仇恨正在褪去，年轻的明治天皇和他的朝臣在"东边的都城"建立起新规矩。原江户城里的居民现在需要提醒自己，这里已经是东京了。就在这段时间，舍松16岁的二哥健次郎打扮成寺庙里的侍僧，在一位和尚的保护之下，逃出了会津的战俘营，一路逃到了东京。健次郎卓越的学习能力打动了长州藩中几位富有同情心的领导者，在接下来的一年中，健次郎获得资助，以化名在东京学习生活。

有关他战俘身份的消息总是不胫而走，于是他不得不一次次地搬家。尽管健次郎的出身背景给他带来很多不便，也使得他无缘进入一流学校读书，但健次郎还是在东京安下身来。东京的雪远没有斗南荒野中的雪下得多，可是健次郎却和他被流放在斗南的家人一样，整日都饿着肚子。

明治时代之初，并非只有战败的会津藩人受到生活的考验。明治这两个字的意思是"文明的治理"，其本身就寓意了新政府的方针。一群非常年轻、有活力的改革派上台，以王政复古的名义，势要建立一个全新的日本，一个先进的国家。在明治天皇的授权之下，改革派迅速瓦解了日本社会的残留现状。

尊皇派虽然将幕府将军赶下了台，可是这个联盟的本质是不稳定的，长久以来，各藩从根本上还是效忠于自己的领主。"日本"这个国名说到底也只是一个抽象的概念；每一个藩自成一国。打败了共同的敌人，旧日的宿敌又重新抬头，构成威胁。萨摩藩的"番薯武士"和长州藩的武士取代了德川幕府，没收了德川家的大本营，但其他诸藩的土地还是完好无损，且各藩都有自己的军队。

1871 年 8 月，天皇召集各藩大名领主到东京，并宣布了一项意料之中、却还是引起极大骚动的谕令：废除各个藩地，抹去各藩之间长久以来的界限，设置府县行政系统，由东京任命的府县官僚掌管县级事务。原大名领主的家禄和华族身份得到保留，各藩的年贡移交政府，债务也由政府承担。对这一安排，原大名领主没有做出任何激烈反抗。然而，低级别的武士，甚至那些在战争中支持尊皇派的，却失去了家禄、军衔及其在日本社会阶层中已经习以为常的地位。眼光长远的武士想方设法进入商界，或者为政府部门服务；其他人只能打开储藏室，卖掉祖先留下的家财，沦为贫困却无法舍弃旧生活方式的落魄武士。那时，西方人一进纪念品店就乐不可支。"店里摆着成堆成堆的刀剑。就在几个月前，它们的主人还宁可舍弃生命也不愿舍弃这些玩意儿呢。"一本畅销旅行手册上这么写着。

山川家的男孩——年轻有为的山川浩和他聪明的弟弟山川健次郎——是那些眼光长远的武士中的两个。虽然山川家曾经与将军政权保持着密切关系，也曾获得安定和荣耀，现在这一切都已经烟消云散，但是山川家的孩子并没有丧失作为会津人的骄傲，他们发誓要重振家业。谁也没有想到，家里那个年纪最小的妹妹，竟然在这个誓言当中也扮演了重要的角色。

第三章

面酵的力量

　　曾为会津藩敌对方的萨摩藩人黑田清隆（Kiyotaka Kuroda），是一个宽脸粗脖子的男人。就是这个人，后来深深影响了山川家两个年轻人的命运。黑田清隆除了嗜酒，他对国家发展也表现出极大的热情。可以说黑田代表了明治政权的政绩飞跃。大约十年前，黑田随萨摩藩大名领主去江户。在路上，黑田看到一行骑马的英国人经过——其中竟然还有一位女士。这些外国人面无表情地看着坐在华丽坐轿上的大名领主，以及簇拥在两边、头戴萨摩家纹（圆圈当中画一个十字）的家臣和侍卫走过，而路边的平民百姓看到仪仗队经过，不顾地上的尘土，纷纷下跪，这些蛮夷依旧无动于衷，在路边聊天。几个距外国人比较近的侍卫拔出刀，命令这些外国人下跪。在这一过程中，一个英国人被砍死，两人重伤，那位女士头上的帽子被打了下来，还被砍掉了一撮头发。这便是发生于 1862 年的理查森事件（The Richardson Incident）——此事件以在事件当中丧命的理查森命名。英国为了报复，翌年派舰队炮击了位于鹿儿岛的萨摩藩大本营。萨摩藩人从这次事件看到了英国人的军事实力，这也促使他们更快地意识到，"攘夷"并不是一件容易的事。

几年后，曾经那个佩戴两把武士刀、穿一身丝绸武士袍的黑田，也就是在理查森事件中参与袭击外国人的武士之一，竟摇身变为蓄着大胡子、身穿剪裁良好的西式军装的明治政府官员。

为了学习西方的经验，他游历美国，参观煤矿、木材厂和啤酒厂，观摩美国农垦和开矿技术，并邀请美国专家为新建的北海道殖民委员会（Hokkaido Colonization Board）做咨询工作。该会的建立初衷是开发日本北部领土，而在当时，俄国也觊觎这块土地。北海道有丰富的森林和渔业资源，当地的原住民是阿伊努人（Ainu），他们崇拜熊，世代以狩猎、捕鱼为生。黑田认为，如果要安置那些无家可归、身无分文的叛乱武士，北海道再合适不过了。

回到日本后，黑田召集了一批有前途、有志向的日本青年，批准他们出国留学，培养他们成为自己开拓北海道这一事业的左膀右臂——在这些年轻人中，就有舍松的哥哥，在东京求生存的健次郎。表面上黑田不看家庭背景，选择了出身于曾经的敌藩的健次郎，但其实这一选择也与健次郎的家世有关：虽然战败这一事实使会津名誉受损，但是会津武士的力量和决心是没有任何人怀疑的。而且，黑田认为，适应了会津寒冷冬天的会津人，一定也能适应北海道的气候。1871年1月，16岁的健次郎身穿东京制造的"西式"服装（看起来似乎更像和服），脚蹬一双明显大了几个尺码但刷得雪白的二手鞋，坐上了开往美国的汽船。

在黑田的整个美国旅行中，他不仅观察了美国男性，同时也看到了美国女性不同于日本女性的生活状态，并感到十分惊讶。在家里，即使是与黑田同等级别的日本女性，也很少在正式场合露面；当男人们在茶室和接待室谈事情的时候，女人绝对不允许进入。武士妻子们的职责就是缝缝补补，服侍家人，生孩子，为丈夫管理家政；而丈夫们还时不时地进出风月场所消磨时光，在那里，他们享受着另一群女性的陪伴。这些女性受过音乐和舞蹈训练，能陪男性聊聊他们愿意聊的话题，而不是谈论家政。总之，在日本，女性不是遵从于男性，就是供男性娱乐；除上述情况，女性无足轻重。

但是看看这些美国女性！她们对事情有自己的见解，并能够毫不犹豫地表达——而且男人们还愿意听。她们陪同丈夫参加社交活动和正式典礼，还会主持酒席。男性为女性让座，向女性行脱帽礼，在路边为女性让路，还会帮女性做杂务。显然，美国女性比日本女性要幸运得多。为什么会这样？

这一疑问的答案，黑田认为，是教育的差别。美国上层女性阅读很多书籍，见多识广。虽然她们并不渴望成为商界和军界领袖，但她们能够成为丈夫和儿子智力上的伙伴，能够为他们提供生活需要之外的情感力量和精神支持。如此丰富的家庭生活，也解释了为什么美国男性不管是在军事还是商业领域，事业都能够蒸蒸日上。到华盛顿，见到友人，也就是年轻有为的弁务公使森有礼（Arinori Mori）后，黑田向森有礼表达了自己的这一见解。他甚至劝说森给自己找一位美国太太。森有礼则婉拒了这一建议，以向黑田表达自己的爱国之情。

黑田回到日本后，勇敢地向明治政府提出了一份建议书。他写道，如果派去北海道的都是未经良好训练的男性，只是凭着一番热情和美好愿景，是无法实现开拓北海道这一目标的。日本政府首先要做的是为日本女性提供教育，因为一位母亲对孩子出生后头十年的教育至关重要。受过教育的母亲才能养育聪明的儿子，孩子长大成人，才能领导日本。"只需一点面酵，就能发起一整个面团。"虽然没有明说，但这里面隐含了一个意思：日本一天不将自己国家的女性从阴影中解放出来，西方人就很难将日本看作一个文明开化的国家。

山川健次郎等日本年轻男性已经能够出国读书，将无价的知识财富带回日本，现在是将年轻女性送出国门的时候了。她们回国之后，就有能力在黑田设想的女子学校教书了。同时，她们也会成为日本新一代政治家的贤妻，辅佐丈夫登上国际舞台。

黑田的建议符合锐意改革的明治政府领导者的根本目标，因此受到了明治政府的热烈欢迎。明治政府掌权之初，就起草了一份政治纲领——《五条誓文》（the Charter Oath），由明治天皇于 1868 年在其即位时颁布。《五条誓文》表达了新政府的改革意念：彻底改革日本政治、经济和社会制度，将日本发展成与西方各国同等地位的国家。"破除旧来之陋习，秉持天地之公道，"誓文当中这样写道，"求知识于世界，大振皇基。"突然之间，压抑了日本社会长达 250 年的闭关锁国政策，就这样被废除了。

时机对黑田来说刚刚好。1871 年秋，前天皇朝臣、新上任的明治政府大臣岩仓具视（Tomomi Iwakura）宣布了一项计划，即带领使节团访问与日本签订过条约的所有国家。第一站，美国。是时候实践《五条誓文》，求知识于世界了。使节们将在这次访问中，了解西方制

　　　　　　　　　　　　　　　　武士的女儿

度和技术，将日本的新政府和领导者介绍给西方各政府，并就十年前西方政府强迫没落的将军政权所签订的不平等条约提出修改交涉。那么，既然这次要招募几十名学生一起去，为什么不招募一些女孩呢？

　　海军准将佩里乘黑船来航的几年后，日本就开始派出使节出访西方国家，且取得了喜忧参半的成绩。第一次是1860年派使节去美国，但很大程度上，这是一次礼仪性的访问，是日本签订了第一批不平等条约之后，将军政权在日本民众和美国民众面前维护尊严的一次机会。这一次日本所派出的人员鱼龙混杂，大多是中层官级人士，他们对日本以外国家的生活状态并没有什么概念，他们当中的很多人之所以会被选中出国访问，仅仅是因为他们有这个意愿。没有出国经验、紧张，再加上对西方格外谨慎，他们在很多外交义务上只是匆匆走了个过场，拒绝了很多邀请，一心想早点回国。

　　对于日本首选美国进行访问，美国人表示很荣幸。他们对远道而来的"日本王子们"表现出极高的热情。1860年6月16日，纽约，7 000名士兵列队欢迎，成千上万的民众走上街头，观看日本使团队伍走过百老汇大街，这一盛况被沃尔特·惠特曼永远地记录在了《使命肩负者》（*The Errand-Bearers*）这首诗里：

　　　　亚洲的王子们，
　　　　跨越大海，从日本远道而来，
　　　　脸颊黝黑，礼貌谦恭，

作为客人，佩戴双刀的王子们首次来访，

授予教谕的王子们，倚坐于敞篷四轮大马车中，

没有头发，没有表情，

这一天，他们穿过曼哈顿。

　　日本使节们毫无表情的面孔其实掩盖了内心的慌张和不适。后来以诸多著作为会津流放者指引道路的多产作家、教育家福泽谕吉时年25岁，也在日本首次派出的这支代表团队伍里。虽然他曾留学荷兰和英国多年，但在这次行程中，西式马车、饮料里的冰块和交际舞等这些新奇玩意儿还是令他倍感惊奇。就连吸烟都是个挑战。福泽不知道吸烟要使用烟灰缸，就将烟袋锅里的烟灰包于纸中，藏在宽大的和服衣袖内，结果从衣袖中冒出了一缕一缕的烟。"我以为已经熄灭了的烟灰，竟正悄悄点燃我的衣袖！"

　　美国媒体对1860年日本首次派使节团访问美国给予了一致好评。相比之下，一些美国普通民众的表现则有失水准。看到马车到达华盛顿后，一些不懂礼节的民众立刻围上去，对日本使节做出十分不友好的举动。"一个粗鲁的家伙出言不逊，他说，所有日本男人心里只想着再多弄一些衬裙，就能打扮得更像乡下黑鬼女孩了。"一位记者曾这样报道。

　　1871年，岩仓具视带领的使节团，更是给美国人留下了深刻的印象。距离惠特曼在诗里描述那些高深莫测的日本王子11年后，日本政府不仅旧貌换新颜，日本年轻的政治家们也表现出与曾经的日本政界人士全然不同的态度：积极、好奇、坚定，拥抱未来，而非因循守

旧。岩仓的许多手下都曾留洋，能讲一口流利的英文。使团中46位大使的平均年龄只有32岁。

使团中多数成员都是日本冉冉升起的新领导层，这其中就包括了起草《五条誓文》的那位官员。他们中的许多人在后来的几十年中都成为了日本家喻户晓的名字：政府高级顾问木户孝允（Takayoshi Kido），内阁首相伊藤博文（Hirobumi Ito），财政大臣大久保利通（Toshimichi Okubo），还有负责记录此次使团出访活动的儒家学者久米邦武（Kunitake Kume），他的《美欧回览实记》五卷本对这次外交事件进行了具有划时代意义的记录，热销几万册。

已经有这么多男学生了，再招募几个女孩加入代表团，应该不是什么难事。而且，此次不仅有美国大使查尔斯·德隆（Charles DeLong）随团出访，他的妻子伊利达·维雅·德隆（Elida Vineyard DeLong）也将陪同。因此，作为北海道开拓使，黑田开始着手招募女学生。使节团的招募计划开出了非常优厚的条件：在美国学习和生活十年，期间的所有费用由政府负担，学生每年能够得到800美元的补贴——这笔钱不论给谁，都是一个不小的数字，更别说是发给几个初出茅庐的女孩了。

谁想，报名的人一个都没有。也是，谁愿意把一个尚能在家里帮衬的小女儿送到那么远的地方？而且等女儿回到日本后，不仅过了结婚年龄，还没有接受过任何日本妻子理应接受的家庭义务方面的训练。更何况去的还是美国这么个国家，那些吵闹，身上散发着奇怪味道，黄头发，蓝眼睛，踩着脏鞋在室内走动，每顿饭都大口吃肉的野蛮人！对收到招募令的日本上层社会家庭，送女儿去留学这件事根本不可想象。随着岩仓使节团越来越临近出发的日子，黑田不得不再次发布招募令。这一次，他们收到了几个申请，并立刻接受了所有申请者。

舍松对这些情况并不知晓。1871年春，会津的流放者们在大雪纷飞的斗南度过了第一个饥饿的冬天后，哥哥浩将舍松送到了津轻海峡北边的北海道函馆。远离了家乡的舍松，这一次又离开了家人，不过好歹能填饱肚子了。与贫瘠的斗南比起来，函馆就是一片热闹的绿洲；函馆是海军准将佩里1854年与日本签订通商条约之后，日本打开的第一批通商口岸之一，现在，函馆已经是外交官、传教士和商贸人员的常规目的地了。舍松先是被送去日本首位皈依俄国东正教的泽边琢磨（Takuma Sawabe）教友那里住了一段时间，后来又被送到一个国际货运船只来往繁忙的小镇，在一个法国传教士家庭住了六个月。这个小镇上有不少西式建筑，里面住的是来自九个不同国家的使馆工作人员。这些西式建筑的窗户是上下而非左右开关的；洁白的护墙板替代了未上漆的木板；房顶由排列整齐的方块木瓦铺就，而非茅草屋顶；铁栅栏替代了石灰墙。舍松从未见过没有榻榻米地板和屏风的屋子，在函馆，舍松初次对"西方"有了概念。

黑田发布招募令的时候，舍松的二哥健次郎已经远在美国了。而舍松的大哥，领导会津人民在流放地勇敢生存的浩，认为送小妹去美国也不失为一个好的选择。不论是在敌人围攻若松的时候，后来在战俘营里，还是流放到斗南以后，小舍松的表现都令人钦佩。作为学生，舍松也表现出了极大的潜力。浩信任妹妹，觉得她能够克服在国外课堂上可能面临的挑战，就像她克服过去三年当中的所有困难一样。还有一点，妹妹如果去了美国，浩就能少养活一个人，身上的负担也会少一些。而且谁知道呢？如果妹妹有一天回来，习惯了美国人的做事方式，再讲一口流利的英文，说不定还能效力于日本的现代化发展，也能为重振家族名誉贡献一份力量。

1871 年 10 月，山川浩抵达函馆，嘱咐妹妹立刻赶赴东京。之后她将登上去往美国的船，然后在政府的资助下，进行长达十年的学习。年纪尚小的舍松并不明白哥哥话中的含义，如果哥哥当时告诉她去的是月球，对她来说也没什么差别。作为会津人，舍松所接受的教育并不允许她有任何违抗，所以舍松没有提出任何疑问，很快就收拾好了行李。

为了与母亲道别，在去往东京的路上，舍松在斗南做了短暂停留。听到浩决定将舍松送出去留学的这一消息，母亲又震惊又难过，但毕竟浩才是一家之主，而他决意已定。离去之时，母亲赐予小女儿一个新名字——当时，在教育程度良好的日本家庭，为孩子取一个新名字，以纪念其人生的新开始是很常见的做法。从此以后，咲子就改名叫舍松了。舍松，这在日本人听起来是一个有些奇怪的名字，舍是舍弃的舍，松是松树的松。松这个字代表了会津藩历代大名名主松田家的姓，代表了会津藩所在地若松，象征了舍松的出身；而舍这个字带一点苦涩的意味，可以理解为，山川家引以为傲的这一世系血统已经走到尾声，是时候与过去说再见了。同时，"松"在日语中，与"等待"发音近似——世事飘摇，女儿固然远走他乡，但她永远高尚坚毅如松树，母亲等着她回来。

　　一般来说，一个 11 岁的女孩正处于两个阶段的中间：早过了玩娃娃、过家家的年纪，渴望信任和真正意义上的责任，同时，又缺乏足够的智慧理解前方的道路。然而，舍松不一样，她甚至比大多数大人见过更多人生的阴暗面：敌人围攻鹤城时，她看到成堆未被掩埋的尸体，看到嫂子含恨而死，看到许多人在斗南因饥饿和寒冷而奄奄一息，在函馆也经历了与家人的分别。每年春天在会津度过的节日，以及节日里在木柜上铺红绸布、摆人偶的这些仪式，都早已成为一段模糊的人生记忆，而且现在想来，更像是属于别人的记忆。曾经的那个家已经不存在了，母亲也已与自己道别，只会讲日语的舍松就要离开日本了。山川浩催促妹妹尽快赶到东京，北海道开拓会和教育部门的官员已经在东京等候了。同在东京等候的还有另外四个即将去美国的女孩，而她们看起来，与舍松一样困惑。

　　其中的两位从年龄上看已经是少女了——上田悌子（Tei Ueda）和吉益亮子（Ryo Yoshimasu），两人都 14 岁。另外两位年龄都比舍松小。永井繁子（Shige Nagai）10 岁，圆圆的脸蛋，眼睛笑眯眯的，身体很结实。津田梅子（Ume Tsuda）只有 6 岁，但是已经出落得很漂亮了。亮子和悌子见到舍松后，自然而然就觉得自己需要保护她——舍松从那么远的地方来，在东京又没有人可以帮她；同时，一直都是家里的小妹妹的舍松，也突然有了繁子和梅子这两个妹妹。

　　失去了太多的舍松，如今有了某种意义上的新家庭。这五个女孩都是武士家的女儿，五个家庭都来自最近这次暴乱中失败的一方。可以说她们是千挑万选出来的，也可以说不是，因为事实上没有记录显示还有其他什么人也报名了。生活的节奏好像突然间开始加速。女孩们是岩仓使节团成立之后，在匆忙之中招募进来的，现在，出发的日子已经近在眼前。

不论是在偏僻的会津，还是在繁华的东京，武士女儿的生活都是同一种模式，生活范围大体上被禁锢在家宅院墙之内。然而现在，女孩们过起了东奔西忙的生活。从前，日本人要么步行，要么坐一种叫作"笼"的日式轿子，抬轿子的人肩膀上扛着竹竿，竹竿上像篮子一样来回摇摆的东西供乘轿的人坐进去，"笼子"里面可以铺一张叠起来的垫子，但坐在这种颠簸的日式轿子里，一路还要忍受飞扬的灰尘，乘轿的人不会感到舒服。在新时代的东京，人们使用一种更方便移动、走起来更平稳的两轮交通工具——人力车。人力车需要人力车夫拉动，一路小跑前行。人力车夫穿着宽松的半长裤，头戴宽边碗状帽子以遮蔽刺眼的阳光，穿梭在东京窄小的街巷里。人力车上有一张遮蔽篷，乘客就坐在遮蔽篷下面。1871 年，也就是发明人力车两年之后，东京的街道上已经奔跑着 25 000 辆人力车了，它们塞塞窣窣的车轮声，伴着人力车夫的吆喝声，已经成为了东京市井熙熙攘攘的一部分。

能感受这么平稳的两轮车，女孩们已经觉得很新鲜了，然而令她们更觉得新鲜的是，她们收到了从东京到横滨的 17 英里火车旅行邀请。这条由英国赞助开设的火车线路是在英国人的严密监督下规划和铺设的，近期刚完工，还没有向大众开放，其日本承包商们也尚未观看过火车通行。总设计师是英国人，主要建设团队也清一色是外国人。女孩们对这种不需要施加任何人力就能自行发动的火车感到惊叹不已。

突然间，女孩们被要求在很多正式场合出现，这些场合都由高级官员主持。她们需要参加各种活动时穿的衣服，做衣服的钱由政府出。没有时间给她们做西式礼服了，幸好和服没有西式礼服那么繁复的剪裁，缝制过程并不复杂，衣料是标准宽度，所以也不需要试穿。她们是政府挑选出的第一批接受外国教育的女孩，让这一殊荣更加尊贵的是，她们将成为第一批拜见皇后的武士女儿。

最近，日本皇室刚刚经历变动，美子成为日本天皇的皇后。美子出身京都贵族家庭，与众多武士家庭不同，这是一个更为古老的家族，与皇室是近亲。美子本人也堪称神童：3 岁能识字，5 岁会作诗，7 岁学习书法，12 岁就会弹日本筝了。美子也精通传统茶道和花道。日本皇室通常与五大家族联姻，美子的家族就是这五大家族之一。毋庸置疑，美子自身具备成为皇室妻子的条件，只有一点：美子的年龄比天皇大。实际上，年纪并不是一个很严格的要求，皇室联姻历史上也有皇后比天皇年龄大的先例。问题在于，美子比天皇大三岁，而三这个数字在日本皇室看来并不吉利。但是，问题不大。美子的官方生日被推后了一年。就这样，1869 年 1 月，婚礼如期举行——新郎 16

岁，新娘，按照官方的说法，18岁。

结婚之前，美子与所有待嫁入皇室的女辈们一样，需要学习大量教条、礼俗和规范，个人活动被严格控制在皇宫之内。结婚不到一年，美子与天皇睦仁搬至东京。两年过去，政治与社会改革天翻地覆。就在最近，明治政府领导者们决定，撤销敏感软弱的旧贵族们长久以来在京都管理皇室日常事务的职责，由刚毅清廉的武士接管此方面事务，并成为天皇最亲密的顾问。这些天皇顾问还有一项新任务：教授年轻的天皇国内外历史和时事。传统上，日本的实权由将军掌握，在将军的安排下，日本天皇过着隐居生活，且两耳不闻天下事。关于1853年的佩里来航事件，睦仁的父辈们只能通过江户版画师们作品里恶魔般的讽刺刻画去了解。打破几个世纪以来天皇不闻政治这一传统，意味着这位年轻的天皇需要了解时代的变迁。

更激进的变化是，皇后和她的侍女们也要加入学习的课堂，认真听讲。皇后不仅是全日本地位最高的女性，更需要成为最博学的女性。在此之前，天皇的妻子唯一的职责就是为皇室传宗接代。皇后的生活空间在一障障屏风之后，只有侍女们才可以见到她。美子将作为新时代的皇后出现在丈夫的身边，给予日本的现代化建设者们鼓励和支持，并代表团结一心的日本，向世界展示这个国家的新形象。

1871年1月的那个早晨，美子皇后还尚未登上世界的舞台。以敬畏之心跪拜在美子面前的几个女孩也未曾料想到，有一天，她们竟会再一次站在皇后面前。

拜见过皇后的女孩们，将成为日本正史的一部分。接下来，她们将进入一间摄影棚，将皇室的召见用胶片正式记录下来。

早在19世纪40年代，荷兰商人们就将照片带到了日本的长崎港，但直到19世纪60年代，第一批专业摄影师才抵达日本，这是用镜头捕捉旧日本如何对抗新时代的好时机。面对照相这种能够精准捕捉人像的技术，日本人最初感到非常惊异，态度普遍都很迷信。"照一次相，你的影子就会消失，"有人这样警告其他人，"照两次相，你的寿命就会缩短。"还有人坚持认为，如果三个人并排坐下照相，中间那个人会死掉。然而，就在几年内，照相技术已经与报纸、邮政系统、煤气灯、蒸汽机、国际展览和热气球一道，成为代表人类文明和启蒙的七大工具。到了1871年，坐下来照一张正式的相片已经被日本人看作是令人骄傲的情形了，而且，女性很少能够享受这一特权，更别说是年轻女孩了。

五个女孩相互之间还不怎么了解，所以她们在照片中表现出的拘谨，大概就是她们内心的感受。悌子和亮子坐在两边，坐姿简直就像书立一样，僵硬笔直，两只脚的脚尖挨着，脚后跟却分得很开。摄像师安排悌子和亮子相视而坐，两人身穿式样非常相近的绣着果实和花的浅色和服，目光都擦过对方的耳朵，面无表情地望向前方。悌子将手指端庄地藏在衣袖中。坐在中间的三个年幼一些的女孩，坐姿就没那么庄重了。坐在正中央的舍松，双手放在膝盖上，十指扣在一起，嘴唇轻轻向一边翘着，头发高高地梳成两个圈，就像是蝴蝶的翅膀。繁子站在舍松右边，深色和服让繁子显得有些忧郁。两人真诚地盯着前方那台从未见过的精妙的装置。乖巧地坐在舍松另一侧的是梅子，

　　　　　　　　　　　　　　　　武士的女儿

像是被照相机上方的什么东西吸引住了，头上繁复的发饰更衬得她身形矮小。亮子握着梅子的一只手，或许是在试图稳住梅子。虽然日本的室内摄影师已经普遍使用能够将曝光时间从分缩短至秒的新型湿版火棉胶摄影技术，但对于一个 6 岁的孩子来说，要坐在一个位置上并保持一动不动，还是有不小的困难。

打扮时尚俏丽，却没有任何表情，照片上的女孩们看起来就像是人偶一般。这张照片隐藏的内容，和它展现的内容恐怕同样多：它没有透露刚刚过去的那场暴力叛乱，也没有透露五个战败方的武士女儿对不远的将来感到如何迷惑和恐慌。女孩们就这样被重新包装，以迎接一个全新的日本，以及即将到来的胜利曙光。而她们自己在这件事情上的感受，似乎并不重要。

当天晚上，财政大臣大久保利通罕见地邀请女孩们去家里做客。保利通是萨摩藩武士，41 岁，是岩仓使节团当中官位最高的成员之一。保利通是个时髦的人，他有一张轮廓分明的脸和一双善于表达的眼睛，卷曲的头发梳向两边，而非武士那种顶髻，发型非常新潮。直至许多年以后，女孩们还能够回忆起这一天晚上，她们坐在这间长长的榻榻米房间中，里面满是喝酒的男人，以及弹奏乐器、跳舞，并时刻保持桌面上的酒杯一直处于斟满状态的艺妓。未结婚的女孩很少能够成为政治家的座上宾。

女孩子也从来不是报纸的主要报道对象。那时候，日本媒体还处于发展初期。不过，岩仓使节团的另一位领导者、《五条誓文》的起草者木户孝允已经看到了媒体在国家现代化发展当中的重要作用。他几个月前刚创办《新闻杂志》，目的是启迪民众认识新政府的目标，鼓励民众向文明迈进。就是这份报纸，报道了五个女孩的故事。"五个年轻女孩即将赴美留学。"头版头条以醒目的标题这样写道。这时，距离佩里的黑船驶入江户湾，还不到20年。

第四章

务实者的观察之旅

　　岩仓使节团成员临行前，天皇特设国宴为各位送行。宴会间，天皇发表了一番非常诚实的讲话："如果我国想要获益于文明国家实用的文化、科学和社会环境，我们要么在家里竭尽所能地学习，要么派一批合格而务实的观察者，在异国的土地上获取我国人民不具备、但经验证有益于我国的知识和能力。"施行明治维新的日本天皇，公开承认他的国家尚未获得文明。

　　"游历外国，适当地沉浸其中，能够增加一个人的实用知识储备。"天皇继续道。经历了250年的闭关锁国，日本人对探索国门以外的世界这一概念感到不适应——这是件彰显活力之事，但也似乎伴随着危险，就好像一杯烈酒，需要保守地品尝。"我国内部存在着严重弊病，急需治疗。"天皇这样说。天皇居然承认众神的国土有其弊病！然而天皇还说了其他的。"我国缺乏培养精英女性文化的高等机构。我国女性不应该对关系到生活康乐的重大原则如此无知。虽然我们正致力于设计发展一套针对民众的文明开化体系，但是，对后代教育起到早期培养关键作用的依旧是母亲的教育！"突然间，女性的幸福上升到了国家政策的目标层面。日本政府意识到，日本的文明开化进程是不能缺少女性的。

"因此，出行使节团成员的妻子和姐妹获准陪同，她们可以了解当地的女性教育，归国之后，将所获体验用于提升教育子女的水平。"天皇继续道。听了这番话，宴会席间围坐一桌的一些日本名流并未有所表示——虽然天皇的演讲稿出自他们其中的几位，但这些人并未对天皇的想法上心。后来，岩仓使节团的大使们没有一个携妻出访的。如果让女性学习外国人的那一套这么重要，那就让不用他们操心的其他男人的女儿们打头阵吧。

横滨码头上挤满了岩仓使节团代表们的亲人和朋友，他们中许多人此时的穿着比昨晚送别会上的穿着朴素了许多。女孩们身上的和服是未婚女性的式样，她们缓缓走上码头旁晃动的踏板，尽量不踩到及脚的和服下摆。横滨此时正值 12 月末，阳光依旧强烈，地面上却结着一层厚霜。看客们伸长了脖子，在人群中上下左右地争取找一个最佳位置，希望能看一眼这些日本最出名的政府官员。当他们看到竟有几个女孩也跟在使节团队伍里，使得整个队伍看起来有些不协调，纷纷表示惊讶。女孩们有些僵硬地走到遮篷下，坐在她们的监护人德隆女士身边，张望着码头上的人群，试图从中辨认出熟悉的面孔。使节团的其他成员登上了其他几艘小一点的船。

"这些女孩的父母有多狠心啊，"梅子的姑妈听到一个旁观者说，"竟然把自己的孩子送去美国那种野蛮的地方！"没有人反驳她。在场的一些人或许知道，这些女孩并不是第一批被送去美国的日本女性。会津战败后，普鲁士军火商、大名领主军事顾问约翰·亨利·施奈尔（John Henry Schell）曾带领一批会津武士、农民（包括施奈尔本人的日本妻子），携带茶籽和桑蚕，去往加利福尼亚。1869年6月，这些开拓者在萨克拉门托东部的普莱瑟维尔建立了若松茶叶与丝绸移民地，却很快败给了当地恶劣的气候，有的死去，有的挣扎在穷困之中。"这是一个奇迹，"梅子后来写道，"在日本历史上竟会有这样五个女孩的父母，同意让她们进行这项冒险的事业！"

似乎没人想到应该给这些即将在异国他乡生活十年的女孩们准备些实实在在用得着的东西。使节团的男性代表们设法找来一些西式服装，虽然不能引领时尚潮流，但好歹可以应付场面。许多代表还带了厚重的英文词典。女孩们两样都没有。女孩中唯独小梅子还算带了些在美国用得到的东西：一本注明罗马拼音的英文初级读本，一本《常见英文单词的日文对照口袋书》，一条和梅子身上的和服不怎么相衬的亮红色羊毛围巾。

梅子告诉姐姐们，这些是父亲津田森（Sen Tsuda）给她的礼物，从记事起，父亲就给梅子讲很多有关美国的事情。梅子骄傲地告诉大家，她的父亲懂英文，曾做过将军的翻译官，还去过旧金山，此次使节团的船也将要停靠在旧金山的港口。父亲从旧金山带回了很多参考书和手册，还一时兴起，把头上的顶髻减掉带回来了。梅子一直没有忘记母亲打开父亲的箱子时脸上目瞪口呆的表情。

美国之行改变了津田对待女子教育的态度。回家后，他坚持让梅子学习读写。那时梅子不过4岁，就从早到晚地上课。梅子是个聪明孩子，很快就学会了五十音图，之后开始学习以日文形式书写的中国象形文字——汉字。

与舍松的家庭一样，梅子家也在此前的斗争中成了失败的一方，失去了曾经为将军效力时的家族实力，她的父亲正在挣扎着重新立足。在这样的现实情况下，如果有什么机会能够减少需要养活的家庭成员人数，梅子的父亲是愿意接受的。父亲心里明白，梅子还有两个弟弟继承家族香火，而梅子是可以被送出去的那个孩子。同时，梅子的父亲也认为，送女儿出国还有另一重好处。除了帮家里减轻财务负担之外，接受过美国教育的女儿回到日本后还能给他带来荣誉：如果女儿能讲流利的英文，又耳濡目染西方礼仪，那么将无疑能够帮助作为父亲的自己提升在新政府中的地位。

津田最初打算送大女儿琴子去留学，但是在最后一刻，琴子退缩了。于是家人决定让比琴子小两岁的梅子代替琴子去美国。梅子出生在 1864 年的最后一天。当她的父亲收到家里送来的消息时，得知刚刚降生的第二个孩子还是女儿，便大发雷霆。孩子出生第七天需要起名，但到了第七天，父亲还没回家。又因梅子母亲的床边有一株梅树盆景，所以就有了梅子这个名字。腊雪寒梅，梅代表了美与坚韧。现在，真正的考验就在眼前。不像琴子，一个月后才 7 岁的梅子并不懂这是多么重大的一个决定。那个叫作美国的遥远又陌生的国家，听起来就像是童话中的国度，梅子感到好奇。此时，她的英语水平也就仅仅停留在会讲"是""不"和"谢谢"。

武士的女儿

岩仓具视身着朝臣长袍，庄严地站在领头船的甲板上。领头船以蒸汽为动力，其他小船由水手划桨，紧随其后。小梅子的衣着非常醒目，火红的和服上绣着引吭高歌的仙鹤、菊花以及和她同名的梅花，五个女孩的小船滑出码头一段距离后，人们从岸上还能看到明丽的梅子。停泊在最远处的是太平洋蒸汽轮"亚美利加"号——全球最大明轮船之一：从船头到船尾363英尺（约111米），仅甲板面积就有一英亩（约4047平方米）。这一天，在美国星条旗的旁边，扬起了日本太阳旗。仪仗队鸣放19响礼炮，发射15发空弹，向即将出发的美国大使致以敬意。加农炮的浓烟飘过水面，回声在海港的上空久久萦绕。

100多名代表，以及他们堆得像小山一样的行李，都成功上了船。中午时分，当最后一声大炮轰隆响起，船锚浮出水面，巨大的桨轮开始转动。"亚美利加"号正式启航。"横滨码头停泊了许多外国船舰，我们经过时，船上的水手们纷纷收起缆绳，向我们脱帽致礼，"官方记录者久米邦武这样写道，"我们身后是绵延好几英里的船只，上面坐着为使节团送行的祝福者。"

使节团代表们高尚的理想很难被忽视，他们此行的目的便是要为日本的对外交流史打开一页新篇章。在使节团这样宏大的目标背景下，随行的这五个女孩似乎就很容易被忽视了。果不其然，久米邦武在官方记录中错将五个女孩记成了四个女孩。

海浪之上，富士山披着厚厚的雪袍，神圣庄严，从船上看去，壮丽的美景一览无余。"开船的时候，天气非常好，"两年后，初习写作的梅子在一篇英文作文中写道，"当我看到地平线一点点消失，我心跳加速！我试着不去想离开家这件事。"太阳落山后，游客们还留在甲板上，一直看向西边的天空和大海，直到海面被月光笼罩，美丽而安详。夜晚来临后开始起风，令人兴奋的夜景也因此逐渐模糊，船身也开始晃动。

　　三个星期的航行苦不堪言。隆冬时节的太平洋上暴风雨频发，五个女孩就蜷缩在狭小的船舱里。亮子和梅子睡在铺位上（因为梅子太娇小了，所以睡得下），繁子将行李架当作床。繁子的姐姐给了她一双草鞋，叮嘱她将草鞋放在枕头下面，这样就不会晕船。可是不管有没有草鞋，五个女孩都感到非常难受，她们卧床不起。

　　繁子的年龄比舍松小，比梅子大，她的人生历程也落在繁子和梅子之间的某个点上。和梅子一样，繁子童年的大部分时间是在东京度过的，身边的哥哥和大人既对西方思想感兴趣，又保持着对将军的忠诚。她的父亲益田鹰之助（Takanosuke Masuda）是北方通商口岸函馆的行政官，函馆也是舍松之前居住过的那座城市。繁子的哥哥孝（Takashi）11 岁开始学英文。繁子家 1861 年搬回江户，那一年，繁子刚出生。繁子还记得，她的父亲和十几岁的哥哥两年前随使节团访问欧洲。他们一路经上海、印度，过红海、地中海。繁子看到过一张合照，照片上大家头顶烈日，站在一尊头部巨大的石像——狮身人面像前。

　　和舍松一样，戊辰战争给繁子的旧生活画上了句号，迫使繁子与家人分隔两地。1868 年 7 月，北部诸藩联合对抗尊皇派的进攻，战火也烧到了江户城堡以北，打破了繁子家附近小石川的平静。尽管南方诸藩已经攻占城堡，废黜将军，推年轻的明治复位，但部分佐幕派依旧没有放弃。前大将军手下的一千多人将大本营安在上野的一处寺庙里，这里距江户城堡不到一公里。孝举行婚礼的这天早上，尊皇派的军队穿着蓝色西式军服，头戴南方武士简陋的发髻，突袭上野。

一整天，繁子和家人听到的尽是炮弹嘶嘶和轰隆的声响。方圆几公里内的房屋化为火海，上空是浓浓的黑烟。新郎和其他男人们已经脱掉为婚礼准备的华贵服饰，抄起武器，匆忙奔赴战场。"新娘被抛下，和妈妈以及孩子们在一起，"繁子回忆，"朋友们都跑来了，为了躲避外面的炮弹，家里一阵骚乱。"夜晚，上野之战结束。将军势力最后的一丝坚持也被击溃。败军的头颅被挂在木杆上。繁子忘不掉那场面，"那真是一个恐怖的夜晚"。

江户已乱，对曾经效忠将军的佐幕派来说，再继续待在这里会有危险。繁子的父亲和哥哥都曾忠心耿耿地为将军效劳，所以她的家庭正在受到威胁。胜利的尊皇派士兵们游街欢呼，以骚扰曾经的德川幕府拥护者为乐。孝已经失去了两个幼年患病的姐姐了，他不想再失去第三个。为了保护繁子，他认为，最安全的方法就是把繁子送走。孝在为将军骑兵队服务时，认识了一个医生朋友永井玄荣（Gen'ei Nagai），这位朋友和他的家人正要随其他被流放的将军随从离开东京。永井答应收养繁子，并把她带出动荡的首都。一切发生得是如此之快，繁子还未来得及消化眼前这一桩桩变化，她已经有了新姓氏、新家庭。一路摇摆颠簸，尘土飞扬，繁子整整坐了五天日式笼轿，到达东京西南的一个叫作三岛的地方。繁子在三岛的新家住了三年。

幸好在战胜方那边有孝的朋友，这位有身份地位的朋友帮孝在财政部谋得了一职。一听到招募女学生的消息，孝就立刻意识到，这是一个好机会。他既没有通知妹妹，也没有通知寄养家庭，而是替妹妹做主，向北海道开拓会递交了申请。当信使从东京骑马而来将繁子需立刻启程赴美的消息通知给永井一家时，大家都吃了一惊。

10岁的繁子也震惊了。繁子已经在村里的寺庙学校上了三年学，会读写日文，但一个英文单词也不会。对于政府对她未来的安排和期待，繁子如何能够胜任？当孝递交申请时，他有预感，妹妹会同意。实际上，当时繁子的生活并不是田园牧歌式的，养母对子女的教育非常严苛，待繁子也从来没有亲近过。去美国这件事想想虽然有些害怕，但未知的将来有可能好过现在的境遇。对于自己将要和永井家说再见这件事，繁子并未难过。

在拥挤的船舱里，女孩们恶心了两天两夜。好心的送行人之前送给她们的几盒点心被塞在船舱顶部，让整个空间显得更狭小了。中国侍者端来辨认不出是什么的食物，她们实在不想尝试。监护人德隆女士不会讲日文，使节团里的男代表们，虽然有时候会好心帮她们做翻译，却也并不知道女孩们需要什么。身边的女侍只会说一句日语——"您需要什么？"但女孩们不知道应该如何用英文回答她。当饥饿感比晕船的呕吐感更强烈时，她们只好取些点心充饥，然而这么做却只让她们更加感到不舒服。

第三天，隔壁船舱的一位代表来探望女孩们了。这位使节团代表叫福地源一郎（Gen'ichiro Fukuchi），福地是财政部官员，个子不高，为人坦率，这个人后来成为了日本新闻业的领军人物。在此之前，参加过两次使节团出访活动，所以他非常清楚特使在船上会面临怎样的挑战。他走进女孩们的房间，看到五个女孩面色苍白，浑身湿冷，旁边放着只剩半盒的点心，立刻就明白怎么回事了。他打开舷窗，抓起剩下的点心，扔出舷窗外。"我们怎么哭怎么求都没用，"繁子回忆说。

从这之后，女孩们还是没有出船舱。又过了一周，先是梅子觉得好些了。她沿着金属台阶走上甲板，看到高个子的美国水手，以及穿着帅气制服的美国军官，梅子感到惊讶不已。待女孩们纷纷都上了甲板，她们仔细地参观了一番：气派的酒吧和餐厅，轰隆作响的引擎，只有滚动着的明轮证明，船依旧在浩瀚无际的大海上前进。"乘客不得接近明轮工作区域或在甲板栏杆外走动，"女孩们读懂了船上的警告牌。"不要和工作中的军官讲话。"每天，船长会报告当日所到达的经度数，大使会仔细记下，带表的人也会及时调整手表时间。

下雨，下雨，航行中有近一半的时间都在下雨。大家在熟悉了整艘船的结构之后，就觉得没什么新奇的了。"我们连岛屿模模糊糊的轮廓都看不到，"使节团的记录官久米邦武这样写道，"虽然满月之日到了，但我们几乎看不到月亮，这加剧了大家的孤独感。"

正当女孩们还在为点心被福地扔出去而感到难过时，伊藤博文来看女孩们了。伊藤是高级大使，是福地的一位很亲密的朋友。伊藤身材矮小，但性格豪迈，虽出身卑微，但志向高远，他看上去自负、帅气、勇敢、懂得享受生活，笑的时候透出男孩般的快乐。22岁时，伊藤想方设法偷偷去英国留学，今年30岁的他，已是工部大臣。"他说如果我们表现好，就可以去他的房间，他会给我们一些好东西。"后来繁子回忆到。伊藤给了女孩们一人一点珍贵的味增腌咸菜，这家乡的滋味安抚了女孩们的胃和神经。这并不是伊藤最后一次出面改善女孩们的境遇。

船上无聊的生活让使节团代表们感到沉闷。岩仓使节团的成员们有野心、有抱负、骄傲，但缺乏安全感。享受到掌权后胜利滋味的南方诸藩武士们仍然认为，比起忠诚于彼此，他们更愿意忠诚于自己的藩地。那些曾效忠于大将军的人依旧满怀深深的仇恨。两方人马直到不久以前还是敌人，他们还在学习，如何成为同盟，如何完成将新政权介绍给外部世界的重大挑战。

那些出过国门的觉得自己比从没离开过日本的要高出一等。有一位使节团代表是司法部门的官员，他喜欢在西餐礼仪方面给大家做辅导：左手拿叉，右手拿刀，要把肉切成一小块一小块，而不是拿起一整块肉送进嘴里；吃东西不能出声。傲气的年轻代表们很讨厌好为人师这一套，吃东西时反而放任自己，弄出更大的声响。

在这群没什么事做而憋得发慌的男人中间出现了几个女孩子，这无疑给他们提供了某些程度上的兴奋感。女孩中年龄最大的亮子和悌子，都是 14 岁，几乎到了适婚年龄。直到返程回到日本之前，她们都是使节团男性们唯一能见到的日本女性。并不是每一位使团代表都像伊藤和福地那样亲切又不失得体。一天，一个叫长野①的男人醉酒

---

① 岩仓使节团中有两个姓长野的人，也有学者认为对亮子有不当之举的是司法大辅佐佐木高行的秘书长野文炳，长野文炳来自南部藩地，更有可能欺负来自战败方家庭的女孩。同时，因为他与佐佐木的亲近关系，这也能解释为什么佐佐木强烈反对举行模拟审讯。然而，在自己的记录中，佐佐木提到长野桂次郎和长野文炳（Fumiakira Nagano）时都以长野称呼，所以我们无法判断到底是谁骚扰了亮子。——作者注

武士的女儿

后，突然闯入了女孩们的船舱，这个人是外务部秘书。当时，船舱里只有亮子一个人，亮子奋力地躲避这个扑上来的男人。不一会儿，其他几个女孩们回来了，目睹了眼前的一切。愤怒的舍松赶紧跑去向大久保求助。

虽然使节团当中有两个叫长野的人，但长野桂次郎（Keijiro Nagano）更具嫌疑，大家都知道他是个好色之徒，此方面的劣迹也相当丰富。1860 年，只有 16 岁的长野作为学徒翻译，参加了首次赴美使团。他样貌硬朗严肃，又透着年轻人的意气风发，很快吸引了美国媒体的注意。记者们会一窝蜂冲上来将长野围住，叫他"多情汤米"，不论他走到哪里，都有年轻女性为他着迷。日报记者关注他的每日行动，密切程度超过了对其上级大使们的关注。长野会在粉色信纸上给美国女孩写情书，这还激发了某个人为长野作波尔卡舞曲一首，重复的副歌部分表达了美国粉丝对长野既爱慕又自我感觉居高临下的古怪热情：

妻子和女仆成群结队
围绕在迷人的小男人身边
人们称他为汤米，机智的汤米，
这个来自日本的，黄种人汤米。

现年 28 岁的长野，个头没长高，或许也没有了少年时的美丽，但他似乎还自认为是年轻女性的追求对象。然而，跟外国女生调情绝对不同于接触武士的女儿。周围都是美国船员，使节团的领导者们既感到尴尬，又对眼前这一前所未见的情况有些困惑，他们决定举行一次审讯；这难道不是文明的西方人会采取的方法吗？这将会是一次对制定使节团对外礼仪有益的审讯，既惩罚了不检点者，又能提供一些乐子。航程漫长，代表们正觉得无聊呢。

走起路来昂首阔步的伊藤在伦敦旅居期间曾观摩过法庭审判，由他来作法官很合适。其他代表中有人作公诉人，有人作辩护律师。佐佐木高行（Takayuki Sasaki）是使节团内掌管司法事务的高级官员，见此场景，他感到很震惊：如果只是用一个虚构的案例来模拟法庭现场，倒不是不可以，可现在面前摆着的是一个真实的事件，这就不一样了。不论这次事件真构成犯罪，还是说只是件有失体统的小事，造这么一个声势浩大的"法庭"场子，只会让被骚扰的当事人更难看，也会让整个使节团蒙羞。船还没到岸呢，就发生这样的事情，外国人会怎么看？

可想而知，这次审判只是一场没有得出任何裁决的闹剧。"一次两次行为失当不会影响西方国家的判断，"愤怒的佐佐木在日记中写道，"但是我们才刚刚走上这条进步之路，我们还是没有学识、没有任何成就的孩子。我们需要小心，不要做任何错误的决策。"而长野对这次事件则表示不以为然。"这只是为了解闷儿，"他在日记中写道，"因一件小事弄的一个假审判。"这些代表中没有一个人记录过亮子在这次事件中所遭受的羞辱，以及其他女孩感到的不适。

亚美利加号乘风破浪，一路向旧金山挺进。大海上的景色平淡无

　　　　　　　　　　　　　　　　武士的女儿

奇，偶尔能看到乘着海风、风筝一样翱翔的信天翁。水手们叫这些信天翁"Goonies"。距到达港口还有两天时，海鸥出现了，它们从乘客的头顶嗖地擦过，飞得是如此之低。"在大海上，"久米写道，"显然，如果你看到信天翁，说明你距离陆地还很远，但如果你看到了海鸥，那么你离陆地就不远了。"此次使团之旅在海上的第一程，终于要结束了。

被家人送走的女孩们，一路上大部分时间都被使节团的代表们忽略着，她们也没法与美国监护人交流，只能待在自己小小的船舱里，无事可做，脑海里充满了好奇。

第二部
PART

II

透过未经世事的眼睛，任何国家的习俗，看起来都是那么古怪。

——杉本钺子《武士的女儿》，1926 年

梅子、舍松、繁子在费城，1876 年。（图片由津田塾大学档案馆提供。）

第五章

有趣的陌生人

　　太阳升起几小时后，旧金山湾依旧笼罩在层层雾气之中。此时，亚美利加号蒸汽船正缓慢而庄严地穿过金门大桥。这是 1872 年 1 月 15 日，一个周一。轮船驶过恶魔岛时，13 发高空礼炮响彻上空。一等舱里的一些使节团代表跟着数礼炮的数字，他们有些失望，觉得还应该放更多的礼炮。"美国是个民主国家，在表达友好礼节时，美国人通常一切从简。"记录官久米邦武给出了这样冷静的解释。

　　星条旗，太阳旗，从船头到船尾，轮船上的每一只桅杆和烟囱上都飘荡着两国国旗。轮船正在靠岸停泊，一群身份特殊的人由两位先生带领着，聚集在轮船的游步甲板上。其中一位蓄了黑色大胡子，身穿冬大衣，头戴一顶波斯羊皮帽，他内心满怀激动之情，望向久违的家乡和家乡的港口。他是查尔斯·德隆，美国大使，刚刚完成了两年的驻日工作。德隆是土生土长的纽约人。追逐人生冒险的德隆，17 岁时来到因金矿而名声大噪的加利福尼亚。在有关法律方面的工作中获得一定社会基础之后，德隆进入政界。在政界，德隆以实力证明他并非空想家，而是一个善于抓住机会的人。1869 年，他接受了驻日公使这一职位。这份工作给德隆带来了光彩和荣耀，他在外交事务中可谓游刃有余。德隆天生的魅力给他的事业带来了很大帮助。

不过，吸引码头上众人目光的却是另一位男士。他的站姿笔挺，身材修长，庄重肃穆，身上的长袍是深蓝色的，犹如夜晚的天空，长袍上绣着丝制腰带，从腰带上垂下来两把长度不一的刀。两边的头发是剃光了的，只保留中间部分的头发，梳成一个顶髻，上面绑一个黑色的漆制头饰——看起来不像帽子，倒像是一只盒子——在下巴处稳稳地固定住。漆黑浓密的眉毛斜向下长着，嘴角也向下，鹰钩鼻。他用略肿的眼睛打量码头众人。右大臣、特命全权大使岩仓具视给所有人都留下了威风凛凛的印象。岩仓曾是明治天皇父亲孝明天皇的侍从，是尊皇派拥立明治王政复古的核心人物。他代表了日本的过去和未来。

岩仓具视身后是几十位随行人员。他们的穿着与岩仓比起来，显得粗鄙异常。曾有记者这样记录："就像是一群刚刚经历过一场洪水的人们，穿着混搭而古怪。"轮船安全停泊之后，一群衣着考究的当地显要人物登船迎接来自异国的客人，他们礼貌地微笑，并伸出手，他们的客人则以严肃的鞠躬回礼。

岩仓使节团的代表们已经离开横滨23天了，此刻他们终于下了船，踏上异国的土地。使节团的男代表们稳重地走下跳板之后，人们看到几位穿着打扮明丽可人的使节团成员紧随其后。人群中传来一阵兴奋的赞叹声。五个女孩跟在德隆女士身后，出现在大家的视野里。她们身上的丝绸泛着光泽，从领子到脚踝处都精细地绣着装饰物，腰间束着宽宽的腰带。其中的两位表现出年轻女性的矜持，没有带帽

　　　　　　　　　　　　　　　　　　　　　　　武士的女儿

子，而是将头发高高拢起，并佩戴玳瑁色的发饰。另外三个女孩明显要年轻一些，漆制的头饰上是明快的花纹图案，但表情相当沉着冷静。所以，她们就是日本天皇派来的公主！

或许她们不是所谓的公主，却是第一批为国效力，远渡重洋的日本女性。年龄稍长的两个女孩一年内便返回日本了，另外三位则在异乡生活了整整十年。舍松11岁，繁子10岁，梅子呢？她不久前在大海上度过了她的7岁生日。此时的梅子，正好奇地张望着——西式洋房、马车，还有人群中穿着讲究的美国女性。

一列马车已等候多时。码头上的看客们向两边挪动着，给使节团的成员们留出一条路。女孩们走在人群中间，不自然地低下头，意识到一双双眼睛正盯着她们看，而自己身上的衣服及头发，又是那么与众不同。相反，德隆女士雄赳赳气昂昂地向前走着，好像一只骄傲的母鸡带着一群羽翼鲜亮的小鸡，享受着她们带来的轰动。

从安巴卡地罗港出发只不过几个街区，对马车这种交通工具的好奇心还未消退，就到酒店了。街道因奔忙的马车熙熙攘攘，马蹄在楼房之间扬起阵阵灰沙。对此，久米形容道："马车之多犹如发梳上紧密分布的梳齿。"旧金山大酒店是一栋气派的四层建筑，伫立在市场与新蒙哥马利街街角，墙壁雪白，窗户从外墙上凸出来，屋顶是山墙式的，立起一座座可供空气和阳光进入室内的小圆顶。

这家酒店刚建成几年，酒店的装修和房间内的设施令使节团代表们叹服不已。酒店大堂铺着大理石地板，散发着令人难以置信的光亮；华丽的水晶灯比镀金还要闪耀；每个套间都自带浴室，拧开水龙头，就有可以直接饮用的自来水喝；一面面镜子干净明亮。记录官久米勤奋地记录下每时每刻看到的一切。有时，他的描述也透露出诗意和乐趣。久米这样形容房间内的台灯："当你转动螺丝，点燃煤气，光明就透过白玉般的灯罩投射出来，犹如星星散发出光亮。""窗户前挂着蕾丝窗帘，当你看着窗帘，仿佛是在透过朦胧雾气观赏万千花朵。"墙上还有按钮，当你按下它时，就能够召唤几十米以外的酒店侍从。但是，最让久米惊叹的是另一件事。一位侍者将久米带到大堂旁的一间小屋子里，里面已经有好几位酒店客人了，他们安静地站着，看上去却又一副对什么很期待的样子。这时，一扇金属的格栅门关上了。"当它突然开始移动，把我们送上去的时候，我实在是震惊了。"久米还是第一次乘坐电梯。

翌日清早的头一件事，就是举办欢迎宴会。出席宴会的有已经来旧金山留学一段时间的日本学生、市长威廉·沃德，以及记者团成员。岩仓具视和他的同僚们与每一位在场人士握手。《旧金山纪事报》①的记者为这一刻已经准备多时。"Annata, annata ohio doko morrow morrow!"②他激动地呼喊着，为自己能够与尊贵的客人用对

① 《旧金山纪事报》曾刊文鼓励旧金山市民们热情欢迎日本客人："日本之于美国地位重要；与中国不同，该国愿意派遣年轻人来我国接受教育，学习我们的服饰打扮与文化习俗，不久后，这些年轻人会将在我国获得的教养、习惯和感受带回他们的东方国家……因而，在使节团到来之际，市政当局及领导者们有必要立刻采取行动，为迎接这些有趣的陌生人及德隆大使举行得体的欢迎仪式。"——作者注

② 《旧金山纪事报》的记者热情比能力大。从这些音译的英文字母译回日文，anata 是一种非正式地称呼"你"的方式，ohayo 表示"早上好"，doko 表示"哪里"，morrow 的意思就无法破译了。——作者注

方的母语打招呼而感到骄傲。岩仓具视庄重地鞠躬，透过陪同翻译向这名男记者表示感谢，感谢他的美好祝愿及其完美的日语能力。得到回复后，这位记者露出满意的表情，尽管事实上他刚才所讲的日语完全令人费解。

午后是与陆军和海军军官见面的时间，虽然此时已是下午一点，但所有人都聚集在了酒店的舞厅里。地板上铺着帆布，墙上挂着两国的国旗。岩仓与德隆在一张松软的沙发上就坐——二位的坐姿看上去非常美式。日本的客人们尚未习惯于坐在凳子上，他们坐了不一会儿，就感到双腿发麻。

两点钟前，部队军官们离开了，之后是领事人员会面时间。此时，舞厅的门外已经聚集了很多好奇的旁观者。就在使节团成员等候领事人员出现时，一群年轻女孩子手挽手走了进来。她们向岩仓具视做了自我介绍，岩仓微笑着与女孩们握手。其他使节团成员虽然感到吃惊，但是他们不露声色。女性——而且年龄尚小——居然出现在外交活动现场？

来自英国、丹麦、瑞典、挪威、阿根廷、奥地利、比利时、玻利维亚、哥伦比亚、智利、法国、德国、希腊、危地马拉、意大利、墨西哥、荷兰、秘鲁、瑞士、西西里岛以及葡萄牙的代表们递交了国书。"旧金山站在美洲大陆的入口，伸出双手，向各位问好，"商务部部长热情地发言。显然，对这位部长来说，好交情意味着好生意。旧金山的商人们已经做好准备，将扩张美国领土的信条延伸至太平洋，扩大美国产品和美国思想的销售市场。岩仓具视的回答礼貌得体，却也明确表达了日本的立场。日本当然同意贸易往来，但岩仓使节团的此次访日行程有一项非常具体的任务：打开与西方各国的谈判对话，打破此前美国及其他条约签订国给予日本的有限条款，为日本争取更平等的贸易条款。

与美国各方显要人物的会面持续了超过五个小时。在此次见面活动中，使团代表需要不时地与美国代表握手，这让他们感到非常不自在。代表们还未适应除了鞠躬以外其他任何形式的问候，甚至与自己的母亲，他们也没有如此亲近过。接待区的出口处挤满了酒店客人，他们期待着看上一眼远道而来的尊贵客人。代表们终于可以返回房间休息了，可是奢华的住宿条件并没能让他们立刻获得放松，他们将桌子和凳子等全部推到一边，腾出一片空地，然后坐在铺了地毯的地板上，稍作休息。

短暂休息过后，使节团成员需要出席第二炮兵乐团的演奏活动。此前，各家日报已经对日本使节团出席演奏活动做了报道。活动十点开始，好奇的围观者将酒店外的马路围得水泄不通。第二炮兵乐团准时上场后，使节团成员也陆续就坐。看到成员中还有五个日本女孩，围观者伸长了脖子兴奋地张望。"几个女孩的穿着打扮很优雅，看得出她们也知道自己引起了周围的注意，就像其他家教良好的女子，她们显得矜持羞怯。"一位记者认可女孩们当时的表现，如此写道。先不论家教好坏，女孩们当时确实非常不自在。不像使节团中的男性代表，如果不求助于他人，女孩们甚至没有能力为自己置办几件能让自己不那么显眼的西式服装。而在这一点上，德隆女士拒绝帮忙。她完全不怯于来自任何人的关注。

《嗨！哥伦比亚》原为 1789 年乔治·华盛顿第一次就职演说而

作，也是 19 世纪时的美国国歌，此时，其庄严自信的曲调正高昂地透过酒店的一扇扇窗户传到大街上。这些早期日本访问者回国后，曾抱怨这野蛮的音乐多么让人头疼，引人不适。可想而知，坐在拥挤的酒店会客厅里，距离军队乐团仅几米远，还要做出一副欣赏的样子，是多么让人不舒服的一件事。

就在演奏即将结束时，岩仓和德隆出现在酒店的阳台上，这让原本就因欢呼与鼓掌而沸腾的街道更加欢腾起来。美国人民躁动的热情虽然让日本使节团的成员们感到欣喜，但他们也感到惊讶。"西方人非常渴望发展贸易，对外国客人也表现出热情的欢迎，"久米写道，"这种规模的欢迎活动是美国文化礼节的一部分，在日本人看来却不同寻常。"岩仓具视从腰带处取出一个卷轴并打开，虽然卷轴足有几米长，但岩仓的讲话很简短。二人离开阳台后，群众依旧不肯回家，他们还在呼唤受欢迎的德隆出来讲两句。德隆本来反对自己出面讲话，在这样的时刻做公共讲话是违反外交礼节的，按道理不应该打破规范，然而此刻他多么心潮澎湃，满怀激动的心情……结果，德隆说，好吧，既然你们坚持的话。

德隆大使告诉他的观众们，要将这些客人与"东方人"这个概念区别开来，要用另一种眼光来看这些客人。"不要将中国人和日本人混为一谈，"他对旧金山的民众这样说，"加利福尼亚不应惧怕从日本帝国流入大量劳动力。"颓废的中国别无他法，只得出口其穷苦大众，但尊贵的日本不一样，不久的将来，日本将从国外吸收劳动力，振兴其国内朝气蓬勃的工业发展。"中国人被奴役，被拴上奴隶的镣铐，日本人却从未有过奴隶主，日本人的智慧与他们的武器一样锋利敏锐，"德隆这般声称。

德隆的这套说法并不新鲜。十几年前，当第一批日本使节团人员访问美国时，一本创立不久的热销杂志就极力宣扬美式思维，精辟地总结了美国当时对异域东方的态度。在一篇长文中，《大西洋月刊》声称日本即将崛起，比其国土面积更大的亚洲邻居将黯然失色。世界的关注焦点将从中国转移开来。"尽管中国人声称自己是天朝上国，但我们很难从这样一个政治腐败、国力衰弱，甚至已经堕落瘫痪到半入土的国家中看到希望；相反，日本勤俭、智慧、蓄势待发，前景一片大好，值得我们潜心研究。"彼时的中国深陷第二次鸦片战争的泥潭，毒瘾缠身，受尽重商国家的羞辱，在美国人印象中，完全不能与朝气蓬勃的日本相提并论。美国人认为，日本有勇有谋，致力于走美国的进步之路，与美国可谓志趣相投。

此后十年间，美国人的这种想法被不断强化。在旧金山，当淘金热及与其相伴的经济繁荣逐渐消退，中国人遭到了几乎众口一词的嘲讽。他们说成群的中国人抢走了加州工人的饭碗，把钱寄回老家，从不试着学习当地文化，不穿当地服装，他们最终会回到自己的国家，这个国家对美国制造的电报线路和铁路毫无兴趣，这让人难以置信。而日本呢，经过佩里叩关之后，已经从两个多世纪的沉睡中醒来，走上进步与开化之路，拥抱一切他们在太平洋彼岸发现的新奇之物。

中国移民依旧执着地留着及背的长辫子，可是这些日本客人却很快剃掉武士的发髻，刚来美国不几天，就带上黑色绸帽，以搭配不甚合身的西服。旧金山的帽子制造商们嗅觉敏锐，很快抓住了这股时尚潮流，以期开拓市场。帽商们给使节团代表带来各种帽子，一争高下。岩仓具视订购了一批帽子样品。样品送到后，岩仓一一试戴，但没有发现一项合适的。帽商又送来一个头部轮廓测量器，这是一种精密的机械装置，带有木条和金属别针。经测量发现，岩仓特使的头非常小，帽商派来的助手们花了很长时间，才尴尬地用这个装置完成头部测量。"不过，这就是我们想在日本做的事情，"《旧金山纪事报》如此评价，"我们想卖给他们高顶礼帽，然后看看多少日本人会接受我们的产品。"

在接下来的两周里，使节团成员们前往各处参观，也享受了一些娱乐时光。他们参观工厂、医院、学校、法院、兵营、堡垒、铁路站场，问了无数个问题，记了大量笔记。最初的几天，使节团成员们去了旧金山冶炼厂，厂址远离酒店所在的蒙哥马利街几个街区。也许淘金的热度已经散去，但是矿业公司还需要进行加工处理作业。日本代表们观看了工人们如何给这些宝贵的矿石称重，如何分析其中的成分，然后将它们融化；每一位代表都可以将结实的金条拿在手里，感受其重量。接着，代表们又去了金博尔马车制造厂、毛纺厂、加利福尼亚银行、联盟铸造厂等。

此行并非全是工作。一天下午，代表们正往酒店去，到十四大道与使命街拐角处时，一位看起来心情不错的中年男士向使节团代表们热情地问候。他站在一条洛可可式石砌入口处，入口前方伫立着雕像、旗杆，约一米之上有一块标识：伍德沃德花园（WOODWARD'S GARDENS），R. B. 伍德沃德本人正召唤日本友人们走进他的私人娱乐场所。伍德沃德是一位富有的酒店大亨，他将一处超过 6 英亩（约 2.4 万平方米）的大宅邸改建为旧金山最受欢迎的娱乐场所。游客在这里可以逛画廊、温室，看孔雀和水牛，也可以参观自然奇观博物馆，里面有化石、动物标本、重达 97 磅（约 44 公斤）的天然金块。伍德沃德如此热爱展示异国风物，他自然不会错过与来到旧金山的外国客人打招呼了。不过，25 美分的门票钱他还是照收不误。当时的日本尚无这样的游乐场所。在主人的推荐下，财政大臣大久保和未来的内阁首相伊藤博文尝试了荡秋千，每个人都坐了一次旋转船，那是一种由风力驱动，围绕喷泉转动，类似于旋转木马的娱乐设施。

晚上，大家来到豪华的加利福尼亚大剧院，观看了控诉冒险投机之恶的《红与黑》(*Rouge et Noir*)。岩仓具视身着丝绸长袍，其他随行人员的穿着要朴素一些。待他们入场后，整个剧院已经坐满了人。剧院的观众们被这群外国人吸引住了，他们的视线纷纷从前方的戏台转向使节团成员们。人满为患，使节团成员们不得不一点点挪动到挂有国旗的包厢处。当德隆女士陪伴两个年龄稍长的和服女孩进场时，剧场观众更加兴奋了。"许多服饰制造商都摩拳擦掌，想让这些日本女孩穿上他们制作的西式衣裙，"《旧金山纪事报》记者的报道口气里略带失望，"我们不要搞错，事实上，如果她们脱掉东方服饰，换上大众化的西方服饰，那么她们身上的那种浪漫气质就会消失……毫无疑问，她们是今天我们能在美国见到的最美丽的日本女孩了——当然，确实也没有其他日本女孩在美国——但是，如果她们接受了我们这套服装打扮，那么她们的美也将随之泯然众人矣。"这篇报道的忧思实在过早，因为直到好几周后，女孩们才得以拥有装有西式服装的衣柜。

对女孩们来说，这次去剧院是她们少有的出行。虽然男士代表们经常出现在公众视野中，但是为了避免引起骚动，女孩们基本上待在酒店房间里，就连吃饭也在酒店里进行。每天下午，年龄稍长的两个女孩可以在德隆女士的房间里待客，但是其他三个女孩就基本不露面了。时间漫长得让女孩们感到无所适从。因为不懂英文，她们什么事情都得依靠德隆女士。"我们甚至不敢独自走去酒店走廊，因为害怕迷路，找不到自己的房间，又不知道怎么开口求助。"梅子后来回忆到。某天，梅子和另一个女孩鼓起勇气走去酒店大堂，偶遇了几位女士和她们的孩子。她们看到这两位"日本公主"又惊又喜，于是将两位"公主"带去房间，好奇地用手指头触摸她们的丝绸衣服、腰带上的刺绣，以及她们的头发。紧接着，她们给两位洋娃娃般的客人拿出玩具和照片，说了很多梅子她们完全听不懂的话。梅子和另一个女孩只好尴尬地等着，不知道什么时候能回自己的房间，而且怎么回去还是个问题。

语言只是女孩们面临的各种障碍中的一个。当她们见到酒店的黑人服务生时，简直惊呆了。她们还从未见过黑人。一晚，德隆女士带着五个女孩去阿罕布拉剧院看爱默生的表演，这场演出使得女孩们更困惑了：剧中的表演者明明是白人，却将脸涂得漆黑。① 梅子觉得，"这些人应该不是这世界上的生物吧。"

美国女性也让几个日本女孩颇感困惑：酒店的女服务生和洗衣女

---

① 即 minstrel show，这种由白人装扮成黑人的表演方式风靡于 19 世纪的美国。——译者注

工看起来很正常，和自己没什么迥异，可是酒店里的女住客们的臀部都像是长了一个驼峰一样，高高地隆起。难道说这是某种魔术？能让有钱人的身体变形？德隆女士向女孩们解释了什么是裙撑，这也让德隆女士连续几天在饭桌上有了谈资。"这些东方女孩的朴实让人感动。"《旧金山纪事报》记者如此谈笑着写道。

　　旧金山刮起了一股日本热。海恩斯和劳顿公司专做银器，这家公司反应迅速，已经开始为其日本青铜瓷器做宣传了，"给您的客厅和卧室增添一份传统的韵味。"他们是这么说的。随着日本主义（Japonisme）一词在这一年出现，日本装饰品的销路也越来越广。在此之前，日本主义只是在巴黎艺术文化沙龙上才能听到的词①。那些在美国开疆拓土事业中赚得财富的人，可以用来自太平洋另一边的异国古董装点客厅——海恩斯和劳顿公司的位置恰恰就在日本使节团所住旧金山大酒店的底层。"如果你对古董和新奇艺术品，以及那些极富巧思和进步之心的人感兴趣，请快速前往市场街，"《旧金山纪事报》这样跟旧金山的民众说。

　　出酒店没几步远的地方，有一家顶级摄影工作室，叫布拉德利和鲁洛夫森（Bradley&Rulofson）。使节团到达旧金山几周内，这家工作室就做了一个使节团成员肖像展。其中一张被指"完美展现日本上层

① 19世纪中叶，欧洲（尤其在法国）掀起的一股和风热潮，马奈、莫奈、梵高等画家都相继临摹和学习浮世绘技法，德彪西还曾受《神奈川冲浪里》的启发，创作交响诗《海》。——译者注

核心人士"的照片，以及一张德隆女士与五个女孩的照片，之后以蚀刻的方式印在了《哈珀周刊》（*Harper's Weekly*）上。全美国的民众可以一睹这些日本客人的风采了。

走到哪里，都有大批民众围观。就在使节团成员到达旧金山四天之后，旧金山市为岩仓使节团安排了一场阅兵式。酒店前搭起了尊贵来宾专享的大看台，普通百姓只能站在人行道上看。有媒体报道，当时甚至有一些妇女和儿童在推搡中受伤。在场围观群众大约五万人，他们挤进街道上，以至于国民警卫队第二旅的士兵们根本无法走直线。这场阅兵式基本被毁了。"街道上挤满了人，从上面只能看到戴着帽子的一颗颗头，连一根针都插不进去。"久米如此写道。或许是出于机智的反应，或许是真实情况，总之岩仓具视表明身体有些不舒服，自始至终一直待在自己的房间。

在这之后，又发生过不少意料之外的事情。日本客人们经常出其不意，说一些逗趣的话。比如，在一次正式的午餐会上，服务生端上来一道甜点——一个代表"美国"女性身体形状的巨型蛋糕——放在岩仓特使面前。岩仓不知道该怎么办，便询问一旁的男主人。男主人建议他，可以切一些蛋糕分给周围的客人们。岩仓突然灵感一现，将人形蛋糕的两只手切下来，递给身旁的两位女性，并解释说："这表示日本向她的美国朋友伸出友谊之手。"

到达美国一周后，岩仓具视去了西联电报公司。在西联电报的一间办公室中，装有电报发送设施，可将电报直接发送至美国东海岸。岩仓与在华盛顿办公的美国国务卿汉密尔顿·菲什（Hamilton Fish）互相问好，并给萨缪尔·摩尔斯（Samuel Morse）留言："日本使节团愿向电报之父传达这一信息——他的声誉已经享誉日本，几个月后，千里以外的日本将开放市场，欢迎电报线路走进日本。"已是耄耋老人的摩尔斯则回复说，欢迎日本人"踏进用电报互通有无的新世界"。虽然双方可能并未完全理解各自背后的想法，但在这一刻，他们因各取所需而感到满足：日本已经用行动表明决心，有朝一日会与西方获得同等地位，而美国如慈父般骄傲地将他的先进技术传授给这个仍在与蒙昧的封建历史作斗争的国家。但是说到底，岩仓使节团此行的任务是学习西方先进思想，以便服务于日本国家主权；学习西方，是为了有朝一日，如果西方侵略日本，日本有能力抵抗和反击。

离开电报局之前，岩仓给自己的三个小儿子发了一封电报。岩仓特使的儿子们先于他来到美国，目前在新泽西的罗格斯语法学校学习，他们是获益于明治政府的开明政策而前往美国学习的首批学生中的几位。他们打算待使节团拜访芝加哥时，与父亲见上一面。"敬爱的父亲，"他们很快回信说，"我们都很高兴，总算收到您的消息了。"

一次奢华的宴会将使节团的旧金山之旅推上高潮。宴会于晚上八点在酒店餐厅举行，餐厅里装点着国旗和鲜花，足有200人到场。菜单印得色彩纷呈——金、银、深红、蓝、淡紫，而其内容也令人眼花缭乱：牡蛎、各式汤品、鱼、冷盘开胃菜（包括一盘有些令人匪夷所思的、以日料风格摆盘的威斯特伐利亚火腿）、四道炖菜、八道主菜，以及各种烤肉。同时，还有十几种用蔬菜烹制的菜品，以及比蔬菜菜品多一倍的甜点。香槟是库克和路易王妃的，桌子上摆放着可食用的装饰品，包括名人堂、凯旋门、丰饶角，以及带有哥特风味的金字塔。

武士的女儿

待大家酒足饭饱之后，演讲环节开始。加州新州长牛顿·布思（Newton Booth）称日本是"太平洋的大不列颠，东方的英格兰"，仅用这一句花哨的比喻就驱赶了美国人心中日本的异国性。"一个国家如学生一般，通过入学考试，在美国这所世界级大学学习，这在历史上是件新鲜事。在这里，电报、蒸汽机、印刷机就好比学校里的教授，教授课程的地方就是我们所称的基督文明。"他巧妙地将日本喻为访问学者式的人物，绝顶聪明，令人敬畏，对美国毫无威胁。

　　岩仓特使向布思表示感谢。接着他将发言时间留给了他的副使——更具领袖气质的伊藤博文。伊藤在英国和美国都居住过，这位年轻人在一群外国人中间所表现出的自然和放松，是其他使节团成员所不具备的。伊藤目前负责日本的基础设施现代化，他用英文向现场来宾介绍，尽管日本刚经历了政治动荡，但现代化建设正在如火如荼地开展，铁路、灯塔、远洋船等一样样新事物如雨后春笋般一一出现。"我们的大名领主高尚地将他们的领地交给国家，中央政府接受了他们的自发行动，"他接着说。日本的进步不仅体现在社会层面，也体现在技术层面。"通过为女性提供教育，我们希望能够让我们的后代更加智慧。为了实现这一目标，我们国家的女性已经来到你们的国土，接受教育。"这段话应该不是说着玩儿的。可是，女孩们当晚却并没有受邀参加宴会。

　　一场接一场，演讲仍在继续。不过，没有人比旧金山第一"一神教"堂（San Francisco's First Unitarian Church）的霍雷肖·斯特宾斯牧师（Reverend Horatio Stebbins）更懂伊藤所描述的日本发展规划及其大背景了。他在演讲中说道："东方三博士在天空中看到那一颗大星，便跟着它来到耶稣基督的出生地①。此次日本使节团的来访，是这一古老故事的又一轮回。欢迎，显赫的子民，你们的到来，比乳香和没药还要受欢迎。"斯特宾斯的比喻可能有些夸张，但它精准地抓住了美国人的心态：我们欢迎来自东方的客人，我们也彬彬有礼地接受他们送来的贡品，我们知道，他们模仿学习的璀璨之星是美国。宴会宾客们欢呼着，表示赞同。

还有几天就要离开旧金山了，德隆女士收到了一封来自加州中央妇女选举权委员会的信。信是写给女孩们的，已经翻译成日语。"你们的到来对那些一直以来奋斗在维权道路上的美国女性意义非凡；我们不仅看到美国的女性维权运动正在扩大化，我们也看到在日本及其他文明开化的国家，相同的运动正在进行。这是一个将被历史铭记的时代。"日本女性赴美学习，这对该妇女选举权委员会是一次难得的宣传机遇，不过，估计这些日本女孩子对信里的内容完全没有概念。在彼时的日本，尚未出现代议政府或相似的体制，而日本的富人阶级男性要到 20 年后才获得选举权。（至于日本女性获得选举权，那已是 1945 年美国占领时期的事了。）

两周以来，旧金山向日本使节团成员们摆开了一系列猛烈的欢迎阵势。在此期间，不论各种各样的新鲜事物如何让他们感到困惑和惊

---

① 东方三博士（Magi）可能是古波斯祭司。据《圣经·马太福音》记载，耶稣出生时，三位博士在东方看见伯利恒方向的天空中有一颗大星，于是便跟着它来到了耶稣基督的出生地。因为他们带来黄金、乳香、没药，所以有人称他们为"东方三博士"。——译者注

武士的女儿

讶，这都仅仅是一个开始。1月31日清晨，岩仓使节团踏上了火车之旅——坐火车横跨北美大陆，这甚至对于当时的美国人也算是一桩新奇事。仅仅是三年前，为纪念横贯美国东西海岸的大铁路修建完成，美国人在犹他州大盐湖边的普罗门特里（Promontory）建造了金色道钉国家历史遗址。待使节团到达华盛顿，也就是他们此行的最后一站，这些日本女孩的见识，将会比接待过她们的绝大多数美国人一辈子的见识都要多得多。

使节团成员们的旅行方式紧跟时代潮流。当时，约翰·M. 普尔曼（George M. Pullman）刚刚向世人展示了他所发明的豪华卧铺车厢，该发明已经成熟，能够利用于横跨北美的火车旅行中，美国政府也为日本使节团预订了五节这样的车厢。在白天，使节团成员们面对面坐在装着软垫的长椅上，中间隔着一张桌子；到了晚上，服务生放下椅背，椅子就变成了下层床铺，打开头顶的闩锁，就是上层床铺了。车厢里有镜子，也有帘子保护个人隐私，车厢顶部有花纹式样的装饰画，地板上铺着地毯，墙上挂着玻璃壁灯，从镀金的灯罩中散发出熠熠闪耀的灯光。"所有东西看起来都非常豪华。"久米赞叹着记录下来。火车时速惊人——以平均时速20英里（约32公里）前行，让人感到几乎是在离地飞驰。在直线路段，火车几乎能达到时速30英里（约48公里）。

第一站到达的是加州首府萨克拉门托，使节团成员即将参观斯托克顿市的精神病院和州议会。（有些乐于开玩笑的人表示，日本代表们根本无法区分这两个地方。）和之前的情况一样，女孩们依旧待在奥尔良酒店的房间里。被关在酒店里固然能够保护她们的隐私，但也剥夺了她们学习美国礼仪的机会。她们总是单独用餐，听话地吃掉摆在面前的食物，却不知道这些食物是什么，以及应该如何品尝。这天晚上，餐桌上出现了一小锅黄油。于是女孩们每人都挖了满满一勺，送进嘴里。没有人进来告诉女孩们，黄油其实是一种佐餐的调味品。还好，单独待在酒店房间里的女孩可以互相逗乐，不受大人的管教。

虽然加州立法会已经就谁应该为日本使节团此行的各项参观娱乐花费买单争执不休（直到日本代表们走进立法会后，议员们才停止争吵），萨克拉门托还是为日本人准备了送别宴，并在每张桌上都放上了格兰特总统的微雕。宴会上，乐团精神抖擞地演奏了《亚美利加》《友谊天长地久》《家！甜蜜的家!》。2月2日的凌晨，代表们继续踏上令人激动的美洲大陆之旅。

太阳当空照时，火车抵达合恩角，车上的乘客们依旧睡意蒙眬。此段线路修筑在美洲河之上，堪称神奇。"向下看去，在山谷深处，有一个小村庄，村庄沿河而建，河流蜿蜒曲折，好似一条长长的腰带，"久米赞叹道，"我们看到，人是豌豆大小的，马儿就几厘米高，在线绳一般的道路上走着。"火车增加了两辆机车以保证顺利爬上雪线，爬过内华达山脉。双悬窗外是呼啸而过的风雪，窗上生出雾气，叠嶂峰峦在视线中变得模糊起来。防止雪崩的护栏一度绵延数英里，一束束阳光经过雪的折射，透过防雪栏之间的空隙，照进黑暗的车厢里。火车到达海拔7000英尺的山峰之巅后，连上一台扫雪机，踏上了漫长的下山之路。

一路向前便是大盆地，惊险的内华达山脉被一望无际的蒿类荒漠代替。望向窗外，乘客们能够看到印第安人，以及他们为冬季专门搭建的圆顶茅草居住营。此时，日本代表们距离旧金山大酒店及其圆顶建筑体已是相隔遥远。"如果说之前我们看到的都是文明与智慧，那么此时我们正在穿越远古而未开化的蛮荒之地，"久米如此记录。他在眼前的这片景象之中看不出任何浪漫的色彩。"当地人的骨骼特征与日本底层人民非常相似。"

使节团成员于 2 月 4 日到达旅程的下一站——犹他州的奥格登。待要离开时，他们却动弹不得。大雪将联合太平洋铁路沿线封得死死的，这可不是什么好兆头：乘客们连日被困在冰天雪地里，只得靠咸鱼和苏打饼干过活。而且，他们还得下车帮铁路工人将引擎烟囱那么高的雪铲出去。苦等无望，代表们后来转走支线线路，到达向南 35 英里外的盐湖城，继续等待。

1872 年的盐湖城还仅由几条泥灰路组成，人行道宽阔，农场主、矿工、士兵和从遥远的英格兰而来的新摩门教信徒来来往往。日本客人们下榻在盐湖城最好的酒店——汤森德酒店：这是一栋木梁建筑，带一条长长的阳台，以及一片养牛场。楼上有一间宽敞的宴会厅，客房却很小，客房之间的隔墙也很薄。

达到盐湖城几小时后，岩仓就收到了来自摩门教主教杨百翰（Brigham Young）的邀请。然而，岩仓却拒绝了杨的邀请。这是因为，外交礼仪规定应该由杨前来拜访客人，而非由作为客人的岩仓去拜访杨。送信人告诉岩仓，杨不出面是有原因的，他虽然很想前来拜访日本客人，却没有办法出现在汤森德酒店。为什么呢？岩仓特使询问道。这个嘛，送信人说，很不幸，目前先知杨百翰被禁家中，他的出行被限制，并由一位联邦官员监视着他。杨百翰是格兰特总统反对一夫多妻运动的首要打击目标，他因"非法同居"已被关押多月，正在等候审判。杨有 16 个老婆，48 个孩子。

岩仓皱了皱眉头。"我们来到美国，是希望见到这一伟大国家的总统，"他小心地拿捏用词，"如果我们前去拜访一个破坏国家法律、处于监禁之中的人，我们不知道总统先生会怎么想。"然而几天后，在查尔斯·德隆的陪同下，使节团成员一行还是正式拜访了杨百翰的家。"他的权力相当于一个封建领主的权力。"久米如此形容杨百翰，并将其住宅描述为"威严庄重，好似一座城堡"。后来德隆声称，起先他并不知道此行的目的地是哪里，而岩仓或许比德隆更精明，当晚他并未出现在拜访杨百翰的日本代表团中。

在盐湖城停留期间，岩仓一直小心保持着与摩门教教徒的距离。这趟旅程的高潮依旧是上层名流举办的一场宴会——120 人到场参加，酒足饭饱之后还有一场舞会。这一次，女孩们终于出场了。"德隆女士保持着皇后般的仪态和风采，那些日本女孩子穿着华丽、古色古香，是所有人注意力的焦点，"《旧金山纪事报》记者将报道以电报的形式发回旧金山。晚宴及贵宾讲话之后，舞会开始了，而日本代表们却对此感到非常不适应。"对这个遥远的山城所展现的社交习俗，我们觉得有失体面。"久米如此细致地记录。

出发的计划一次一次被延迟，这不免让人沮丧。"我们参观和拜访了所有称得上有趣的地方，现在，一轮满月也已挂上苍穹。"久米写道。在此期间，许多使节团代表经常光顾一公里外的温泉浴。花上25美分，就能在及胸的热水里沐浴。自从离开日本后，日本代表们还一直没机会泡温泉呢。

女孩们依旧不能出现在公开场合，她们依旧穿着和服，这些衣服除了让她们看起来很显眼以外，并无保暖功效。此前经受过模拟法庭尴尬的亮子，此时又患上了雪盲症，亮子无法在没有保护措施的情况下直视任何景色，这会让她双眼疼痛且流泪不止。透过汤森德酒店房间的窗户，女孩们看到有人在打雪仗，也第一次看到有人玩滑雪橇。伊藤博文又一次表现出了比其他大使更贴心的一面，他来到女孩们的房间，给她们讲鬼故事，逗她们开心，等到要睡觉了，伊藤又给女孩们讲童话故事，哄她们睡觉。

三周后，铁路终于被清理干净。2月22日，使节团从盐湖城出发，前往芝加哥。这一次，火车又增加了两节餐车——这是普尔曼的新发明——这样大家不用下车就餐了。女孩们坐在火车上，兴奋极了，她们被关在酒店房间里近一个月，此时终于能饱览户外景色了。女孩子们将小脸贴在窗户上，瓦沙奇（Wasatch Front）陡峭的山峰飞驰而过。入夜后，月光笼罩着大峡谷，一寸寸雕蚀出断岩绝壁的月下之景。

火车进入怀俄明州中部，翻过大陆分水岭，然后一路向大平原而去。几个小时的路程，入眼之景中没有任何一个看起来像城镇的地方。"虽然我们可能已经听过太多有关美国有多么辽阔的形容，"久米写道，"但是当你亲身感受它，你还是会被它广袤的土地震撼到。"随着落基山脉消失在西边的地平线上，放眼望去便只有草地，以及草地上成群结队的水牛和野马。

当火车靠近密苏里河时，景色又有了一番不同：精心耕种的土地和牧场，远处可见茂密的森林地带，城镇里也呈现出热闹的人气。令人印象深刻的是，在奥马哈，一群女学生经过车站，她们热情地拍手，并冲火车上的旅客们招手和飞吻。对火车上的日本女孩们来说，虽然这群美国姑娘的行为举止看起来很奇特，但她们还是感受到了伙伴之间的亲切感。但是，并非所有路人都那么友好。"出来，你们这些黄皮肤的笨蛋，"有些男人在火车车窗前推搡着喊叫道，"过来让我们瞧瞧！"

为了欢迎日本使节团的到来，一行接待团从芝加哥来到西边的市郊奥罗拉。火车站聚集了好几千人，人们情绪高涨，一派节日气氛。火车将要进站时，奥罗拉的一些手脚灵活的市民跳上车厢之间的车钩处，再爬上火车车顶，一个个背对背坐着。还有很多市民拥在火车车窗外。代表们坐在餐车内，餐桌上铺着白色亚麻餐布，沉着地挥动着刀叉，与车窗外混乱的人群形成鲜明对比。

接待团成员上车后，火车加速，那些爬上火车车顶的年轻奥罗拉市民们在火车行驶的一英里内全部跳下车。当芝加哥市议员与高级大使一行握手时，女孩们则躲在角落里，虽然在一群身着黑色西服的男性里，她们和服上的花纹一如既往引人注目。"这几个女孩不如其他日本男性那样有智慧，鼻子和下巴还没显现出明显的棱角轮廓；看起来缺乏安全感。"《芝加哥论坛报》的记者这样报道。接着他又不乏矛盾地写道："她们远离了家长的庇护，尤其是失去了母亲的照料，但是，看上去依然坚定。"连续阅读了几个星期有关这些姑娘如何"聪明、智慧、活泼"，如何"有吸引力"的报道，该记者对面前这几个安静的日本女孩感到惊讶，她们无法与美国人交谈，而且基本上处于被男性同伴们忽略的状态。她们看起来很寂寞。

火车于2月26日抵达芝加哥，马车已经在那里等候多时。车站规模很大，货车和客车呼啸着缓缓行驶在错综复杂的轨道上。"之前我们所见到的车站都是些不起眼的地方。"久米写道。芝加哥不一样，它的确是一所国际大都会。

女孩们每个人仅以一条红色的厚羊毛披肩取暖，这是她们目前为止所得到的唯一一件西式服装。不过这样的状况将要发生变化。德隆女士的不妥协使得女孩们只好求助于岩仓，岩仓命令拨出部分经费，在芝加哥为女孩们添置必要的衣物。

约瑟夫·梅迪尔（Joseph Medill）市长将使节团成员安顿在特里蒙特酒店，他也已经做好了接待日本客人的准备。他的城市此时并不在最佳状态①，这里四个月前刚刚遭遇一场大火，许多地方依旧是一片灾后废墟。由于日本街道两旁的房屋都是木梁纸窗构造，所以在日本火灾很常见。岩仓表达了他的同情之心，并赞扬美国人民："虽然身体上遭受到严重创伤，但他们拥有惊人的恢复力。"离开芝加哥前，岩仓做出了一个让人吃惊的高尚之举。他表示捐出5 000美元，用以

---

① "His city was not at its best."根据芝加哥历史博物馆资料介绍，特里蒙特酒店在芝加哥这场大火中被夷为平地。火势最凶猛时，约翰·B. 德雷克（John B. Drake）考虑购买附近的密歇根大道酒店，他下了个赌注，赌这家酒店不会被大火吞噬。该酒店当时的所有者持相反观点，因此他自然很高兴有人愿意接盘。后来的事实证明，密歇根大道酒店是南岸唯一幸免于这场大火的酒店。两年后，旧特里蒙特酒店重建完成，德雷克将密歇根大道酒店改名为"新特里蒙特酒店"。——作者注

灾后重建。《芝加哥论坛报》报道说，这着实是慷慨的一笔，并且是"首笔由异教徒捐赠给基督徒的赈灾费用"。这再次证明了，日本人已经做好准备，将古老的行事方式放在一边，加入发展现代文明的先进国行列。

岩仓的三个儿子几周前就暂时放下在新泽西的学习，来到芝加哥。现在，他们与父亲及使节团成员相聚了。这些"有着杏仁般小眼睛的绅士"完全吸引住了他们的芝加哥主人："面对外国记者的采访，一般的美国同龄男学生连他们的一半都不如。"《芝加哥论坛报》赞扬道。当天晚上，岩仓特使的几个儿子与女孩们一起去散步，他们走过了好几条芝加哥南区被大火烧毁的街道。岩仓家的儿子们已经在美国学校学习了许多年，且他们还是青少年，不像那些同行的大使，至少他们能够体会女孩们目前的处境——终于有人能够告诉女孩们，等待她们的将是什么样的生活了。

第二天晚上，使节团在芝加哥东站坐上火车，离开了这里。随着火车驶入印第安纳和俄亥俄州，这趟火车旅行的新奇感逐渐在大家心中退去。女孩们已经厌倦了一直坐在车厢里，但她们又不能随意走动，仅仅是到火车车尾来回一趟，也颇具风险：火车突如其来的颠簸很可能将一位不小心的乘客甩到滚烫的炉火旁，或者使其跌入盛放饮用水的水缸里；打开窗户则意味着被吹上一脸的煤渣和灰尘；对于在车厢里走动的尝试，想都别想。允许乘客在车厢当中随意走动的火车此时尚未被发明出来。当然，此时也没有出现女性专用车厢，所以女孩们无法为睡觉更衣，只好和衣而睡。薄薄的窗帘无法掩盖使节团代表们的呼噜声。盥洗室很小，里面有一个洗脸盆、一条套在滚筒上的搓手毛巾、一块香皂，可以说并无隐私可言。火车驶过匹兹堡和费城后，进入巴特摩尔，铁轨从巴特摩尔中心穿城而过。火车行驶在巴特摩尔路段上时脱轨了，只好由马匹拉动火车向前走，司机在车厢里冲路上的行人使劲吹号角，以作警示。终于，使节团抵达华盛顿了。

　　闰日当天，也就是 2 月 29 日，哥伦比亚特区下起了雪。与此同时，使节团的火车也抵达目的地了。在站台上等候的是一位身形灵巧的日本男人，一头黑发向后梳着，眉毛浓密，有着一双智慧的眼睛，丰满的嘴唇和标志性的大胡子。与他的同胞们不同的是，这位男性看起来举止放松，就像是在自己的国家，他的西装剪裁得体，看得出是刚刚浆洗过的。这位就是日本驻华盛顿弁务公使森有礼。毕竟，森有礼成年后的大部分时间都在国外度过。当然也有必要提一句，此时的森有礼也只不过是一个 24 岁的青年。

　　舍松在会津长大的哥哥们对森有礼早年的生活应该不陌生，森有礼是萨摩藩武士家长大的孩子，接受过正规的武士训练：自律、勤俭、一切以高标准要求自己。不过，他们之间也是有不同之处的。比如，萨摩藩领导者们很早就意识到英国和美国的威力，在这样的藩地长大，森有礼很小就对英语产生了兴趣。17 岁那年，萨摩藩领导者们选中了一批学生，并将他们悄悄送出日本。这其中就有森有礼。三年期间，这些学生游历欧洲，特别是英国，接着又去了北美洲，森有礼从中所获甚多。1871 年，新上台的明治政府任命森有礼为日本驻华盛顿第一位代表官员。森有礼非常聪明，甚至有些固执，他有着超越自己年龄的成熟和冷静，勇于突破旧习束缚。好友伊藤博文将森有礼形容为"一个出生在日本的西方人"。

森有礼的一项工作是，安排日本与美国两方最有权势的男性会面——这是一项艰巨的任务，但森有礼心里有数。可是，另外一项工作听起来似乎更沉重，即照看日本大使们带到美国的五个日本女孩。森有礼所接受的武士训练以及后来学习的外交技能，可都不包含如何完成这项工作。况且，女孩们除了得到过一个模糊的指示，要求她们接受教育之外，并没有得到过其他任何指令。

就在岩仓及其他使节团成员不紧不慢地收拾下车时，女孩们早已登上站台。她们在抵御风雪的红披肩下面，已经穿上了在芝加哥匆忙购置的衣服。"一共有五位公主，看上去，她们只同彼此交流，"《华盛顿明星晚报》记者注意到，"但她们的眼睛并非无神，看得出她们在密切观察着车站上正在发生的一切。"森有礼先是打量着悌子和亮子，她们头上戴着大小不怎么合适的黑色礼帽，接着他又看了看舍松和繁子，二人褶皱的裙子同样不合身，然后，森有礼看到了娃娃一般的梅子，整个人完全藏在大大的披肩里。"我应该怎么做?"他向身旁的美国秘书查尔斯·兰曼（Charles Lanman）轻声嘟哝着，"他们给我送来了一个婴儿!"

森有礼上任已经一年，兰曼作为他的副手也已经五个月了。兰曼是一个慈善的中年人，五十多岁，宽宽的额头，一头蓬松的黑色头发。查尔斯·兰曼的和蔼可亲更衬托出了森有礼一贯的严肃。在进入日本使馆工作之前，兰曼做过不少其他事情。兰曼出生于密歇根，在康纳狄格接受教育，后来去了纽约，成为一名会计文员。三十出头时，兰曼在首都定居，他首先做了一名记者，后又任联邦政府多个分支机构的图书馆馆长。他是位多产作家，有成就的画家，钓鱼爱好者，他还热衷于美国荒野探险，尤其喜欢乘坐独木舟。他很会讲故事，交友圈甚广。兰曼是华盛顿社会和外交脉络方面的活导航，他对森有礼的帮助很大。

兰曼与一位乔治城继承人结婚已有 20 多年，未生育子女。兰曼向妻子艾德琳（Adeline Lanman）主动提出，希望可以在女孩们停留于华盛顿期间照看她们，这让森有礼松了口气。森有礼安排使节团代表们乘坐 29 辆马车和两辆巴士，他们将前往阿灵顿酒店，入住奢华的酒店房间。与此同时，兰曼将把女孩们带去自己家，这段路稍远一些。在轮船船舱、酒店房间和火车卧铺的交替中度过了两个多月后，女孩们终于要与使节团代表们以及德隆夫妇说再见了。她们将要度过在美国家庭生活的第一个晚上。

"据说她们不愿意离开之前的监护人，因为她们已经与德隆女士建立了深厚的友谊。"有华盛顿的报纸这样报道。如果说女孩们有任何不情愿，那大概来自她们对未知的恐惧，而非舍不得自傲的伊利达·德隆。事实上，女孩们将会发现，在兰曼家她们能得到更好的照顾。

查尔斯·兰曼与艾德琳·兰曼庄重的砖砌房子坐落于乔治城西街 120 号，房子有白色尖木桩栅栏保护。这幢房子的修建人是兰曼女士的父亲，修建于60年前，这是父亲给女儿的嫁妆。常春藤爬满墙壁，高大的树木守护着宽敞的花园。房子的内部装潢展示出主人对美学与智慧的精致追求。家具是赫波怀特式的，黄铜配件闪闪发亮，架子上塞满了书和银器，墙上挂着英国和美国画家的油画和水彩画作品，这其中也包括兰曼自己的画作。兰曼家有一个专门存放钓鱼工具的房间。自从兰曼与森有礼共事以来，他对收集日本物件也产生了兴趣，目前他已经有一只花瓶、一把剑，以及一套和服。

第二天，森有礼去兰曼家探望几位年轻的被监护人。女孩们对能够住在如此宽敞的房子里感到很开心，可是兰曼夫妇多少有些吃不消：这么多孩子！虽然她们已经非常乖巧懂事了，可是对于兰曼夫妇来说，依然是巨大的压力。几位大人很快便调整了计划。舍松、繁子、悌子将被送至附近兰曼女士的姐姐赫本女士①家，亮子和讲话像个小大人一样的小梅子将继续住在西街120号的房子里。

除此以外，森有礼再无更多精力分配在女孩们身上了。他还有一整个使节团的事务要安排。华盛顿这座城市的社交日历排得满满当当。当地酒店和寄宿公寓里挤满了立法议员、说客、外交官和军人。记录官久米依旧尽职尽责地进行他的记录工作。这一次，宽阔整洁、无可挑剔的宾夕法尼亚大道、两旁宽敞的砖砌人行道，以及白杨树都让他印象深刻。在久米看来，华盛顿是游客的城市，当地特产除了法律和对国家的自豪感外，就没有其他什么了。所有人都来自华盛顿以

---

① 赫本女士的姐夫是牧师詹姆斯·柯蒂斯·赫本，赫本先生此时正旅居于横滨，他经营一间诊所和一家英语学校；赫本先生还是日语罗马字拼读系统的创始人。——作者注

外的地方。

那些冒着大雪想来一睹日本男人风采的人，恐怕要失望了。不过即使天气转好，这些日本代表们也依旧要在周末为许多事情做准备。格兰特总统周一将正式接见各位日本代表，周二还将会有一场于共济会举行的国务院接待晚宴。失望的媒体于是在长野桂次郎的出现上大做文章，"那个曾于几年前来过美国，吸引了一大群年轻女郎的多情汤米。"

美国黑暗的内战时期之后（时间上与日本国内的动乱重合），镀金时代微光乍现。在铁路扩张建设的带动下，美国经济复苏，投机猖獗。政府上下渗透着浓重的机会主义情绪，以至于格兰特主义一度成为政治腐败的同义词。同时，美国黑人——其中包括华盛顿13万人口的三分之一——仍未获解放。"白人与黑人之间的隔离，"久米记录道，"就如同清水和浊水那样明显。"

在社会将人种如此两极化分割的情况下，应该将日本人置于哪个位置呢？不管怎么说，这些日本人已经成为话题中的话题，他们甚至出现在了马克·吐温与查尔斯·达德利·沃纳合著的小说《镀金时代》中：

> "你看到那些日本人了吗，莱维特小姐？"
>
> "是的，看到了，他们看起来真奇怪，不是吗？可他们居然是上层社会的人，就像从画里出来的一样。你认为他们的肤色说明什么问题吗，霍金先生？我以前对有色人种可是很有偏见的。"

"是吗？我从不这样。我以前就觉着我的老保姆很棒。"

　　来自上流社会？从画里走出来一般？看起来很奇怪？为了向总统正式传达他们的身份，使节团的领导者们盛装出席仪式，他们穿着紫色和蓝色的丝绸长袍，佩刀，头戴传统头饰。报纸对这些细节做了详细报道。日本大使头戴丰饶角形状的帽子，让一位记者想起"古罗马战士的头盔"，而他们飘动的黑色长袍则"与美国女性的衣服看起来相似"。岩仓虽然"看起来有着天生的尊贵与肃穆"，可他的打扮却"显现出诸多女性特征"。白宫门廊下面铺着一条地毯，"而这些日本人却穿着讲究的丝制鞋在上面走"。他们到底是战士，还是女人呢？

　　不过至少，他们带来了不少乐趣。在第二天的国务院晚宴上，一位立法议员的妻子描述了美国人期待的心情——宾客们再次满怀好奇之心等待日本大使们的到来，却发现他们这次穿的是普通的西服。"某种程度上，大家的心情很复杂，我们在期待一场杂耍表演，好像他们会抛球，吞扑克牌，又或者站在对方的鼻子上保持平衡一样，"她这样写道，"对怀着这种期待的人来说，看待这些小巧的黄种绅士佩戴我们这个社会大家习以为常的徽章，穿着合乎规范的服装，打着白领带，他们肯定很失望。"

　　日本使节团成员们当晚对宴会主人也怀有相似的矛盾心情，只不过，他们更善于隐藏自己的真实感受。男士们一个个牵起女士的手，绕过演讲台，翩翩起舞。"使节团成员们坐在台下观看，他们看上去非常欣赏这兜迷宫般轻快的华尔兹，"《明星晚报》报道说。但事实上，使节团代表们前一天与格兰特总统会面时得到了一些消息，这让他们在第二天晚上的这场舞会上心神不宁。"既然已经得到处理授权，那么我们很荣幸就这些国际问题与你们展开讨论，"格兰特总统如是说。但是，代表们并未得到任何处理授权。此次使节团的意图仅仅在于打开重新讨论贸易条约的对话，但使节团大使们并未得到天皇准许他们在行动上开展这场对话的书面授权。可是格兰特总统已经准备好重启对话了。应该怎么办呢？

两周后的 3 月 20 日，岩仓使节团最高代表伊藤博文与大久保利通重新踏上火车之旅，他们将重走刚刚完成的那场 7000 英里路，去往东京，获取必要的授权。而整个使节团其他成员将继续留守华盛顿，等待二位的归来。

女孩们有自己的快乐，面对不确定性颇大的外交形势，她们并不是很在意。媒体关注了几天有关这些"公主"的情况之后，便转而关注其他热点了。"她们的任务是在这里接受教育，然后回到日本，帮助她们的国家培养更多壁花女性，以妆点天皇的宫殿。"一位保守的记者这样报道。经历了几个月的颠簸之后，女孩们终于得到了细致的照顾，也愈加享受目前安稳舒适的环境。她们并不思念自己的祖国同胞，而是沉浸在美国带给她们的新奇之中。

一开始，新衣服让她们觉得既尴尬又暴露：领口和袖口处是比较僵硬的布料，还需要扣上纽扣，衣服将腰腹和臀部的线条衬托出来[1]。她们穿着高帮皮靴，五个脚趾头贴在一起，走起路来咔咔响。不过，当她们玩捉迷藏的时候，她们可以随心所欲地大步跑，再也不用像以前穿和服和木屐时那样像鸽子一般拖着脚走路了。她们可以在石板路上蹦蹦跳跳，轻盈地转动裙子，也可以随意地撇着腿坐在花园长椅上，让春天随风飘舞的花瓣落入裙摆。她们吃惊于邻居家的孩子可以自由地嬉戏，做出各种滑稽的动作——在日本，或许男孩可以走踩高跷，但是女孩绝对不可以。邻居家的孩子也盯着几个日本女孩看，有时候，邻居家的父母也会停下脚步，盯着女孩们看。

　　查尔斯·兰曼和艾德琳·兰曼待家里新来的女孩们非常和善。就在女孩们到来几天之后，兰曼女士写信给梅子的母亲，并随信附上自己与丈夫，以及房子的照片。"特别是梅子，学东西很快。每个人都夸赞她举止得体，我们认为这都是您的功劳，"兰曼在给津田初子的信中这样写道，"梅子和我们非常亲密，我们已经开始为分别的那一天感伤了。"在回信中，初子表达了她的感激之情，接着严肃地表示："我希望您能明白，您可以按照您认为正确的方式，更加严格地教育

---

① 不只舍松她们几个人对西方女性的束腹时尚感到诧异。据罗格斯大学资料记载，19世纪70年代早期，一个学英语的日本年轻人在一篇题为"我对外国人的第一印象"的文章中表达了对穿着紧身束腹衣的疑虑："有一件事引起了我的注意，那就是这些女性纤细的腰部。据此我向几位略知西方习俗的朋友请教，我想知道西方女性的腰是否天生就这么细；他们告诉我，她们是采用了人为手段使腰部保持纤细，而且这些女性都是自愿这么做的，这让我十分惊讶。他们还说，西方人认为，腰部越细，说明这个女人越漂亮。我实在不明白，为什么在欧洲和美国这样文明的地方，如今还会保留如此愚蠢的习俗，这样做对身体是有伤害的，我敢说这么做对身体绝对没有一星半点好处。而且，我估计束腹比日本女性剃眉毛、将牙齿染黑这种行为更糟糕，其恶劣程度甚至与中国人裹小脚不相上下；在中国，裹小脚的女性在没有人搀扶的情况下根本无法走路。"——作者注

她，不必征求我们的意见，梅子在美国期间，您和您的丈夫就是她的父母。"

在武士家庭，纪律是至高无上的。即使在睡觉的时候，女孩们也被要求将身体弯曲成く形，然而她们的兄弟们却自由自在地在被褥里睡成一个"大"字。在美国，女孩们睡在有四只脚的床上，床与地面之间有相当的空隙，如果美国女孩把腿伸出被子之外，也不会有人责备她们。刚开始用羽毛枕的时候，女孩们差点窒息过去，因为这些枕头与她们在日本时所使用的木枕有很大差别。女孩们以前需要睡在木枕上，以保持梳戴整齐，上了发油的发型经过一晚上的睡眠也不会被弄乱。现在她们可以让头发松散地垂在背上，也不用抹发油了，而是让头发自然地卷曲。

一周后，兰曼家迎来了一位客人——约瑟夫·新岛（Joseph Niijima）。新岛是阿姆赫斯特学院史上第一位日本毕业生。此次，新岛来华盛顿是为了担任使节团的翻译。十年前，下定决心去西方学习的新岛搭乘一艘美国船，偷渡至美国。最近，新岛正在安多弗神学院学习，为成为一名合格的牧师做准备。新岛仍旧记得自己那位同样痴迷英文的江户老友津田森，梅子的父亲。能够在美国见到津田森的女儿，这是多么不可思议！很快，亮子和梅子就开始期盼新岛的拜访了。"她们听不懂家里的女士们对自己说的话，"新岛写道，"所以当我去拜访时，她们非常开心，问了我很多问题。"

《纽约时报》八卦专栏作家受邀去赫本家做客，另外三个女孩令他赞许有加。不过，或许他对自己当晚的表现不是很满意。"当她们不再拘泥，而是放松地大笑时，看得出她们还是非常漂亮的，"这位记者这样评价，"而且，她们的举止也优雅到了极致。"他不仅表扬了女孩们得体的举止，还非常肯定她们玩槌球，以及快速掌握双骰游戏的能力。这位记者甚至提到了其中一个日本女孩捉弄他的逗趣事。晚餐中，舍松对坐在身旁的这位记者讲了一句日语。

"Do you understand?"（您听懂了吗？）舍松调皮地眨眨眼睛。

在众目睽睽之下，绞尽脑汁调动起他听过的所有亚洲语言。"Me gum gum forum chow chow sa ke no go."

"您说的是中文，"舍松反驳道，"不是日文。"

一周周，时间匆匆流过。大人们并没有给女孩们做什么特别的计划。除了语言障碍、紧箍的鞋子和贴身上衣，女孩们在其他方面感受到了极大的自由。五月底，森有礼在康纳狄格大道找到一所房子，将女孩们全部搬过去，并为她们请了厨师，以及管家安妮·洛林小姐。她们每天早上学两小时英文，上一会儿钢琴课，之后就完全放羊了。这些家庭辅导和安排无助于女孩们快速融入美国社会，但对她们来说是非常愉快的一段时光。兰曼女士经常来看女孩们，她们有时也去日本领事馆，在那里，年轻官员们很是宠爱这些女孩。等到远远过了睡觉时间，洛林小姐既听不到，也不会过来检查，女孩们就再一次点亮灯，继续说说笑笑。不久后，洛林小姐就有了继任者——拉戈勒小姐。这五个聪明的女孩总是串通好讲管家听不懂的语言，这对任何一个管家可都是一项考验。

此时，距离女孩们在横滨坐上蒸汽船已经六个月了。她们已经不怎么想得起曾经在日本的生活节奏，以及发生过的那些动荡。虽然舍松经历过那场可怕的攻城之战，而弹片在舍松脖子上留下的伤疤还依稀可见，但此时对舍松来说，这段记忆已经属于别人了。比起家里的几位姐姐，繁子倒更像是她的亲姐姐。梅子用日语在信中告诉母亲：

知道您一切都好，我很高兴。我也很好。之前我告诉过您，我们住在华盛顿。一开始是洛林小姐教我们，不过后来她回家了，另外一个老师来了。我们从早上 10 点学到 12 点。我们住在距离兰曼家 13 个街区的地方，但是不要担心，兰曼女士经常来看我们。本来亮子要给您写信，但是她的眼睛不好，她不能学习。她说她很抱歉。我正在读一本给初学者的书。我还在读一本有关地球的书。我也在练习书法。不要太担心我。梅子。

这是梅子用母语所写的最后一封信。

第六章

找一个家

四个月间，伊藤和大久保从东京到美国，后又折返回东京。1872年7月，他们终于带着外交授权再次来到华盛顿。这一次，天皇不仅令他们敲定与美国的双边条约，还提出打开日本与国际社会谈话机制的要求。然而国务卿汉密尔顿·菲什（Hamilton Fish）却断然拒绝扩大谈判范围。伊藤和大久保已经筋疲力尽，却没有获得实质进展。现在，失望的岩仓使节团成员们在美国已经没有其他任务了。在费城、纽约和波士顿短暂停留之后，他们乘船去往伦敦。

7月底一个温暖的晚上，在日本领事馆里，几十个纸灯笼闪烁着柔和的光亮。森有礼邀请所有人前来参加告别晚宴，这其中包括了即将离开的大使们、在美日本留学生、五个女孩以及兰曼夫妇。《明星晚报》的记者有些失望，因为身为话题焦点的"公主们"穿着西式礼服出席了晚宴。不过，"每个人都玩得很开心"。

岩仓及使节团的代表们第二天中午乘上了去往费城的火车。在接下来的14个月当中，他们将拜访英格兰、苏格兰、法国、比利时、荷兰、普鲁士、俄罗斯、丹麦、瑞典、德国、意大利、奥地利、瑞士，然后从已经开通四年的苏伊士运河、锡兰、新加坡和香港回到日本。他们需要回到祖国，需要学习各个领域的西方制度，需要建设国家。如果说有人曾经想起过五个日本女孩，那大概也只是一瞬间的事情。

森有礼不需要安排使节团事务了，他终于将目光转向了需要他照看的几个女孩。森有礼邀请女孩们在查尔斯·兰曼和教师的陪同下来家里吃晚饭。"华盛顿的日常晚宴以其虚假的高贵和愚蠢而出名，"兰曼多年后写道。然而这一顿晚饭不一样，它质朴、优雅、真诚、震撼人心——尤其当你仔细去思考在座的每一位及其到目前为止所走过的路时，就更觉得是这样了。他们坐在餐桌前，兰曼回忆到，穿着平平常常的新衣服，完全就像是在自己真正的家里。梅子有幸坐在森有礼的右手边，下巴只不过比面前的盘子高出一点点。"大家心里都默认，谈话应由森先生主导。他在不同语言之间快速切换，非常厉害。森有礼很忙碌，他的美国和日本朋友们向他抛出了许多问题，需要他一一解答，"兰曼愉快地回忆道，"他还详述了日本女性的悲惨境遇，刚巧我们身边就坐着几位日本女孩，这让他的讲述更显有趣；他还向年龄稍大一些的女孩表达了他的某些见解，鼓励她们尝试美国女性的做法。后来，他又讲了有关日本的事情，情绪有些激动，略带幽默，但讲得很好。"

黄昏时分，饭后槌球游戏结束。大家回到室内，欣赏刚从日本寄来的书籍和照片。森有礼向五个女孩每人都赠了一把扇子，兰曼则给她们每人一束花。"华盛顿史上最特别的一场晚宴派对就这样结束了，它代表了一种多元的精神。"当兰曼感动于这新鲜独特的多元文化场景时，森有礼则有其他的发现：虽然来华盛顿已经五个月了，女孩们依旧在用日语交流。

森有礼对来到一个陌生国家的彷徨感再熟悉不过了。他刚去伦敦时还只是一个年轻男孩，只能依靠自己。对于当时的森有礼，学习英语事关生存。这五个日本女孩就没有那么大的动力学英语了。她们住在康纳狄格大道，生活舒适安全，能得到管家的精心照顾。她们目前的英语水平比起刚来美国时并没有多少进步，依旧无法在普通的美国课堂上学习。如果她们想要完成日本皇后交给她们的任务，就需要做出些改变。

或许，最初选定女孩们来美国的黑田清隆，以及女孩们目前的监护人森有礼都全心全意地相信，送女孩来美国是一项正确的决定。然而，虽然这项决定也得到了皇室的授权，舍松的哥哥健次郎对这一决定颇有顾虑。在康纳狄格的诺维奇学习了一年之后，健次郎的英文有了飞速提高，同时，他还能写一手漂亮的英文。此时的健次郎尚不到 18 岁，但他并不惮于对那些决定妹妹命运的华盛顿男人表达自己的不满。

这些女孩还没学好如何做日本人，就被送来美国，这怎么会是一个好主意呢？"如果这些女孩没学过我们自己的伦理规范，她们要么会像美国人一样行事，要么就是按照自己的意愿来，"健次郎给查尔斯·兰曼写了一封信，字里行间都流露着他的愤怒，"如果她们像美国人一样行事，那么根据《圣经》，她们会受到本国政府的惩罚。虽然我不知道美国人会不会为他们的姐妹受到惩罚而感到悲伤，但作为一个日本人，我会感到难过。"

健次郎深受会津武士道德规范的影响，他时刻铭记儒学，要求自己做一个顺从、知晓等级、有荣誉感的人。会津藩战败后，健次郎将自己对会津藩的忠诚转而投向正在冉冉升起的新国家和新政府，并生出一种自豪感。在信中，健次郎提到政府（government）时，他将首字母大写（Government），提到《圣经》时，却没有将首字母大写。这年夏天，健次郎一直在为耶鲁大学谢菲尔德科学院的入学考试努力学习。健次郎对自己的任务没有任何怀疑：学习英语，同时学习物理和工程知识，然后回国，用自己所学帮助日本向前发展。但是，舍松的任务是什么呢？一个半大点儿的女孩，在异国他乡生活十年之后，怎么可能不被彻底地改变呢？长大后的舍松如何重新进入日本社会，成为日本女性的楷模？

森有礼的考虑更现实：女孩们的英语能力必须有所提高。为了达到这个目的，她们不能继续住在一起了。在这一情况下，舍松那个有意见的哥哥倒是提供了一种选择。既然健次郎已经通过了耶鲁大学的入学考试（他的三角学学得不太扎实，但他保证会用暑假好好补习），那么接下来的三年他都会待在纽黑文，因此，如果将舍松送去一个纽黑文家庭，那健次郎至少可以盯着她——对于此种安排，健次郎和森有礼都应该感到满意。

还有一些其他因素，让森有礼考虑将康纳狄格纳入考虑范围。1872 年那个夏天，30 个 10 到 16 岁的中国男孩响应中国幼童留美计划，来到新英格兰。中国幼童留美计划是由容闳提出的倡议，而容闳是第一个耶鲁大学的中国毕业生。继岩仓使节团赴美之后，中国派男童赴美留学，这并非偶然。之前，容闳已经为该计划奔走多年，中国政府一直没有响应。看到日本努力发展现代化之后，中国政府这才醒悟，开始实施容闳的留学计划。由容闳在耶鲁的朋友牵线搭桥，容闳结识了康纳狄格教育委员会秘书伯德西·格兰特·诺斯罗普（Birdsey Grant Northrop）。二人提出了寄宿家庭计划，即呼吁美国家庭接收来自中国的小留学生。美国家庭给予了积极的反馈：在康纳狄格和南马萨诸塞，共有122个家庭愿意接收留学生——这大大超出了原本需要的接收家庭数量。

森有礼和诺斯罗普之前就已经是朋友了。作为日本驻华盛顿弁务公使，森有礼的工作之一就是掌握美国200多名日本留学生的动向。这些日本留学生大多由日本政府资助。也正因为这项工作，森有礼需要了解美国教育系统，他参观了马萨诸塞和康纳狄格的众多学校，看到这些地方的公立学校都井然有序。在如何安置几个日本女孩这个问题上，诺斯罗普自然是正确的请教对象，而且，就诺斯罗普与容闳的合作情况来看，合适的寄宿家庭并不是那么难找。况且，目前森有礼只需要为三个而不是五个女孩做住宿安排。

亮子的眼睛一直没能从在美国西部患上的雪盲症中恢复过来。虽然她带着绿色遮光眼罩来保护眼睛，但是慢性炎症让亮子几乎不可能投入学习。所有为亮子看过病的医生都得出这样一个结论：如果亮子继续让眼睛操劳下去，她很有可能失明。森有礼认为，亮子的身体已经无法支撑她继续完成留学生这个角色了，必须被送回日本。与此同时，与亮子年龄相近、性情也相仿的悌子流露出非常想家的状态，她愿意与亮子一起回日本。

借鉴容闳将学生们以每两个人分成一组来安排的经验，森有礼开始为 12 岁的舍松和 11 岁的繁子寻找寄宿家庭。与健次郎，诺斯罗普和耶鲁大学图书馆馆长、远东问题学者爱迪生·范·纳姆（Addison Van Name）商量之后，森有礼决定选择莱昂纳多·培根（Leonard Bacon）家作为寄宿家庭。培根是纽黑文一位颇有威望的公理会牧师。很快，讨论详细寄宿安排的信件就不断往来于纽黑文和华盛顿之间了。

"我今天去拜访范·纳姆女士，与她商量有关接收日本姑娘的事了，"培根的大女儿瑞贝卡在那年夏天给父亲的信中写道，"她得知我们愿意接收山川小姐之后，很开心，她会立刻给她的哥哥写信。也许会有其他家庭也想让山川小姐去住，不过也不一定。我告诉她纳姆先生和诺斯罗普会知道怎么做对山川更有利，过不了多久我们就能知道他们最后是怎么决定的了。"①

梅子与两个稍微年长的女孩比起来，就像是一只孤苦伶仃的小鸡，听到两个姐姐要离她而去的消息之后，她感到很害怕。后来，森有礼决定将梅子暂时送往兰曼家，这才多少消解了梅子心中的无助感。梅子才 7 岁，对她来说，一位好母亲与一位好老师一样重要；而此时，艾德琳·兰曼已经完全爱上小梅子，以及她那"来自日出之国的灿烂阳光般的快乐"了。

---

① 培根一家与健次郎已经认识，1872 年夏天的书信往来主要聚焦于舍松的寄宿安排上，但实际上最后的计划是培根一家邀请舍松和繁子二人一起住进培根家。——作者注

莱昂纳多·培根是纽黑文知识精英界的支柱：作为镇中心第一教会牧师，已经工作了 40 多年，培根还是耶鲁大学的神学教授，一位多产的作家和编辑。年已古稀的培根脸上布满皱纹，已然是一位德高望重的长老，额头饱满，眉目庄重，他有着白色的胡子，嘴角微微向下，好像承受了许多思想的重量一般。他与第一任妻子育有九个孩子，与第二任妻子育有五个孩子；长女瑞贝卡 46 岁，幼女爱丽丝 14 岁。

纽黑文是公理会的大本营，其历史可追溯至新英格兰的新教定居者们。培根所在的教堂是当地最有影响力的一座。他是一位有公信力的中间派人物，口才极佳，始终在寻找解决问题的中间立场，相信新教的正统性能够推动道德和社会进步。培根在其职业生涯中，不遗余力地为反奴隶制运动而奔走，但同时，他也不赞成采取废奴主义者的极端手段。培根认为，黑人并非与生俱来低人一等，但是，因为白人种族主义对黑人的倾轧无休无止，因此解决方案并不是让黑人成为美国人，给予他们与白人同等的权利，而是将他们送回非洲。这样，他们必能够繁荣，与其他未开化的同族人一道分享来自上帝的福音。

这些日本女孩回到遥远的祖国之后，同样能够与那些在黑暗中挣扎的同胞分享文明的力量。十年之后，她们将带着基督教的曙光回到日本。女孩们将在纽黑文度过一段意义非凡的岁月。培根家不乏智慧与观点的火花，不过这个家庭人口众多，常年财政紧张，接收留学生可以说是一桩两全其美的事：既可缓解这个家庭的财政状况，又将在不离开纽黑文的情况下为遥远的异教徒们带去教化。

在接收日本留学生这件事上，谈论种族并不重要。1872 年，日本人赴美——多数来自武士阶层——是为了学习知识，然后回到自己的国家，他们并不要求平权，也不抢走美国人的工作。奴隶解放是一个问题，中国苦力是一个麻烦，日本留学生却是一项值得投入的项目。他们来学习，然后就会离开。而且，生活在纽黑文的健次郎也让接收日本留学生寄宿这件事更稳妥，如果发生任何意外，健次郎可以出面解决。

瑞贝卡已人到中年，未婚，是一名教师，她花了许多精力抚养自己的兄弟姐妹，是父亲的左膀右臂。瑞贝卡在接收日本留学生这件事上持保留意见。她曾经遇到过一位在纽黑文附近上学的日本男青年，这位男青年并未给瑞贝卡留下很好的印象。而且，他还生了重病。"他们无法适应这里的气候，但我们需要对这些孩子负责，"在给培根的信中，瑞贝卡表达了自己的顾虑。此时的培根已经逃离纽黑文闷热的天气，正在利奇菲尔德山避暑。"这些弱小的男人都是他们国家选出的最健康的人，可是他们甚至连树干的一端也抬不起来。"

正当健次郎和范·纳姆就寄宿补助讨论不休时，瑞贝卡主动出击，做起了调查。她就每周的寄宿补助咨询了该地区其他寄宿家庭。"霍奇科斯女士建议一周13美元，"她告诉父亲，"但是她显然认为要15美元也并不过分。"培根的第二任妻子凯瑟琳因病经常需要卧床休息，一个寄宿生的到来或许可以给凯瑟琳带来一些温暖的陪伴，培根家的年轻女儿们也可以为这位寄宿生辅导英文和音乐。

听从了瑞贝卡的建议，培根以每人每周15美元的补助接收了两个女孩，他将为女孩们提供住房、食物、衣物清洗服务，以及英语、算术和几何辅导。衣物、书本、钢琴课和医疗保健的钱另算。（瑞贝卡给培根家争取了非常好的报酬。诺斯罗普最初是以每周两名学生16美元来补助接收中国男童的寄宿家庭——这种差别可能与美国人普遍上对日本和中国的不同认知有关，也可能是因为日本人对留学生出国这件事热情更大，所以给出的预算也更高。）

与理性精明的女儿不同，培根希望以更亲切友好的态度，而非仅仅从财政的角度对待接收留学生这件事。"我们不希望，"他写信给范·纳姆说，"仅仅像对待一个寄宿者或者房客那样对待她，我们希望待她如我们的亲戚或者是好朋友的孩子，如果真是这样，她的父母一定会希望我们给予她父母般的关怀与慈爱，所以我们会待她如我们自己的孙女。"

健次郎答应了这一安排。他甚至允许自己的妹妹与培根一家人一起上教堂。"但是，我恳请他不要在宗教方面给予她指导，我希望由我来做这件事。"健次郎写道。毕竟，基督教活动在日本尚属非法，妹妹年幼，尚无判断力，作为哥哥必须保证她不受该宗教的影响。

夏日的湿热正在散去，华盛顿正迎来秋的干爽。康纳狄格大道的合居生活将要成为历史。在托马斯·安提赛尔女士（Thomas Antisell）的照看下，亮子和悌子已经踏上回家的路，又一次跨越北美洲和太平洋。安提赛尔是一位受雇于北海道开拓团的爱尔兰裔美国工程师的妻子，这次女孩们的留学经费也是由北海道开拓团提供的。十月末，她们已经回到了旧金山大饭店。"这些日本女孩在东海岸学会了不少英语，脱去了厚重的东方礼服，打扮得跟美国时尚少女没什么

武士的女儿

两样，很时髦。"《旧金山公报》如此赞许道。然而，亮子和悌子并不开心，她们没有完成此次任务，回到东京后，她们将湮没在无名人海。她们与另外三个女孩的纽带就此断开。

梅子对于即将回到乔治城充满了期待。在早上的英文课上，女孩们正学习如何用英文写信。每周给艾德琳·兰曼写了一封信。"我亲爱的美国妈妈，"信是这样开始的：

> 您是一个好女人。您待我非常亲切。您爱我。昨天我们会去森林里，我们玩得很愉快。您的好，我永远不会忘记。冬天在您家住我很开心。

整封信所表达的情感固然深切，但是里面有不少语法错误，读起来也不连贯，似乎为了思考应该怎么写下去停顿了不少次。"您热忱的日本国女儿"，这是梅子的落款。梅子已经将舍松和繁子这两个姐姐完全抛在脑后了。现在，她在美国有了一双对她如此关切和溺爱的父母，他们比从前梅子遇到过的任何大人对她都要好。1872 年 10 月 30 日，舍松和繁子在森有礼的陪同下，乘坐夜间火车，前往纽黑文。八个月的华盛顿生活让两个女孩对这里已经感到熟悉，而现在，她们又将去往另一个未知的目的地，那里尽是陌生人，两个女孩此后的生活将完全依赖于这些人。不过对于舍松，除了恐惧和忧虑之外也伴随着兴奋与期待。她在纽黑文的的确确认识一个人。上一次见哥哥，还是四年前在若松的硝烟和废墟里。她已经记不清哥哥的长相了，但当下，哥哥是纽黑文唯一的日本人，认出哥哥来应该不是问题。

十小时后，火车停靠在纽黑文联合车站。当年，联合车站还没有那座标志性的红砖建筑，而是在小教堂街，那是一栋奇特的建筑，建筑中央的塔楼竟与鹤城城堡顶端那几层看起来惊人地相似。不过，两个女孩没时间感叹这座建筑有多奇怪。经过了一晚上的车马劳顿，她们此刻依旧在教堂街上赶路。这里绿化做得很好，一路上能看到三座庄严的教堂，大门一律朝向左手边，耶鲁大学就在不远处。不一会儿，她们就来到马路右边一座被精心打理过的白色房子前。

"两个日本女孩今天到了，"莱昂纳多·培根在他的日程本的 10 月 31 日这一页中写道，"日本公使森有礼与我们一起吃了饭。"这两个男人要聊的事情很多；森有礼正在起草一份建议，希望日本政府能够对基督教解禁。培根在这个话题上自然有很多主意。森有礼后来采纳了不少培根的想法，在明治政府后来对法律中宗教条目的修改上都有所体现，明治政府对基督教也逐渐实施起较为宽松的政策。健次郎不需要担心，因为这个即将抚养其妹妹长大的男人，确实会努力帮助日本人建立一个能够包容其基督教成长背景的国家。

培根和森有礼分秒必争，很快就让女孩们的寄宿成为了板上钉钉之事。当天，培根拿出一份正式文件，里面详细写明了许多条目。比如，"我夫人和女儿们会照料两位年轻女孩，让她们拥有健康的体魄及良好的道德礼仪，她们得到的训练将不输给任何新英格兰上等家庭的孩子所能得到的训练。"女孩们首先会在家里学习，直到她们到达去学校读书的水平。"待她们有了足够的英语能力，"培根继续道，"我们会培养她们对书籍的兴趣，这对她们是有益的。"培根家将给予女孩们良好的教育，这有助于她们今后成为教师，甚至学者。

　　　　　　　　　　　　　　　　武士的女儿

实际上，对于女性是否应该成为有学识的人，培根的内心是复杂的。培根的妹妹迪莉娅就是一个天才般的知识分子，她是知名作家、演讲家和编剧。迪莉娅最为人所知的一个观点是，莎士比亚众多剧作的作者署名应该归于一群智者，包括弗朗西斯·培根、埃德蒙·斯宾塞和瓦尔特·罗里爵士。"我一直以来都认为她那迷人的理论出自幻觉。"她的哥哥这样写道。迪莉娅后来死在精神病院中，享年48岁。

在莱昂纳多·培根看来，女性的最高目标不应该是去震惊知识分子界，而是经营好一个家庭。在寄给森有礼的女孩们的成长备忘录中，培根写道：

> 我们希望她们掌握主持家政的知识，能够像美国女性一样，成为一个合格的女主人。我们会将我们自己的女儿们学到的知识教给她们，希望她们乐于学习这些知识。她们将不止于了解如何向佣人下命令，而是更懂得如何教导佣人完成工作。

森有礼非常满意。这就是明治政府的改革者们所欣赏的女性应有的行事方式和态度。"贤妻良母"，这个词后来成为明治时代的一个热词。为了向前发展，明治政府需要这样的女性。女性角色固然重要，但任其发挥能力的范围仅限于她的家庭内部。

不过，两个女孩目前心中还没有如此高远的目标。她们在教堂街的这所房子里，以自己的方式观察和学习。几天之后，培根一家明白了两件事：舍松和繁子都是非常可爱的孩子，但是，如果她们继续生活在同一屋檐下，那么她们在英语上就不大可能有多大进步。就在这个周末，繁子就被送去了一两英里外的费尔黑文，开始在著名牧师约翰·S. C. 艾博特（John S. C. Abbott）家生活。"繁子有着蒙古人长相，凡事总能看到幽默的一面，与她分别使我们感到难过，"培根写道，"她是两个女孩中更有趣的一个。"但是，因为与健次郎有交情，培根不好意思将健次郎的妹妹送到另一个家庭——不管怎样，培根写道："质朴、聪明、热情、永远信任周围的人，舍松也打动了我们。"

距离去年美子皇后从屏障后面注视五个双膝跪地的女孩，就快整整一年了。现在，五个女孩变成了三个，失去另外两个同伴的生活将继续下去。她们将正式接受美式教育。

第七章

像美国人一样长大

　　和繁子与梅子一起住的时候，舍松是三人中的老大，现在，舍松成了培根家的小女儿。除了一家之主莱昂纳多·培根，培根家清一色都是女孩：莱昂纳多的第二任妻子凯瑟琳，她的关节炎是老毛病了，只能卧床休息；瑞贝卡更像是凯瑟琳的朋友，而非继女，她高效地管理着家里的大事小事；耐莉和爱丽丝是培根家 14 个孩子中仍旧住在家里的两个，分别是 16 岁和 14 岁。

　　仅仅几个月内，舍松——美国朋友们都叫她 Stemats①——就成为培根家珍贵的一员了。就连负责洗衣做饭、脾气暴躁的爱尔兰女佣也这么觉得。"即使知道舍松是异教徒，"培根写道，"大家对舍松的喜爱也不会有任何改变。"

　　严肃的培根牧师也很快就不由自主地喜欢上了家里新来的受监护人。舍松来纽黑文的第一个春天，P. T. 巴纳姆大马戏团来到了这里，马戏团像一块吸铁石，将每一个小朋友都吸引住了。"马戏团在

---

① 可以将美国朋友们给舍松取的这个名字"Stemats"看作其原名 Sutematsu 的简称。——译者注

这里表演了两天，但我们很遗憾，因为没能带小舍去看，"培根写道，"我们知道，她一定很失望，但她没有表现出一点点不高兴的情绪。"就在一年前，舍松还像拇指汤姆和小美人鱼一样，是人们关注的对象呢。也许她对没看成马戏团表演有一点惋惜，不过，她显然已经成为观看者中的一员了。

每天早饭过后，舍松就去培根夫人的房间学习几个小时。耐莉负责教舍松钢琴，钢琴在起居室里，耐莉会坐在舍松旁边手把手教她。不过，舍松还是与爱丽丝的关系最好。年纪相仿，课业压力也差不多，两个女孩迅速变得亲密无间。虽然舍松在学习上很勤奋，但不可否认，正因为和新姐姐一起学习，一起玩耍，才让舍松进步得更快。以前与繁子和梅子聊天的时候，她们只说日语，而与爱丽丝聊天需要用英语，所以，舍松的英语每天都在进步。

大家乍看到爱丽丝·梅布尔·培根，会想当然地认为她是培根家娇生惯养的老幺，但实际上，爱丽丝很有自己的主意，她喜欢思考严肃问题，热爱读书，思维不同寻常地开放。她可不是培根家第一个勤奋踏实的女性。爱丽丝同父异母的大姐瑞贝卡最近才搬回家里，帮助身体不好的继母打点家政，而在此之前，瑞贝卡是弗吉尼亚州汉普顿师范农业学院副校长。这所学校于美国内战后建立，其目的是为黑人提供免费教育。爱丽丝12岁那年与瑞贝卡住在汉普顿，她不仅去听课，甚至还做起了小老师。其他老师都叫爱丽丝"小教授"。和舍松一样，爱丽丝身上有着与她的阅历不相仿的自信与稳重，她懂得如何与那些在不同背景下成长起来的人一起生活。

不久后，舍松已经能够与爱丽丝一起去格罗夫·霍尔学院上学了。格罗夫·霍尔学院是一所女子小学，就在距离培根家一个街区的地方，由玛利亚·蒙福特小姐管理。教学楼是一座三层建筑，顶部有小小的换气圆顶，距砖石铺就的 V 形人行道有些距离。舍松的世界一下子从培根家的女人们扩大到一整个教室的女孩子。从前，舍松一直在家里学习，在后来的战争和迁徙岁月里，她的学习也搁浅了，这还是她第一次与一群同龄人一起上课。

那段时间，签名本在格罗夫·霍尔学院的学生中间很流行。舍松和爱丽丝的同班同学凯莉就有一个绿色的皮革签名本，很漂亮。封皮上印着威风的镀金字："Autographs"（签名本）。轮到舍松签字的时候，舍松转动本子，使本子竖着放，然后从上至下，写下了自己的日文名字，四个汉字，工工整整。爱丽丝也不怕表现自己，她一向对愚蠢的行为没有耐心，她用优雅的希腊文在凯莉的本子上写下，"停止你的闲言碎语，跟我学学"，接着在下面以英文落款，"你真诚的，A. M. 培根"。不知道热衷于收集签名的凯莉后来有没有揭开这几个字的谜底。

为了不让越来越适应美式生活的舍松彻底忘记母语，忘记作为日本帝国子民的身份和义务，健次郎也下了一番功夫，他每周都会给舍松上课，教她日语和儒家思想。舍松抱怨说这些学习内容比她在学校用英语学习的功课还要繁重。不过，牢骚归牢骚，舍松的武士骄傲还在，这些最起码够她在凯莉的签名本上炫耀炫耀。1875 年，健次郎拿到学位回到日本后，他还不间断地对舍松进行远程指导，在信中写满日本目前的时政形势。对哥哥的细心周到，舍松很感激，但她也希望哥哥能多写写家里的事。

在课堂之外，舍松也学到不少东西。培根家固然不富裕，但莱昂纳德·培根是一个颇有声望的人，这为他赢得了进入希尔豪斯学会的会员资格。这是一个囊括了众多纽黑文重要知识分子和商人的团体，他们定期聚会，就学术、艺术和公民事务方面进行探讨。这些重要的人物中，很多人都住在希尔豪斯大道上，大道上有不少别墅，种着高大肃穆的榆树。就在几年前，查尔斯·狄更斯称其为美国最美大道。希尔豪斯街区的主妇们也有自己的团体，叫作"我们的协会"（Our Society），致力于为有需要的女性和孩子提供帮助。爱丽丝就经常带着舍松参加这里的活动，为挣扎中的黑人家庭和普法战争中的难民缝补衣物，制作尿布。这是舍松第一次接触慈善；此时，私人慈善事业在日本还是闻所未闻的事。

除了上课，舍松还接受了课堂外的教育。培根家的对面是耶鲁大学梵文教授、美国东方学会负责人威廉·德怀特·惠特尼（William Dwight Whitney）一家。惠特妮家的长女玛丽安的年龄恰在爱丽丝和舍松之间，大家既是同学，也是邻居。玛丽安也是一个非常有趣的姑娘，同样地，她的家庭也将学习这件事放在最重要的位置上。长大后，玛丽安成为了一名严肃的学者。在寒冷的几个月里，女孩们要么玩西洋棋，要么在后院里滑雪、滑冰；天气暖和后，她们就爬树、游泳。舍松也热情且优雅地参与其中。"我还记得，当时我们一起学跳水，舍松轻盈地从小木筏上跃起，箭一般直直扎入水中，我们跳的时候却都是啪地一下就倒下去了，手忙脚乱，水花四溅。"玛丽安这样写道。

纽黑文的夏天潮湿闷热，一般在这个季节，培根一家就会北上，去往利奇菲尔德山深处的科尔布鲁克村，那里有成片的树荫和凉爽的夏风。从纽黑文乘坐去往温斯特德的火车，走完这段 50 英里的车程，再走一小时尘土飞扬的马车路，就到目的地了。科尔布鲁克很小，只有一间旅馆、一个商店，以及一座教堂。凯瑟琳·培根的表亲卡林顿姐妹就住在这里。凯特小姐和萨拉小姐不到 30 岁，她们的家庭收入主要来自父母的农场，同时，她们也会接收一些寄宿生以贴补家用，城市里的表亲们则是夏季的常客。在这里，客人可以在湖水中沐浴、钓鱼，夜晚则用来读诗和玩猜谜游戏。

利奇菲尔德山在村子的中央，卡林顿家的白房子就在山下。1874年夏天，这里来了一位新寄宿生——谭耀勋，他是中国首批留美学生中的一位，凯特小姐和萨拉小姐同意接收这位小寄宿生。谭耀勋这一年 12 岁，舍松比他大两岁。在这个夏天，他得到了凯瑟琳·培根母亲般的照顾。夏天结束前，凯瑟琳和女孩们回到纽黑文，为开学做准备。就在那段时间，凯瑟琳收到了谭耀勋写来的信。"您还记得您说过，希望能时常听到我的消息吗？"他写道，"说不定您已经忘了，不过我可没忘记呢。"谭耀勋与培根夫人分享了他在钓鱼上收获的成功与失败——"虽然我不应该让自己这么生气，但我真是被激怒了，我怎么也钓不到那只鳟鱼。"谭耀勋也向"培根小姐们等所有人"致以美好的祝愿。这个"所有人"大概就包括了培根家的寄宿生吧。在接下来的岁月里，谭耀勋和舍松的生活还将会有交集。

1875 年，舍松已经做好准备，参加希尔豪斯高中的入学考试。在纽黑文的新兴公立教育系统中，希尔豪斯高中被称作"皇冠上的宝石"。这所高中的男学生被耶鲁大学录取的概率很高，许多女学生则会成为教师——至少直到她们结婚之前。考试内容包括了算数、语法、地理、美国历史、书法、音乐和绘画。"请分析以下这句话,"其中一道语法题是这样的,"谁被赋予为他人制定规则的权力,谁就需要做到公平公正。"在地理考试中,应试者需要就以下五个形容词分别写出五个对应的国家名称:"1. 野蛮 2. 未开化 3. 半开化 4. 开化 5. 文明。"如果舍松在流放时翻看过哥哥们手里的课本——那些由福泽谕吉编写的书,她一定知道这道题的答案。

就在三年前,舍松的英文能力还不足以让她为自己争取一件西式裙子呢。现在,她很轻松地通过了考试。没有资料记录舍松是如何回答那道地理题的。

经历了上学读书、健次郎的功课辅导、滑雪、各种聚会、科尔布鲁克度假之后,舍松最盼望的还是与繁子见面,她尤其渴望繁子的陪伴。不论两个女孩的英文进步有多大,寄宿家庭再友善,她们还是觉得,在对方面前才能做最放松的自己。繁子所在的小城,距离舍松这里就半小时的步行路程,但因为课业,以及两个人寄宿家庭的生活节奏不同,她们只能偶尔见面。

虽然莱昂纳多·培根一直对繁子的离开感到遗憾,但他认为繁子的这个新寄宿家庭——约翰·史蒂文斯·凯伯·艾博特家——还是非常值得肯定的。艾博特与培根一样,是一位广受尊敬的公理会牧师,但他的成就更多是在世俗性的事务上。作为一个鲍登学院毕业生,艾博特的同班同学当中有小说家纳撒尼尔·霍桑(Nathaniel Hawthorne)

以及诗人亨利·沃兹沃斯·朗费罗（Henry Wadsworth Longfellow）。艾博特也在畅销作家这一行列。除牧师这一身份之外，他还收获了更多的成功和满足。艾博特40年前的处女作《家庭中的母亲，或母亲的本分与原则》（*The Mother at Home，or The Principles of Maternal*）让他一炮走红。自此以后，艾博特还写过数量繁多的历史著作，话题涉及法国大革命、拿破仑、腓特烈大帝以及威廉·基德。艾博特与培根一样，在女性教育上的观点与明治政府改革者所推崇的"贤妻良母"一致，即"母亲是一个男人成长时期的守护者和领航者，从母亲那里，男人将得到性格养成过程中最重要的力量"。

艾博特家拥有养育一名寄宿生的丰富资源，这是非常难得的。艾博特的家在东大街，是街角处一栋两层建筑，这里同时还是一所学校。美国内战时，一代年轻男性奔赴战场，剩下的同代单身女性中许多都成为了教师。艾博特三十多岁的长女艾伦就是其中一个。虽然没有办法生养自己的孩子，但艾伦能够通过自己的工作，帮助其他人的孩子塑造他们的头脑。艾博特小姐的学校有两个装备齐全的教学区，学生大约100名，教学上则分为三大板块：首先是基础板块，学习基础板块知识的学生中最小的仅5岁；其次是学术板块，学生年纪在10岁到15岁；最后是高级板块，学生们会学习哲学、修辞学和各种语言。艾博特小姐这所学校的员工之一，是她的母亲，教授英语和自然科学，再加上其他四名老师以及一位音乐老师，就是所有的教职人员了。

在基础板块中，男生占了所有学生的一半，但随着年龄增长，他们通常会转去其他学校读书，或者请私人家庭教师。基本上所有高级版块的在读学生都是女生，如何让她们保持对学习的关注是一个难题。"致所有家长，"艾博特小姐在学校的说明手册中写道：

> 即使是缺课一天，或者在派对上玩儿一个晚上，都会极大地影响课业的进步；这样的学生没有为第二天做好预习，那么十有八九，第二天会跟不上课程节奏。错过一次习题课的学生，上新课时会发现自己不太明白，那么在接下来的几周内，她都会感到吃力。你永远没办法补上缺的那一堂课。

尽管艾博特小姐语气严肃，但实际上，与培根家清教徒式的家规相比，艾博特家的气氛一向是欢乐和放松的。艾博特小姐很快就成为了繁子的"耐莉阿姨"。当然，艾博特小姐首先是繁子的老师，但同时，她们既是母女，也是朋友。是耐莉将《圣经》带到繁子身边，教导她如何祈祷。学校放暑假后，耐莉阿姨就带着繁子去野游：她们去马萨诸塞州西南部的波克夏；去波士顿摘草莓；去波士顿图书馆看日本艺术展品；去南塔基特的海滩，那是艾博特神父曾举行过礼拜仪式的地方；她们还去过新罕布什尔州的怀特山，繁子第一次见到怀特山山坡上成群结队的小山羊。艾博特要为鲍登学院的毕业典礼讲道，繁子也跟着一起去了，还得到了著名诗人朗费罗（Longfellow）的亲笔签名。

舍松的小伙伴是爱丽丝·培根和玛丽安·惠特尼，繁子则有皮特曼姐妹的陪伴——同班同学海伦，以及海伦的两个妹妹利拉和莉齐，三姐妹家是艾博特家的邻居，她们的父母也是艾博特家亲密的朋友。当耐莉阿姨忙于家庭和学校事务时，是皮特曼姐妹一直陪伴繁子。有了她们的陪伴，善于交际的繁子将自己的社交圈从学校教室扩展到一个广阔的群体，她周日和海伦与利拉上教堂，也会参加其他社交活动。最令大家难忘的是，繁子与海伦和利拉一起代表她们的教堂，与另一座教堂派出的女性进行拼字比赛，当皮特曼姐妹中的一个拼错"catastrophe"这个词时，全场陷入令人窒息的紧张，结果因为对手也犯错了，最终还是繁子与皮特曼姐妹赢得了比赛。第一名的奖品是绸伞，第二名的奖品是全套狄更斯文集。

1875 年夏天，14 岁的繁子终于不再是邻里中唯一的一个日本学生了。皮特曼一家向艾博特家学习，接收了一位朝气蓬勃的海军学员作为寄宿生——瓜生外吉（Sotokichi Uryu）。此时，瓜生外吉正在为考入美国安纳波利斯海军学院做准备。巧的是，成立于 1845 年的安纳波利斯海军学院，其课程设置正是得益于海军准将马修·佩里的构想。大概佩里 1853 年在江户带领他的黑船舰队叩关时，怎么也不会想到，美国海军学院里竟然会出现一位日本学员。

瓜生外吉又瘦又小，但五官长得很精致，这一年他 18 岁。与女孩们突然收到出国留学的安排不同，瓜生自 12 岁起就被位于日本沿岸的加贺藩的领导者选中，跟着外国老师，在藩中学校学习英语、物理、滑雪、航海技术和工程。15 岁时，瓜生徒步 300 英里（约 483 公里），去往东京帝国海军学院学习英语，并成为该校的明星学生。瓜生在那里也培养起了对基督教的兴趣。但同时，瓜生也是一个传统主义者。他精通书法，是围棋盘上的强大对手，也喜爱吟唱日本经典能乐中那些扣人心弦的曲调。

瓜生的野心配得上他的才华，但他暂且将自己的这一面深藏在心里。瓜生生性果敢，颇受欢迎，虽然想法严肃，但称得上是一个好公民、一个忠诚的朋友。"对上帝的惧怕是智慧的开始，"他在繁子的签名本上这样写道，"上帝教导世人，要学会理解。"皮特曼一家非常喜欢瓜生，在安纳波利斯海军学院入学之后，他每逢假期就回到皮特曼家。瓜生让他的寄养家庭感到很骄傲，虽然体重只有不到115磅（约52公斤），但同校的学员们都认可瓜生崇高的道德境界。"班里有个基督徒，这个基督徒竟然是瓜生，一开始我们还把这件事当作笑话。"一位同班同学回忆道。后来，每当班里有同学难以管教，大家都会想到让瓜生出面。真是个可爱的男孩，皮特曼女士很愿意将自己对瓜生的赞许告诉繁子——他和你很般配！

舍松和繁子已经适应了各自的新家，两人的友谊一如既往的坚固。但是，她们没有忘记远在乔治城的梅子，她们经常一起回到乔治城看望梅子。康纳狄格教育委员会秘书伯德西·诺斯罗普待几个女孩就像父亲一般，1874年的圣诞节，他带着舍松和繁子去了趟华盛顿。

"梅子还是那么能说会道，"在乔治城，舍松在给培根女士的信中这样写道，"她不仅会阅读，诗歌也背得相当好，而且是真的，她得了四个奖，您还记得不，我们曾在科尔布鲁克的报纸上读到过有关梅子得奖的新闻？"与节俭的培根一家形成鲜明对比，兰曼夫妇是过分奢侈的主人。舍松当天晚些时候写道，"我觉得我已经不能继续给您写下去了，因为我吃了太多的牡蛎，已经没法儿拿起笔了。"

在纽黑文，舍松和繁子会花许多时间来思考和讨论有关日本的事情，舍松的哥哥健次郎和繁子的邻居瓜生外吉也时常参与讨论。可

武士的女儿

是，梅子简直已经完全忘记住进兰曼家之前的生活了。梅子成为了兰曼夫妇宠溺的小女儿，而非由外国政府派来的外交使者。梅子刚来的时候，还是个那么小的孩子，刚刚过去的一年里她漂泊不定，是兰曼夫妇给了她安稳的生活。没有家务缠身，也没有财政上的担忧，艾德琳·兰曼将自己的全部注意力投向梅子，梅子也向兰曼女士回报以全心全意的爱。

"亲爱的兰曼女士，我觉得我应该给您写个留言条，告诉您我是怎么度过这个晚上的，以及我是几点睡觉的，这样即使我睡着了，等您回来，您就能什么都知道了，"这是梅子住进兰曼家后，兰曼女士首次晚上有事出门，梅子给新妈妈的留言，"我已经脱掉衣服了。我明天会努力做个比今天更好的女孩。今天我找睡衣找了好久。我已经做好了祷告，并且立刻就爬上床了。"我们很难想象，一位武士家庭的母亲会在夜晚来到女儿的床前说晚安，更难想象这样一个武士家庭的小女儿会给有事出门的母亲写如此甜蜜的留言条。

梅子的关注点也在改变。梅子现在已经开始用英文给母亲初子写信了："我梦见我回家把琴子（梅子的姐姐）也带来美国了。兰曼女士和我一起，我们问了好多次，才终于来到一座房子前，那是津田先生家的房子，是一栋有三层的美式房子。我按响门铃，是琴子出来开的门，她看到我很开心。"初子既感到惊愕，又因女儿得到了非同寻常的关爱而心怀感激。"我一直觉得，梅子在您家比在日本的时候更开心，在您的照顾下，她生活得那么舒适，您爱她就像爱自己的亲女儿一样。"初子在用日语给艾德琳·兰曼写的信中这样说。最初那五个女孩中年龄最大的一个，也就是亮子，此时已经回到东京。亮子回到东京后曾拜访过津田家，当时，她简直是用尽了各种华丽的语言，向所有人盛赞兰曼一家。

兰曼一家将梅子送进了由露西·史蒂芬森（Lucy Stephenson）创办的乔治城学院，这所女校刚开放不久，就坐落于几个街区之外。兰曼家邻居的孩子玛莎·米勒也在这所学校上学，她和梅子迅速成为了好朋友。玛莎的一项工作是为梅子抵挡来自某些孩子——黑人孩子和白人孩子都有——不友好的注意。在早晨上学的路上，这些孩子总想拽梅子长长粗粗的发辫。不过不久之后，梅子就证明自己可不是好惹的。她的槌球和草地网球打得相当好，在国际象棋方面也非常具有竞争力，而且每次孩子们在附近的花园树下玩儿的时候，梅子都是小小领导者。梅子有些挑食，所有没见过的奶制品，梅子统统不吃——连冰淇淋也被梅子拒绝了，比起新鲜的肉，梅子更爱吃腊肉。兰曼夫妇倒是很喜欢梅子有主见的这一特质。"她总是坚定地拒绝外界的建议，不受其干扰。"查尔斯·兰曼这样写道。

二年级快要结束时，梅子的成绩已经是班级第一了。在全校二年级结业典礼上，梅子得到了表扬和奖励。这一消息很快传到了科尔布鲁克，舍松和培根一家正在那里度假。"学校准备了很多份奖励金，如果大家知道其中四份都由一个叫津田梅子小姐的日本年轻人取得——奖励梅子在作文、书法、数学和举止方面的优异表现，一定会很惊讶，"《共和党日报》这样报道，"在一次班级朗诵考试中，其他学生都拿着书朗读，只有这个孩子凭自己的记忆背诵，而且没出一个错，她当时背诵的是布赖恩特的《白蹄鹿》①。"

威廉·柯伦·布赖恩特的这首诗共有18节，对一个9岁的小孩来说，背诵这首诗的确是一项对记忆力的挑战。查尔斯·兰曼很骄傲，他本人亲自给这位诗人写信，向诗人报告梅子的成绩。"如果我的诗有任何益处，"布赖恩特回信说，"那大概是这首诗所主张的精神——人类应该以人性的光辉对待处于弱势的动物。她也许会忘记这首诗，但我希望，她不会忘记这首诗背后的含义。"另一份报纸对梅子的成绩也做出了评价，"这或许说明，东方人的思维也带有美国元素。"

尽管兰曼夫妇从一开始就做出了很多努力，但这依然不能改变梅子的英语越来越好，而日语能力却不断下降的现状。梅子在乔治城定居一两个月后，兰曼夫妇曾邀请16岁的学生川村清雄（Kiyo Kawamura）来家里住。川村的父亲送他来美国接受美式教育，可是川村对成为一名艺术家更感兴趣。查尔斯·兰曼教他英文和画画，以此为交换，川村则为梅子做日语辅导。这项安排持续的时间不长：六个月后，川村离开了兰曼家，去巴黎继续追求他的艺术梦。

两年后，梅子依旧没有日语辅导老师，常驻华盛顿的日本公使吉田清成（Kiyonari Yoshida）觉得这种情况是无法接受的。"吉田先生说我必须学日语，"梅子在给母亲的信中说道，"他的家里有一位陪伴吉田太太的女性，是一个女佣，之后她会教我日语。"后来事实证明，这些课也没有让梅子的日语能力有多大提高。不过，对于查尔斯·兰

---

① 威廉·柯伦·布赖恩特（1794—1878），英文名为 William Cullen Bryant，美国诗人、报刊编辑，倡导言论自由、自由贸易，积极拥护废除黑人奴隶制。代表作有《禁运》《对死亡的冥想》等，本书中所提诗歌的英文名为 *White-footed Deer*。——译者注

曼将此种情形定性为"灾难",梅子的父亲并未感同身受。津田森一直在用英文与兰曼通信往来,他在信中表示,对女儿日文能力的退步,他并不感到担忧:回国之后梅子会重新捡起日语的。女儿也很高兴地同意了父亲的观点。"梅子自己就经常说,既然她已经来美国学英语了,就没有理由用日语让她分心。"兰曼写道。

梅子像一块海绵一般,吸收着兰曼夫妇作为中上阶层的所有优点:自我进取,充满求知欲与好奇心,同时兼具清教徒的虔诚,相信宗教的正向力量,渴望拯救那些仍旧处于黑暗当中的人。查尔斯·兰曼在日本公使馆的工作让他时刻记得自己有义务培养梅子作为公民的责任感。兰曼很积极地与大家分享他的教育方针,他给梅子定下了一些短文题目,并把梅子写好的短文分发给自己的同事和梅子在东京的家人。梅子的回答中既包含了兰曼所灌输的文明开化的责任,也隐含了一种捍卫自我出身的冲动。"亲爱的兰曼先生,"梅子在一篇文章中这样写道:

> 您让我给您写一封信,或者说是一篇作文,有关我对日本的进步及日本人如何取得进步这一话题的感想。我认为让日本改变一切这个想法是错误的……我希望日本保留它的语言和服饰,就像以前一样,我希望他们写一样的字,但是日本既可以有美式学校,也可以有日式学校。他们应该保留瓷器、青铜器和刀剑,就像以前一样,但在某些方面,他们可以做出改进,比如剪刀,以及其他一些用品,因为在这些方面美国人做得更好。我希望他们(所有日本人)都能成为基督徒,所有寺庙改建为教堂,建新教

堂太麻烦了，只需要去掉所有神像和其他什么的，做一些改变，把寺庙当作教堂，那会是很美的教堂。

实际上，梅子还在日本的时候，就已经从父亲那里对日本的全盘西化思潮有所了解了。海军准将佩里的黑船开进江户湾时，梅子的父亲还只是一个十几岁的年轻武士，与其他武士一起掌管江户湾老旧的海岸炮。从那时起，津田森就决定，自己的命运要和西方连在一起：津田离开了自己所属的藩，前往江户，20多岁时，掌握了足够英语能力的津田，成为了将军幕府的口译官。王政复古结束了他的这份职业。1869年，津田重振旗鼓：成为东京一家酒店的经理，而这家酒店正是东京首家接待外国客人的酒店。

酒店的名字叫 Hoterukan，堪称早期明治时代的完美象征。酒店的名字取自英文单词"hotel"（酒店）的日文发音，加上 kan（大楼）这个日文后缀，这真是东方和西方既神奇又有些别扭的结合。酒店的传统菱形"校仓"壁上装着西式框格窗户，花园是日式的，但酒店里面却漆成西式风格。酒店共有三层，200 间客房，100 多个员工。这间豪华酒店无疑令日本人印象深刻，也登上了许多流行报刊。但是，住在这里花销不菲，且并不舒服，酒店下面的这片土地本是一片沼泽地，虽然经过了改造，但依然蚊虫肆虐。这里的食物对外国客人来说也难以下咽。酒店生意逐渐萧条，津田在这里干了不到两年就辞职了。1872 年，就在女孩们刚去美国不久，Hoterukan 被夷为平地。这段职业选择看似失败，但事实上，津田从中学到了很多西方理念，这足以让他快速重生，成为日本早期西式农副产品——草莓、芦笋、茄子、无花果——的进口商和培育者。很快，津田就成为明治政府西式农业方面的顾问。

就像其他日本改革家所认为的那样，津田也相信西方的力量与基督教密不可分。尽管津田及其家人直到梅子远赴美国后才皈依基督教，但津田从未像山川健次郎那样对这一蛮夷人的宗教采取敌视和警惕的态度。梅子的美国家庭视宗教信仰为至高无上的事，所以梅子也没有理由拒绝皈依基督教。梅子来到兰曼家一年后，就向兰曼夫妇提出了希望受洗的想法。兰曼夫妇听到梅子的请求后很欣慰，他们也希望能尽快满足梅子的这一心愿。兰曼夫妇也了解日本人对基督教的矛盾心理，于是他们将梅子带去朋友奥克塔维厄斯·佩林奇夫（Octavius Perinchief）那里受洗。奥克塔维厄斯·佩林奇夫是宾夕法尼亚州一所无宗派教堂的牧师，也是森有礼的教育政策顾问。"我给很多成年人受洗过，可是他们的原则和观点都不如梅子所秉持的那样清晰。"佩林奇夫这样写道。梅子曾经说过，应该将寺庙改建为教堂，她非常具有先见之明。"梅子知道这件事会高兴的。我租下了一座寺庙，移除了里面的神像，每个星期天下午，我们和很多邻居都会去那里听索珀先生①布道。"1875 年，津田在给兰曼的信中写道。梅子的姐姐琴子受父母的影响，也投入了基督教的怀抱。"你离开了我们，我知道你会遇到麻烦事，"琴子用英文给梅子写信说，"但如果我们相信耶稣，并从他那里得到帮助，那么我们都会开心的。"

---

① 朱尼厄斯·索珀，Junius Soper，美国卫理公会传教士，津田森和津田初子皈依基督教便是受了他的影响。——作者注

武士的女儿

显然，梅子相信她的宗教。乔治城花园里有一座小农舍，里面住着一对为兰曼家工作的黑人夫妇——杰弗里·萨维尔和玛格丽特·萨维尔。查尔斯·兰曼喜欢讲述有关梅子如何在星期日的早晨，拿着《圣经》和祈祷书拜访萨维尔夫妇家，为两位老人做小型的主日学。

　　多年后，杰弗里的妻子已经去世，但他依旧会想起那个来自日本的姑娘，不知她现在怎么样了。"哦先生，她真是一个好孩子，"他对兰曼说，"她告诉玛格丽特如何上天堂。"

　　对梅子来说，在很长一段时间里，乔治城的家就是天堂。在这里，这个小女孩得到老师们的表扬，也得到养父母的爱护。夏天，兰曼夫妇带着梅子去新英格兰，甚至更远的加拿大旅行，并把梅子介绍给社交圈中非常有名望的人士。梅子与参议员查尔斯·萨姆纳[①]握过手，还曾经坐在朗费罗的腿上。"亲亲你的日本小女儿。"朗费罗以这句话结束了给兰曼的一封信。

　　1876 年夏，三个女孩拍了一张珍贵的合照。舍松站在中间，身材高挑，身着醒目的条纹衬衫，衬衫将腰部收得很细，腰间系一只宽大的蝴蝶结，头发梳向后面，额头上垂着卷卷的刘海儿。孩童时代脸颊上的婴儿肥已经褪去，多了分硬朗与成熟，表情严肃而宁静。繁子站在舍松的左边，比舍松矮半头，用胳膊挽着朋友的条纹衣袖，小脸看

---

① 查尔斯·萨姆纳，Charles Sumner，废奴运动政治家，曾任美国参议员及美国外交委员会主席。——译者注

起来丰满圆润，表情没有舍松那样严肃，领口处有一圈皱褶，额头上垂着一样的卷刘海。舍松用右胳膊挽着梅子的肩膀，小小的梅子轻轻靠在舍松的胯部，伸出胳膊抓住舍松的手。舍松和繁子身上已初现年轻女子优雅的线条，而梅子穿着朴素裙子，还是一副小顽童的样子。三个女孩以凛然的姿势站在世人面前，她们终于迎来了期待已久的聚会。"三人组"，她们这样称呼自己。这时，舍松16岁，繁子15岁，梅子11岁；美利坚合众国100岁。

为了纪念美国建国一百周年，费城举办了盛大的世界博览会。这场"国际艺术、制造与土壤矿物产品展"规模如此之大，以至于它已经成为国庆的代名词。"你去过百年纪念展吗？"人们会这么问对方。展览期间，由1873年美国内战、战后重建与恐慌，以及之后的经济衰退所带来的创伤似乎也正在消散，人们相信这场为庆祝资源与创新而举办的大型庆祝活动会把这个国家从沮丧和失望的泥沼中拖出来，让它再次登上先进国阵营之巅。

在费尔芒特公园285英亩（约1.15平方千米）的土地上，建起了250个展览馆，展览方还专门为此次活动搭建了一条窄轨铁路，将游客从一个展馆送往另一个展馆。巨型主建筑长1876英尺（约572米），是当时世界上最大的建筑，足有六个足球场那么大，可容纳来自37个国家的参展商。在纪念大厅举办的百年纪念艺术展内容丰富多样，既有来自法国和意大利的裸体雕塑，也有诸如阿肯色州农妇用黄油制

武士的女儿

作的浮雕《梦中的艾俄兰斯》^①（*The Dreaming Iolanthe*）。在这个酷热罕见的夏天，主办方需要将用来支撑浮雕的奶锅整个儿放置在一大桶冰块里，以防止浮雕融化。

最引人入胜的是机械大厅的展览。在这里，来自本地和国外的游客能够见证美国正如何从一个农业国家转变为工业国家。展品中有奥的斯电梯、雷明顿打字机、亚历山大·贝尔的电报电话接收器等，但是最吸引人的展品，要数神奇的柯立斯蒸汽机了，这个"钢铁健将"为整个机械展厅的所有展品提供了动力。《大西洋月刊》记者威廉·迪恩·豪厄尔斯（William Dean Howells）以充满想象力的方式评论："在他方人的怀中，国鸟固然沉默，但是在这里，他无法不表达胸中的骄傲与自豪。"作为一个国家，美国已经"成年"，它快速成长，成为世界的导师，世界博览会上的机械展厅就是例证。"让新的轮回耻笑旧时代吧！"这是约翰·格林里夫·惠蒂埃（John Greenleaf Whittier）为博览会所做开幕式之歌的最后一句。这首歌突然走红，大有压倒《万岁！哥伦比亚》（Hail Columbia）和《星条旗永不落》（The Star-Spangled Banner）之势。

从 5 月到 11 月期间，约有 900 万人花 50 美分，前去费城一览美国的成就，其中有许多人从世界上其他国家远道而来。许多参展国家都搭建了独立的展览建筑，日本有两个，一个是模拟日式居所，另一个

---

① 制作者为阿肯色州农妇卡洛琳·沙克·布鲁克斯（Caroline Shawk Brooks），该作品为黄油雕塑早期经典作品，艾俄兰斯为亨里克·赫茨的剧本《雷内王国的女儿》（*King Rene's Daughter*）中的女主人公。卡洛琳后成为共和党社交名媛，给美国总统、政客和小说家都制作过雕像。——译者注

是模拟市集，里面有雕龙、榻榻米、茶杯、灯笼、橱柜和象牙雕刻品，吸引了不少游客，尤其是女性。围绕市集的花园是典型的日式风格。"如玩偶宫殿般，旁边的一颗橡树庇护着整座宫殿。"一位观察者这样评论。兴奋的游客们就像是误入了动物园了一样。"这些古怪的小人，步态拖沓，眼睛细长，举止端正儒雅，是如何能够……制作出如此完美的东西？"有人这样感慨。"不能亲眼见到这些物件在那异国真实的模样，真是一大遗憾。"豪厄尔斯惋惜道。经过开幕式当天几个日本人和中国人被骚扰的事件之后，日本参展商们纷纷找来西式服装换上。

七月，舍松和繁子离开纽黑文，与梅子和兰曼夫妇会合。接着，大家就一起去费城参观熙攘的世博会。距离女孩们穿着和服引来一大批旧金山市民惊诧的目光，已经四年过去了。现在，她们从一个展览馆漫步到另一个展览馆，衣着合体，轻松自在。在如此国际化的氛围中，几个女孩显得并不起眼，和其他人一样，她们也被眼前精彩纷呈的展品吸引住了。女孩们看到了自由女神高举火炬的巨手——从一处凉亭伸出，游客可以在凉亭处，为之后建造自由女神像的基座捐款，还看到了各种在售卖的稀罕小吃，其中包括香蕉——每只香蕉都被包裹起来，售价高达 10 美分。与女孩们形成对比的是，一个月后，133名借中国留美计划赴美的小成员们也来到了美国建国百年纪念展。不出所料，这些中国学生极大地吸引了众人好奇的目光。他们穿着宽松的中式长袍和布鞋，头戴西式轻便草帽，长长的辫子直直垂搭在背上。他们的作业在康纳狄格展厅展出，每个中国男孩都得到了与格兰特总统握手的机会。

日本公使吉田清成和女孩们，以及兰曼夫妇参加了在奥克塔维厄斯·佩林奇夫家举办的欢迎派对。佩林奇夫家距展览地 40 分钟的车程。在这年夏天，这里几乎成了一个非正式的日本人大本营，许多为参加美国建国百年纪念展的日本代表为了向吉田及其夫人表示敬意，都纷纷前来拜访。这群吸收了两种文化滋养的人多次前往博览会参观，就这些令人赞叹的展品讨论了许多个下午。吉田和他的同事们还经常与三个女孩在佩林奇夫家的草坪上打槌球。日本展会负责人福井真被展会上庞大的参观人数震慑到了："第一天，游客像羊群一样，跑到这儿，跑到那儿，各处跑。一个人看到什么，后面就有一千人跟着。大家什么也看不清楚，什么也做不了，就是奔跑，推搡，流泪，尖叫，吵闹，说无数遍太棒了，筋疲力尽，然后回家。"

梅子的评价没有那么严苛。"主建筑有一英里的三分之一那么长，是里面最有趣的地方，"她给一个乔治城的朋友写信说，"主入口大门的上方有全美国最大的管风琴。"主建筑里的日本馆里有，"许多种精美的青铜器、漆器和瓷器。"梅子像每一个美国游客一样，好奇并赞叹于这些新奇的展品，她也觉得机械展厅"很棒"。如果说建国百年纪念展激起了梅子心中对国家的自豪感，那么这份感情中，对美国和对日本的感情是不相上下的。但是，参观了几次之后，梅子开始明白福井的看法："为了参观，需要走很多路，确实很累。"闷热的环境和拥挤的人群还是产生了副作用：费城之行之后，梅子就患了伤寒，这是梅子在兰曼家的多年间得过的唯一一次重病。

次年春，也就是 1877 年 4 月，舍松从希尔豪斯高中毕业了。和艾博特小姐的学校一样，在希尔豪斯高中成功领取毕业证书的学生大多数是女生；学校里的男孩子已经早早离开这里，为考大学做准备了。学生们为毕业典礼排练了不少节目，如《狄更斯的英国家庭生活图景》《土耳其问题》《过去、现在以及未来的女性》片段朗诵，还有门德尔松、海顿和亨德尔音乐选段表演。77级的同学们还编排了一首毕业歌，在歌声中表达与良师益友离别时的感伤之情，并期待上帝"给予每个人深厚的爱"。舍松是班里唯一一个将进入大学深造的女生。

毕业典礼总是能够让毕业的学生们意识到自己正在成长为大人。"真庆幸，我昨晚去见艾博特小姐了。"那年夏天，瑞贝卡·培根在给继母的信中生气地写道。她刚刚得知，舍松和繁子已经计划好去长岛的南安普顿海滩度假。"我发现，竟然是这两个日本女孩私自计划的这件事，莫有（没有）大人负折（负责）!"瑞贝卡笔迹潦草，行文中有不少错别字、重点标注的语句，以及惊叹号。"孩子们这么做，显然是因为她们已经开始想要主导自己的生活了，可是她们还没有这个能力。"瑞贝卡继续写道，她们的计划是：

自己去南安普顿，然后住在酒店里!!! 她们自认为——估计是小舍这么觉得——自己完全有能力这么做，"可是好吧，陪同的只有繁子!"艾博特小姐立刻阻止了她们——艾博特小姐告诉小舍，不知道培根先生会不会同意让她就这么住进酒店，就算她可以，艾博特小姐也不同意繁子这么做……显然，小舍以为自己长大了，我们得让她知道，她还是个涉世未深的孩子，不向监护人咨询就擅自在这些事上做决定是错误的。

上有年迈的父母，下有未成年的妹妹们，瑞贝卡的预算里可不包括随随便便的海滩旅行，她的怒气情有可原。"我不认为去南安普顿对她来说是正确的选择，"瑞贝卡最后这么写道，"艾博特小姐告诉我，昨天繁子听说兰曼女士和梅子会去那里度过夏天。"这是最后一根稻草了，虽然兰曼女士可以陪护舍松和繁子，但瑞贝卡肯定一想到舍松被铺张的兰曼女士溺爱的画面，就觉得反感。

　　最后，舍松收到了日本大使馆寄来的 50 美元的支票，用以支付这次旅行费用。就这样，在培根家的寄宿生活就快结束了。

第八章

在瓦萨学院的日子

　　"大多数日本人都是进步者，"一个笔名叫"陌生人"的作者在希尔豪斯高中校刊《拾穗人》的创刊号上发表了一篇文章，"在这个重科学和文明的世纪，我们不愿意生活在中世纪。我们渴望变革和现代化的进步。"

　　这个"陌生人"很有可能就是舍松。虽然当时还有四个中国学生应赴美留学计划来到美国，成为了舍松的同学，但是在那个时间段内，希尔豪斯高中只有舍松一个日本学生。文章的主题也与舍松的身份和经历吻合。这都是健次郎的功劳：虽然妹妹在美国长大，但她依然视自己为日本的女儿。虽然日本正坚定不移地向西式的文明开化迈进，但这个日本的女儿仍然发觉，有一些观点过于激进，她无法认可。"一个是女性的权利，""陌生人"这样谈道，"我们不认为女性适合主持政治集会、宣布法庭裁决，或者登上讲坛宣讲布道。"不是苏珊·B. 安东尼（Susan B. Anthony）或伊丽莎白·凯迪·斯坦顿（Elizabeth Cady Stanton）追求的目标过于遥不可及，事实是，对舍松而言，这些为争取女性平权而发起的公共运动过于极端，让舍松感到很不舒服。

"陌生人"继续到，在另一个领域，日本传统也胜过西方模式，那就是儿童教育。"我们不相信孩子具有独立性，"这个在 11 岁时被家人送到世界另一边的女孩写道，"在日本，我们告诉孩子要遵从长辈的教导，父母比子女聪明，他们的做法也永远是对的。"舍松确实做到了遵从于长辈，且始终这样认为。舍松并没有发觉，英文比日文还流利且正在为大学入学考试拼命学习的情形，与自己所秉持的有关教育的想法颇有违和。毕竟，从未有任何一个日本女孩获得过大学学位，或者梦想获得大学学位。在遵从皇后谕令赴美留学的道路上，舍松已经与父辈走上了截然不同的人生道路。

即便是在美国，女子接受高等教育这一想法也尚处于萌芽期。只有极少数女子学校——韦尔斯利（Wellesley）、史密斯（Smith）和瓦萨（Vassar）——有大学经营资质。在这些学校之中，只有瓦萨学院招生超过 10 年。瓦萨学院位于纽约州波基普西市，凯瑟琳·培根曾于瓦萨学院建校不久后到此参观。"我从未见过如此美妙的地方。这所学校是这样的安静，晚上十点之后，这里寂静得摄人心魄，一想到学校里有 400 多号人呢，甚至还会觉得有些胆怯。"她在给丈夫的信中这样写道。

马修·瓦萨（Matthew Vassar）没有接受过正规教育。30 多岁时，他在精英遍布的波基普西买了一块地，兴建酒厂。通过努力，瓦萨将该酒厂发展为全美最大规模的酒厂。希望能够建立起自己的身后名声，1861年，年近古稀的瓦萨将自己一半的财产——40.8万美元——装入一个锡盒里，交给一些人，这些人由瓦萨亲自挑选，是后来成立的瓦萨女子学院的委员会成员。

家人都觉得瓦萨一定是疯了，可是瓦萨自己非常坚定。"我相信，一个国家的母亲们能够塑造这个国家所有公民的性格，决定该国的制度，掌握它的命运，"他对自己的新受托人这样说，"除了母亲之外，第二重要的是女教师的影响力，她们受雇于学校，在孩子们的记忆力最持久最鲜活的时候，给他们必要的教育。"

瓦萨女子学院与其他高等学府非常不同，最显著的不同之处是，瓦萨学院的所有学生都住在学校气派的主楼里。这座大楼宽500英尺（约152米），高五层。"蒸汽供暖，煤气照明，换气系统完备，有充足的纯软水。"大楼带电梯，里面有一个小教堂、一个图书馆、一个艺术画廊、数个演讲厅，以及教师公寓。这座大楼前方庄严的大道，以及大道两旁新栽种的常青树，构成了一幅引人入胜的图画。来往的游人将其比作巴黎的杜伊勒里宫（Palais des Tuileries）。

"我一直想着爱丽丝，希望她也能来这儿上学，我从没见到过这么棒的健身设施和户外娱乐设施，只要你愿意，就可以享受各式文化熏陶，我从未在其他地方感受过这样的氛围，"凯瑟琳来参观时，对瓦萨毫不吝惜溢美之词。"我指的是，对女孩们来说是这样的。"她补充道。

培根家承担不起爱丽丝上大学的学费。1878年9月，也就是瓦萨的第14个学年伊始，山川舍松和永井繁子搬进了瓦萨主楼。日本政府同意为两个女孩支付学费。她们是该校首批非白人①学生。繁子作为一名特殊录取的学生进入音乐系学习，舍松则开始了她的四年制本科学位课程。

舍松和爱丽丝一起长大，就像爱丽丝的亲妹妹一样，在志向和能力上也与爱丽丝相当，她勇于迎接任何挑战。瓦萨学院是七所女子学院，也就是"七姐妹"联盟中第一个成立的学院，它致力于为女性提供不输给耶鲁和哈佛的教育。因而在所受的教育上，舍松坚信得到了与男性平等的权利。

瓦萨的学生宿舍装潢优雅，地板上铺有地毯，地毯上放着摇椅、带有软套的沙发、和墙一样高的书架，以及足够两个女孩睡在上面的华丽的黑桃木床。服务人员负责打扫房间，学校制定了一套严格的女生纪律，以规范女孩们的行为。每间宿舍里都有浴室，学生们必须每周洗两次澡。每天都以晚饭后的礼拜仪式结束这一天。周日进行圣经学习和更长的礼拜活动。学生们在餐厅用餐，每个女孩都有自己固定的座位和餐巾。闲暇之余，女孩们可以在200英亩（约81公顷）的校园里踏着砾石路漫步，可以在湖上划船和溜冰，也可以去学校的保龄球场打球。每天有两次20分钟的静默时间，学校鼓励大家利用这两段时间做祷告。学生们早上六点半起床，晚上十点熄灯。每个学生每年的住宿费和学费加起来是400美元。

---

① 在大约20年后的1897年，有一件事情在瓦萨校园内掀起轩然大波：学校发现，曾被评为班花的优秀生安妮塔·佛罗伦萨·海明斯（Anita Florence Hemmings）有黑人血统，而在瓦萨读书的四年里，安妮塔在任何证明材料中都未指出自己的黑人身份，安妮塔的身份在毕业前几周被发现。校方最终决定授予安妮塔学位证书。自1912年后，瓦萨开始接收少量日本学生，但该校直到1940年才开始正式接收黑人学生。——作者注

瓦萨学院是一个自成一体的小世界。瓦萨的教授们就像是万神殿里的众神。英语系教授杜鲁门·巴科斯（Truman Backus）以其年轻人的热情吸引着女孩子们，并激发她们对文学和时事的兴趣。"他点醒了我们，并使我们时刻保持清醒，我们从不愿意漏掉一堂他的课，生怕会错过什么，"一位学生回忆说，"他让我们独立思考，真正的老师就是这样。"还有一些学生对他的兴趣完全在长相上，而非课堂内容上。"您真该看看他卡西乌斯①般的身材比例，"一个女孩向她的母亲热情地描述，"'修长纤细的身板，棕色的皮肤，如同退潮后海边的沙丘'，最迷人的是他热切的蓝眼睛！"

　　如果说巴科斯教授让人头晕目眩，那么艺术系主任、荷兰人亨利·范·因根（Henry Van Ingen）则可被称作是一个可爱的人。他非常绅士，平易近人，话语之中流露出平和的幽默感，听他讲话，每个女孩都觉得放松，同时不由自主地乖乖听从于他的高标准。一次，一个正在临摹拉斐尔的小天使的学生，对需要完成这幅裸体画满腹牢骚。范·因根认真地说："怎么了？完成这幅画吧！把所有你看到的都画上去。上帝将你造成什么样子就是什么样子，不要害羞。"女孩们都崇拜他。"我在每封信里都想提起他，"一个女孩写道，"他就是可怖的海洋里的绿洲——如果可以这样比喻的话。"

　　最让人印象深刻的还是天文学家玛丽亚·米切尔（Maria Mitchell）小姐。（在瓦萨学院，男性教员可以"教授"尊称，但女性

---

① 卡西乌斯是罗马时代与布鲁图合谋杀害凯撒的罗马元老。"修长纤细的身板，棕色的皮肤，如同退潮后海边的沙丘"这一描述来自塞缪尔·泰勒·柯尔律治（Samuel Taylor Coleridge）的诗《古舟子咏》（*The Rime of the Ancient Mariner*）。——译者注

被视为"教师"，因此被称为"小姐"。）校园里建造的第一座建筑是天文台——一座修长的二层砖楼，上面是圆顶，内有一台非常强大的天文望远镜——从建校之初，米切尔小姐就声称这里是她的地盘。她强壮结实，长着方形的下巴，一头精致的卷发随意地垂下来，令人过目难忘。她曾发现过一颗彗星，这颗彗星后来以她的名字命名。她的朋友们都是当时非常知名的女性，包括朱莉亚·沃德·豪[1]（Julia Ward Howe）及伊丽莎白·凯迪·斯坦顿[2]（Elizabeth Cady Stanton）。她对繁复的礼俗以及那些整日为这些事情操心的笨蛋毫无耐心。

米切尔小姐的大胆直率让不少人感到为难，不过，批评归批评，遇到她认为值得称赞的人和事，她也会真诚地给予赞扬。"一切都好？"许多刚进校几周的新生听到她愉快的问候之后，都会振作精神。"把今天当作最后一天那样活着，把人生当作永恒那样去梦想。"这是米切尔小姐的座右铭。米切尔小姐坚持，女性教员的成就不输男性教员，同样应该受到认可。她的"圆顶派对"广为人知，那些受邀前去加入猜字游戏、品尝草莓和奶油、聆听米切尔小姐当场即兴创作诗歌的人，会觉得自己非常幸运。米切尔小姐知道，即使是最有天赋的学生，也不大可能选择这样一种节制的科学家生活。在一次派对上，她为所有来宾做了这样一首诗：

---

[1] Julia Ward Howe（1819—1910），美国诗人、作家、社会改革家，主张废奴及妇女平权。——译者注

[2] Elizabeth Cady Stanton（1815—1902），作家、演说家、美国女权运动的先驱领袖之一，曾于1848年提出美国第一个要求妇女选举权的运动纲领。——译者注

她们心灵透亮，如天空之蓝

以真善之名，投入女性事业；

无论姐妹、女儿、母亲和妻子

都会让这星光引领生命向前。

怀着摘星之梦去追求人生的成就，这是一项寂寞的事业。瓦萨的学生们个个都可谓女性高等教育的先锋者，然而，等到她们毕业后，大多数人会将自己的生活奉献给儿女丈夫，而非学术。

瓦萨学院的所有新生都要学拉丁文、数学和自然历史。在此基础之上，舍松第一年的课程里加入了英语作文、德语和初级绘画。繁子则以一名特殊学生的身份进入音乐系学习音乐史、音乐理论、声乐、钢琴，以及管风琴。繁子也选了英语作文、法语和少量数学课。（繁子的入学考试成绩表明，算数是她的弱项。）两个女孩曾经在华盛顿一起生活过几个月，现在，她们又可以在同一屋檐下学习生活了。同时，舍松还坚持二人再学一门课程：日语。每天回到宿舍后，他们都会用自己的母语聊上一个小时。

对于朋友强制性的语言练习安排，繁子听话地坚持了下来，不过她本人倒是更愿意自己去做点别的更好玩的事情。舍松安顺刻苦，繁子活泼有趣。作为一名学生，繁子并不是特别出色，但大家都喜欢她。无论是拉糖果游戏、滑雪橇，还是有人从城里订购了冰淇淋和蛋糕请大家吃，朋友们都不会忘记繁子。繁子喜欢跳舞，她跳的苏格兰

武士的女儿

高地舞总是引得大家捧腹大笑。如果有谁生病，不得不躺在医务室里，来说"早日康复"的总是繁子。"我不记得有哪次生病，听不到繁子从走廊走过来时有趣的脚步声，哒哒哒，她总是那么热情，每次都会给我带来一大罐柠檬。"一位朋友这样写道。

繁子经常在学院音乐会上表演，她对舒伯特、门德尔松和莫扎特的演绎总能得到最热烈的掌声。《瓦萨杂记》（*Vassar Miscellany*）里也赞叹了繁子充满灵性的表达。享誉盛名的音乐家、学者弗里德里克·里特（Frederick Ritter）是斯特拉斯堡人，他掌管着学校的音乐系，也是繁子的老师。虽然繁子学习的是欧洲古典音乐，但她没有忘记小时候听到的那些旋律。"永井繁子为我演唱过日本式的咏叹调。"在一沓教职工报的最上面放着里特手写的纸条，上面这样写着。

舍松则给大家留下了另外一种印象，她是优雅、内敛又野心勃勃的知识分子，擅长英文，经常给《瓦萨杂记》供稿，文章精致洗练。舍松是世界主义者，同学们觉得舍松就像"一位诗意而美丽的犹太女人"——虽是外国人的长相，但舍松的表现没那么像外国人。繁子则相反，"她是完完全全的日本人。"繁子爱玩儿捉迷藏，舍松喜欢的是棋类游戏，而且每每让老师们刮目相看。英语教员海伦·希斯科克（Helen Hiscock）说，这个又高又瘦的女孩身体里有"一种内敛的力量"。"有时候，课堂上会出现集体打瞌睡这种令人绝望的情况，就连最有经验的老师也无能为力，这时，舍松会背诵一段精彩的文章，有关文学或者逻辑，一扫课堂上昏昏欲睡的气氛，让美国同学们惊叹不已。"

只有在大学邮局里，大家才会看到舍松平静的脸上出现兴奋的神情。舍松经常会收到从遥远的地方寄来的信——都是些除了繁子以外波基普西女孩们从未梦想去到的地方。这些信，有时候是健次郎从东京寄来的，信里写满了有关政治和国际时事的内容。又或者，是从俄国寄来的。舍松不是家里唯一一个被送出国门的女孩，舍松的姐姐山川操（Misao Yamakawa）此时人在圣彼得堡。一直以来，姐妹俩大部分时间都相隔两地，没有太多共同经历，也没有可交流的书面语言。操学习的是法语，所以当姐姐寄来信之后，舍松就会召集临时集会，有的朋友帮舍松起草回信，斟酌合适的措辞，有的负责将信翻译成法语。帮舍松写这些充满异国情调的信，比给自己的家里人写信要有趣多了。

正如繁子和梅子视舍松为她们的领导者，舍松的同学们也一样，大学第一年结束时，舍松就被选为来年班里的班长。"我想这应该是因为她的勤奋刻苦，或者是因为她是班里最受欢迎的学生，我不知道原因是哪一个。"14 岁的梅子在给东京的妈妈的信中写道，当中似乎透着一点羡慕。到目前为止，三人中舍松的成就更多。

二年级伊始，作为班长，舍松需要在派对上向新生致辞，不过她婉言谢绝了这项任务。莎士比亚社团邀请舍松加入，要知道只有那些有足够文学学识的学生才能获准加入该社团。舍松的成绩是班里最好的，同学们都愿意和舍松在一起。每年，瓦萨学院都会在马修·瓦萨生日这天庆祝创立者日，舍松大一时还曾做过创立日的总负责人，穿着日式服装，领导安排庆典活动。舍松坚持说她不是什么公主，可是围绕着这个高个儿黑发女孩，校园里总流传着童话故事般的传闻：对其他女孩来说，有谁不想要此般瞩目呢？

瓦萨校园里最大的学生组织是费拉勒特安社团（Philalethean Society），即"热爱真理的人"之意。这个社团最初成立时是一个文学社，等到舍松和繁子进校之时，这个社团已经肩负起了校园里的各项娱乐活动：朗诵、演讲、音乐，特别是喜剧表演。（在表演男性角色时，女孩们会贴假胡子，穿及腰的男性外套，下身则穿长裙，她们并不穿长裤。）虽然在登台表演话剧方面，舍松比较矜持，不过她的名字也出现在了晚上的节目单中。"山川小姐的文章朗诵是最受欢迎的，"《瓦萨杂记》在1880年秋天这样报道，"她讲一个日本家庭是如何生活的，以及她的童年生活场景，听众们都听得入神。""在一片观赏湖的湖面上，神圣的荷花张开盾牌般的宽阔叶片"；"不可穿不干净的鞋子踏上松软的榻榻米地板，那样会在地板上留下渍迹"；"一大群侍卫、女佣、园丁和看门人服侍主人，保持家宅的顺畅运转"。谁的生活能比舍松童年时代那个逝去的世界更浪漫呢？

不在瓦萨的日子里，舍松和繁子的关系也一样好。暑假有三个月，她们会回到纽黑文，或者与梅子和兰曼夫妇去凉爽一点的地方旅行。查尔斯·兰曼有一个几十年的习惯，就是在罗德岛附近原始淳朴的布洛克岛度夏天。兰曼夫妇会待在海景酒店里，这是新英格兰最豪华的度假酒店之一，女孩们则漫步在游廊上，或者与军官、法官、政客和作家们奔赴傍晚的牌局和派对——这是镀金时代人们最爱做的事了。

梅子喜欢两个姐姐陪她一起去旅行。她们最喜欢泡在大海里了，尤其是舍松。"她是一个游泳健将，"梅子无不羡慕地写道，"在水里就像是在家里一样放松。"兰曼会开着车，带女孩们到岛屿南端的悬崖边，在那里，她们可以欣赏到海浪拍击岩石产生出巨大的泡沫。还有一次，大家被邀请去做一次月光下的大海航行，那是一个令人印象深刻的夜晚。梅子将当时的场景记录下来，告诉自己的母亲："夜很安详，没有风，我们的船行驶得很慢。湖面上的月光非常漂亮，不一会儿，就有几个人开始唱各种歌曲，真是好听。"

1881年6月，梅子去往波基普西市参加繁子的毕业典礼。日本政府规定女孩们在美国的学习期限是十年，她们的留学生活就要结束了。舍松和梅子成功申请了一年延期，用以完成她们各自的大学和高中学习，繁子的大学课程只有三年，时间刚刚好。这段时间，繁子的健康状况不太稳定，她的眼睛时好时坏。繁子拿到瓦萨学院音乐学位的同时，瓜生外吉也从安纳波利斯海军学院毕业了，且正准备回日本。

繁子和这个曾经的费尔黑文邻居从未失去联系。之前，瓜生曾到过瓦萨一次，那次正值瓦萨学院举办校园节日，瓜生和一大群海军学员是瓦萨女生们的舞伴。这年六月，他再次来到波基普西市。他的生活轨迹与地球上其他日本人截然两道，却和繁子的生活轨迹相似。两个人渐渐都有感觉，他们可能会与对方一起踏上未来的人生路。

瓦萨的学年结束典礼上有不少环节：首先是校长为本科毕业生授予学位证书；接下来是音乐晚会，繁子和其他五位音乐系毕业生都是当晚的演奏者；还有毕业纪念日活动，由高年级学生将火炬传递给低年级学生；最后是毕业典礼。当天，繁子和其他毕业生坐在一起，舍松需要照顾其他低年级学生，于是梅子主动担当起女招待的角色，她俨然已经认为自己是大人了，忙上忙下，为繁子的客人们找座位，其中就包括瓜生。"她们说我帮了大忙，"梅子在给兰曼女士的信中说，"一整天，我从这儿到那儿，马不停蹄，接待了很多人，很晚才睡觉，早上起来回想了一下，感觉真挺累的。"

在毕业典礼上，毕业生们坐在小教堂的前排，低年级的同学们坐在美术馆里。里特教授还即兴演奏了管风琴。最重要的节目是一场来自两个高年级生的辩论，话题围绕"黑人的悲惨命运是否已经写就"展开。正方辩手声称，"不论在哪里，只要将一个低级的人种和一个高级的人种混在一起，低级人种一定会屈从，并陷入被奴役状态。"反方辩手虽然对黑人的未来心存一丝希望，却也免不了以这样的方式开场，"扁平的头，扁平的鼻子，厚厚的嘴唇"，甚至说，"我们无法想象，他会在接受了崇高的文学和艺术熏陶之后，就能从奴隶制中解脱出来。"

在这样的辩论现场，特别是现场还有繁子、舍松和其他客人的情况下，没有人表现出尴尬。大多数人都知道，这些日本女孩来自另一个种族，是有色人种，但不可否认，她们有天赋、谦恭顺从，她们理应得到身后那个锐意进取的祖国以及瓦萨学院的称赞。"能看出来，校长和老师们非常想让我也去上学，"梅子写道，"但是我想他们不会为我争取了。"日本政府只允许梅子再多待一年时间。

十月，繁子抵达旧金山。她将要乘坐大洋号轮船重返日本。那个十年前眼看着她远道而来的城市多了份繁华，依旧带着些许傲慢。"通过艾博特一家，她也与新英格兰的其他文化家庭亲密往来，耳濡目染，培养了与他们一样的修养和习惯，"《旧金山纪事报》这样报道，"她已经出落得相当优雅了，小巧的身材，热情聪慧的脸庞，文雅却不做作的举止，穿着迷人的美式服装，不自觉地就流露出一个地地道道新英格兰女孩的样子"。繁子的毕业告别辞干脆响亮：

> 只有我国的女性和母亲都能够受教育，我的国家才会成为先进国；只要女性依旧在应该上学的 15 至 20 岁间早早嫁人，那么女性群体就永远不会得到教育机会。

繁子没有提到她将如何利用自己在美国接受的教育。这一年她 20 岁。在校期间，繁子很用功，即便这样，在这个年纪进入婚姻生活在繁子看来也是符合逻辑的。离开家乡时仅仅 10 岁出头的繁子，现在终于要踏上故土了，当事人难免近乡情怯，而她的未婚夫也在等着她。在传统武士家庭，婚姻由父母安排，对方基本上是素未谋面的陌生人，但繁子的婚姻是她自己选择的。这趟回乡的海上之路让繁子感到更多的是兴奋，而非害怕，她急于见到瓜生外吉。瓜生对于繁子是特别的，他懂得她。他们二人将开始人生旅程的新阶段。

繁子不是船上唯一的日本女性。与繁子一同返回日本的这个女孩叫若山·路易莎·诗织（Shiori Louisa Wakayama），看起来与当年繁子赴美时的年龄差不多。诗织令繁子联想到自己，但这个女孩的故事更要不同寻常一些。这个女孩是若山仪一（Norikazu Wakayama）的女儿。若山仪一是繁子所跟随的岩仓使节团的成员，1872 年来到美国。若山跟随使节团访问纽约时所入住的旅馆由一个叫茱莉亚·沙纳汉（Julia Shanahan）的人管理。茱莉亚在牙买加出生，是西班牙人的后裔，离过婚。她有一双乌黑的眼睛，受过良好的教育，很时髦。若山离开后不久，沙纳汉女士还曾追随若山到日本。三年后，她带着若山的女儿回到布鲁克林。她同意在美国抚养这个女孩，由若山每年支付给茱莉亚高达一千美元的抚养费。几年过去后，若山不再支付抚养费，同时，他还提起诉讼，打算要回女儿的抚养权。尽管坐在证人席上的小女孩伤心欲绝，法官还是把她判给了父亲。现在路易莎·诗织踏上了去日本的路，一路上由繁子照顾她。

报纸对这场诉讼很感兴趣。"路易莎与沙纳汉女士分别时，她一声声叫着'妈妈'，沙纳汉女士很受触动。"《纽约论坛报》报道。虽然报纸的描述很谨慎，但显然，沙纳汉女士是路易莎的母亲。"她长着奇特的杏仁形眼睛，但谁看都觉得是个美国女孩，"《纽约时报》报道，"雪白的皮肤，乌黑的头发，甜美的小脸，有些害羞的表情，她的长相与普通的日本女孩有很大的不同。"诗织父亲的国家对混血儿并不友好，她也不懂日语。还好有繁子在，在旅途中诗织应该会得到些许安慰。繁子感到自己与诗织的经历当中有某些奇特的相似之处，同时，她也对自己稳定的境遇感到庆幸。

繁子回日本的同时，舍松也已经成为瓦萨大四的学生了。她思念着有室友在时温暖的日子。"我一直想着繁子，不知道远方的她正在做些什么，"在给梅子的信中舍松写道，"我愿意放弃一切，只要能知道她到日本后，以及见到朋友们时的感受。"梅子的高中是阿彻学院，一所为华盛顿精英阶层的女儿们开办的小型学校，此时，梅子也快完成她在这里的学习了。卢瑟福·B. 海因斯（Rutherford B. Hayes）是校长夫人，也是创始人阿彻女士的朋友，她每年六月会参加学年结束仪式，为学生们颁奖及授予学位。梅子在校的表现受到大家一致好评。阿彻学院的巴伐利亚音乐老师称赞梅子是"一个非常有进取心、不懈努力、礼貌真诚的学生"，并且说，"梅子的进步不输给其他任何欧美女孩"。

即将在瓦萨完成四年学业，成为一个大人的舍松，非常羡慕梅子的生活。"如果能见到你，我一定要和你像以前那样长谈，"她在宿舍里给梅子写信，"我要想办法去找你。亲爱的梅子，我真希望还能坐在兰曼女士客厅的壁炉旁。想想那里的一切，再看看这里，我感到忧伤。今天的天气很糟糕，是个阴天，而且这里也没什么让人高兴的事。我希望我现在可以跟你在一起。真想回到兰曼女士家，舒舒服服，充满乐趣。"

虽然回到日本后的生活不乏令人愉快和兴奋的事，但繁子也思念着乔治城。现在她正式与瓜生外吉订婚，也与家人团圆了。多年前引领繁子踏上赴美留学之路的哥哥益田孝（Takashi Masuda），此时已是三井物产的大掌柜。三井物产后来成为主导日本商贸的大型商社。但是，在繁子从东京发给艾德琳·兰曼的信中，字里行间都是她对"过去那些快乐日子"的怀念，"现实情况是，我不可能、不能、也不会再回到以前的日子，因为上帝告诉我，要将您与您的美国朋友们所教导我的给予其他人。我已经不是一味汲取的孩子了，我是一名老师，大家都来找我寻求答案……在大家的眼睛里，我已经是大人了，虽然我并未觉得自己有那么成熟，"繁子写道，"我回来得正是时候，我相信在上帝的帮助下，我能做一些有益之事。"可是，在这些勇敢的语句之外，繁子感受到了剧烈的思乡之情，这种情感比雨天的忧伤要强烈得多。"我还想愉快地坐在您明亮的客厅里，亲亲兰曼先生长满大胡子的脸颊，听梅子讲一些天马行空的话，燃烧的柴火在壁炉中发出咔咔的声响，而您总是忙碌地走来走去，为了让每个人都感到舒适。哦，兰曼女士！"

繁子很小心地措辞，让寄去瓦萨的信显得语气轻松些，但这依旧不能让舍松放松下来。她的朋友就要嫁给一个前途似锦的男人，这个男人将成为海军军官的事已差不多铁板钉钉。虽然繁子在信中也提到了她的迷惘，回到日本后，繁子又一次感受到十年前刚踏上美国土地时的陌生感，可是，繁子的快乐溢于言表。虽然失去了作为一个大学女生的自由，成为拘束颇多的日本新娘，这不免让繁子感到些许沮丧，但愉悦还是大于伤感。"记得多带些扣子回来！①"繁子开心地写道，她巧妙地回避了她的朋友将要面对的一些大问题。不论繁子是否可以在日本从事女性教育方面有意义的工作，至少她在日本社会的地位是稳定的。可是，一个一心想要投入工作的未婚女性将如何重新踏入日本社会呢？这一年，舍松的同学们也注意到了她不同寻常的低

---

① 西式衣裙和靴子上有不少扣子，而日式服装上则没有。因为在东京买不到合适的扣子，所以繁子嘱咐自己的朋友多带些扣子回来。——译者注

落。但是，允许舍松陷入低沉的时间不多，此时的舍松已经是拉勒特安社团主席了，除了兼顾化学、作文、地质学、历史、哲学、文学和希腊语方面的课业，还要负责组织社团会议和话剧创作活动。舍松还挤出时间，给瓦萨人讲祖国的近代政治历史。"虽然现今有很多获得信息的渠道，"她在《瓦萨杂记》中的一篇文章写道，"大多数美国人对那个岛屿帝国的政治和社会状况还是知之甚少。"借此话题，舍松精炼地总结了日本将军幕府鼎盛时期到明治政府崛起的这段历史。如果健次郎知道，应该会感到骄傲。

圣诞节时，舍松回到纽黑文，她在课业上付诸的精力，以及对未来的担忧，突然被巨大的悲痛替代了：1881 年平安夜，莱昂纳多·培根逝世，享年 78 岁。他的妻子、三个最年轻的孩子在榻前送他最后一程。同时在场的还有舍松和谭耀勋，这个培根一家在科尔布鲁克度夏天时认识的中国男生，现正是耶鲁的大三学生。当晚，是谭耀勋赶忙去叫了医生来。即便这样，也为时已晚。

两天后，谭耀勋和舍松，以及培根家的亲人们站在培根先生的墓前，这一切被耶鲁大学校长诺亚·波特（Noah Porter）看在眼里，这是培根先生所拥有的不同寻常的宽大之心的真实例证，他感到震撼。"如果他能够预见到，在这些追随他来到墓前的虔诚之人中，也有中国人和日本人，而且他们已经融入他的家庭和他的信仰，那么他可以说，'我没有白活'。"在培根先生的讣告中波特如此写道。

莱昂纳多·培根从未停止向两个年轻人提供资助，外国人的身份也未能阻止这两个年轻人真切地感受到自己就是培根家的一员。虽因畏惧基督教的影响力，后来中国政府召回了所有中国留学生，但是培根先生从朋友那里为谭耀勋筹集资金，竭尽所能保证谭耀勋在耶鲁继续他的学业。"你们给予了我如此多的帮助和安慰，但我从未向您、培根先生，抑或耐莉和爱丽丝表达过我的感激之情，这是因为，你们所给予我的恩慈恰是家人之爱与关怀，所以，我说不出口。"谭在给凯瑟琳的哀悼信中这样写道。

葬礼结束，舍松回到瓦萨后，收到了一张凯瑟琳寄来的留念照片，那是培根先生的照片。"这张照片让一切过往历历在目，每次我拿起它，都仿佛觉得培根先生在与我说话。我将照片放在书桌上，我读书写字时，它就在我的正前方，每当我抬起头，它就会让我想起培根先生高尚的一生，以及他给予我慷慨的照顾，"在给凯瑟琳的信中舍松写道，"我知道，拥有这张照片对我将是一种帮助，因为当我看到它，就会告诉自己，要成为真善之人，就像培根先生希望的那样。"

养父去世，美国岁月即将告以尾声。冬天到来时，舍松收到了一封信，这封信带来了一些好消息，也让舍松对未知有了一些期待：这是圣彼得堡的姐姐发来的信，信封里有一枚珍珠戒指，信里提到，她四月就要回东京了。同时，繁子也来信了。"当我看到这熟悉的字，我激动坏了，简直是以闪电般的速度撕开了信封，飞快地读完了整封信。"舍松在给凯瑟琳·培根的信中写道。繁子还寄来了礼物：一顶有着红色衬里的蓝色保暖兜帽。"去海上或者滑冰时我都戴着它，它非常有用，可以帮我抵御刺骨的寒风。"舍松写道。

时间一晃而过，毕业季再一次到来。6月13日是毕业纪念日，瓦萨校园洋溢着隆重的气氛。主楼前的树上系着玫瑰色和银色丝带，这是属于瓦萨学院的颜色，象征着女性教育冲破灰暗的过去，迎来美好的黎明。在小教堂里，39个1882级的学生全神贯注地聆听他们推选出的班级代表所做的讲话，有人做严肃的演讲，有人追溯历史，还有一个女预言者，负责向每一个毕业生送上情深义重的预言。给舍松的预言又好笑，又真挚。她说，大家的日本同学将会大松一口气，因为当她回到祖国后，会发现那里的朋友们从不用身体语言表达友情。（每次如果有人给舍松一个热情的拥抱，她都会感到不舒服，这一点大家都知道。）"但是，她可没时间休息，"预言家继续道，"因为东京当地报纸会公开声明，'引领日本女性改革的人是山川舍松。她将成为日本社会的精英人士，漂亮时髦，大受欢迎'。"听到这里，同学们都点头认同。女预言者继续道："她的'小棕手'将忙不过来，因为她将管理自己的寄宿学校。但她会做得很好，她会比我们大多数人都更好地发挥她在瓦萨所受的教育。"

日落后，毕业生们将班级记录埋入一棵事先选定的树下，并将铲子庄严地递给下一届学生们。这天晚上，进入餐厅与家人和老师在音乐的伴奏下跳舞之前，毕业生们聚在一起吃班级晚餐，跳最后一支舞，分享四年来同窗生活的亲切感受。大家围坐在一张长条桌旁，哭哭笑笑，为分别的时刻举杯，并犀利地总结每一个女孩的特点。遇到什么事情都好脾气地一笑而过的舍松，被大家称作"不介意小姐"。

第二天早上，天气很好，毕业典礼正式举行。十点半时，毕业生们坐在小教堂前排，周围坐着不少校友和宾客，其中包括了日本驻纽约领事高木三郎（Saburo Takaki），以及几位使馆同事。日本政府为舍松提供了奢华的织锦毕业礼服。看到舍松站在十位演讲毕业生之中，观众席间发出了议论声。高木领事没有失望。虽然其他演讲者选择的题目大都是"科学的良知""思辨哲学的没落"，或者"亚历山大二世的优点"，舍松却以"英国对日政策"为题，谴责了两国之间持续多年的不平等贸易条约。"这是整个演讲系列当中最有趣的演讲，"《波基普西鹰报》这样评价，"为日本国家独立做出了有说服力的请求。"《芝加哥论坛报》称这场演讲"在当天的所有演讲当中获得了最热烈的掌声，因此是最令人瞩目的演讲"。除了口才了得，在这次演讲中，舍松也表现出了她精明的一面：虽然美国的对日政策同样傲慢，但舍松并未直接抨击这个养育过她的国家，其观点却也不言自明。岩仓使节团最初修改条约的目标尚未达成。

舍松精彩的表现也传到了日本。"从未有任何一个外国人，能以如此精彩的演讲打动美国观众，"《朝日新闻》兴奋地报道到，"山川小姐不仅给自己，也给她的祖国带来了巨大的荣誉。"如今已经成为日本国内最显赫人物的岩仓具视和他的众多使节们，怎么也想不到，那个曾经与他们同行的小女孩会给他们带来这样的大新闻。

接下来的事情，就只剩下打包行李和填写一份题为"致离校生"的表格了。表格内容包括：你希望搭乘哪班火车离开波基普西？你希望学校将你的行李带去火车站吗？如果是，有多少件行李，大小是怎么样的？火车会将毕业班的 39 个学生送回她们的家——她们可能会教书，但绝大部分一定会结婚。对舍松来说，这只是长途旅行的开始。在毕业照中，舍松的站姿威严从容，白色织锦礼服衬托得她光彩照人。她已经22岁了，恰好是十多年前坐在屏风之后那位日本皇后当时的年龄。

第九章

回家的路

　　凯瑟琳·培根没能来波基普西送别她的养女，她的健康状况不允许。七月末，凯瑟琳被埋在纽黑文格罗夫街公墓，长眠于她的丈夫身旁。又一次，舍松体会到了失去父母的痛苦。

　　"我无法相信就这么发生了。"凯瑟琳去世几天后，舍松写信给爱丽丝。"对我来说，这就像是一个噩梦，虽然我一直在想这件事，却怎么也无法相信。你的感受可能更真实，我止不住地想你的生活会有多大的改变。"突然之间，爱丽丝需要做一个真正独立的大人了。对她来说，这也意味着新的机会。"不论你打算怎么度过冬天，"舍松写道，"时间都不会过得太慢，因为我热切地盼望着你春天能来日本。我不知道你的亲戚们是否同意，但我希望你的愿望能够实现，我们能够一起为日本做些好事。我知道在美国你可以做很多事，但是在日本，你会有更多机会将自己的力量奉献给需要的人。"

　　培根家没能送爱丽丝上大学，不过爱丽丝一直在自学。彼时，拉德克利夫学院还未获准接受女学生，这是 1894 年的事了。不过，哈佛大学自 1874 年起开始为女性提供特殊考试，考试在几个城市举行，达到一定分数的女性可以获得由哈佛校长授予的证书，以肯定她的成绩。1881 年，爱丽丝在三门课程上都获得了证书，这让她有机会去剑桥，跟随哈佛教授，接受专为女性设立的大学教育，许多人称其为"哈佛附属女性教育"（Harvard Annex）。但是，培根家拿不出学费，同时又需要爱丽丝留在家里帮忙，因为就在舍松前往瓦萨学习的那段时间，爱丽丝同父异母的姐姐、能干的培根家大女儿瑞贝卡去世了，而凯瑟琳的身体状况也不太好。现在，凯瑟琳也离开了人世，爱丽丝要依靠自己了。处理好家里的事情后，爱丽丝就可以开始自由地追求自己的事业。事实上，她也没有其他选择。

舍松和爱丽丝都将开启人生的新篇章，这令她们惴惴不安，却也兴奋不已，她们都希望将自己的生命奉献给工作，而非家庭。是的，一个女性最崇高的事业是做一个优秀的妻子、智慧的母亲，但是受过教育的女性同样也能在课堂上完成自己的道德使命，而且，在课堂上她们有更大的空间去影响下一代。对这两位雄心勃勃的年轻女性来说，结婚听上去不仅不可能发生在她们身上，更非她们所愿。那片土地盼望她们前去施展才华，做出精彩的成绩。

这一年，舍松不会去利奇菲尔德山度夏天了。启程之日即将到来，舍松下决心要抓住一切机会学习对开展女性教育有用的知识。七月和八月间，舍松进入康纳狄格护士培训学校学习。爱丽丝同父异母的大哥弗朗西斯·培根是耶鲁大学医学院的外科学教授，他的妻子乔治安娜曾在美国内战中救扶伤员，著有《家庭及一般情况护理指导手册》。他们为舍松做好了一切安排。

"我正在厨房工作，这工作真难，"舍松写信给科尔布鲁克的爱丽丝。"不过我想洗锅、铲煤、擦地板这些工作对我是有好处的……我每天煮2~3加仑的牛肉茶，1.5加仑的鸡肉汤。除了这些，我还要做布丁、玉米粥、麦片粥，等等。当然这些也挺有趣的，不过我还是更喜欢常规的护理工作。"

在纽黑文湿热的夏天，舍松幻想着回到日本后的生活情景——舍松的幻想竟与新英格兰的生活如此相似，有意义的工作、上流社会的娱乐活动、有趣的伙伴。舍松幻想着，她和爱丽丝将住在一起，舍松在东京的母亲陪伴她们，如果有培根家的亲戚，或者瓦萨的校友来访，就愉快地招待他们。爱丽丝教英语，舍松教生理学和体操。"你看，我们可以为我妈妈做日本人要做的那些事，但主要以美国人的方式生活，或者一半一半，"舍松如此设想，"夏天的时候，我们去北边拜访我儿时的家；因为你对人种学感兴趣，那么我们就可以再向远处去，到虾夷（今北海道）去看阿伊努人。"

这个夏天，舍松恰恰处在两个身份的中间。作为曾经的美国女大学生，怀抱成为日本教育改革者的梦想，舍松努力让自己乐观地看待未来，而非着眼于二者间巨大的鸿沟。这并不容易。"可能我只不过是在清点还未孵出来的鸡仔，甚至是在搭建一座空中楼阁，"她清醒地自嘲道，"不过，只是开心地想想而已，也没有什么坏处。"

随着秋天的到来，舍松和瓦萨的朋友们频繁地通信，并互寄明信片。"我希望在我启程前往遥远的东方之前，能与你见面。"舍松写信给同班同学杰西·惠勒，舍松的语气听上去更像是一个正在考虑前往异教国家的传教士，而非即将返回故乡的日本女性。一周后，舍松加重了先前轻快的口气，一不小心流露出了她日益增加的焦虑："你是说十月十日之前你都不能来纽黑文？"她飞快地回复惠勒小姐，字迹潦草，"你知道我这么想见到你，却还推迟时间，真是讨厌……快来。"

爱丽丝也在重新打点自己的生活。她和姐妹们继承了教堂街上的白墙房子，她们手头很紧，将房子租出去的话则可以给她们带来些收入。九月末，舍松懊恼地意识到，她不能邀请瓦萨的朋友们来玩儿了："一切都很混乱，整栋房子里都是乱糟糟的。"纽黑文已没什么让她牵挂的。十月，带着与爱丽丝在日本打造未来的希望，舍松离开了纽黑文，她将前往纽约与梅子相聚，然后一起回日本。

舍松从瓦萨毕业的同时，17岁的梅子也从阿彻学院获得了高中学位。梅子热爱阅读，在高中依旧表现优异，除了一直很喜欢的狄更斯和斯科特，她也阅读莎士比亚和华兹华斯。"津田小姐在拉丁文、数学、物理、天文学和法语上的进步在班里遥遥领先，她投入于这些学科，对这些知识有清晰的见解。"阿彻学院授予的学历证书上如此写道。

在兰曼家的这十年，梅子是兰曼夫妇可爱的养女，现在她已经长成了一个活泼、热情、有学识、有见地的女孩，也是乔治城社交圈里的熟人。她的告别派对登上了报纸。"许多人都真心对她即将离去的现实表示遗憾。"《时评晚报》报道。不过，虽然梅子对日本的记忆已经完全消失，这个养育她的国家并未以一个美国人的身份看待她。"津田小姐是一个聪明的年轻女孩，虽然她的脸毫无疑问表露了她来自不同国家，但她的长相是吸引人的，甚至可以说是漂亮。她美丽的头发又长又粗，一颗小小的头撑起头发的重量。她已经毕业于我们这里最好的学校中的一所，回国之后，她将会是一位优秀的英语学者。"

兰曼夫妇和爱丽丝陪伴舍松和梅子走了很长一段向西的路。在芝加哥，梅子的养父母与两个女孩依依送别，将她们托付给一同返回日本的传教士 J. D. 戴维斯（J. D. Davis）和他的妻子照顾。其他人继续向西，火车穿过一个个城镇，穿过到处都是羚羊群和土拨鼠的旷野。最后，在怀俄明州夏延，爱丽丝与那个她视为妹妹的年轻女性道别。

舍松和梅子没有预料到夏延的居民看到她们时会有那么大的反应。夏延是一个铁路边的小城，位于大平原西部边上，就在 15 年前，这里还是一片空地。来了美国之后，虽然女孩们早已对赤裸裸的注视和窃窃私语不陌生，但是后来在乔治城、纽黑文和波基普西时，周围的人并没有觉得她们有那么与众不同。在夏延，周围人的好奇眼光又回来了。戴维斯去城里商量有关去日本的事情；他曾于十几年前帮助修建了夏延的第一座教堂。自然而然，接待他们的牧师认为这两个日本女孩也是戴维斯传教工作的一部分。夏延歌剧院举办了一场聚会，城里的教堂会众纷纷前来参加。在聚会上，这位叫桑德斯的牧师宣布，戴维斯第二天将在女性教会会议上发言，同时两个日本女性当中的一位也会出来发言。

"我大吃一惊，"舍松后来在火车上愤然写信给爱丽丝，"我从没听说过有这样的事。桑德斯先生没有事先通知我们就贸然做此宣布，我认为这是无礼的行为。"让舍松感到惊诧的并非是桑德斯令她做公共演讲——就在几个月前她的演讲刚刚让瓦萨的观众们刮目相看。舍松感到不舒服的是，桑德斯认为她是一个奇景，好像观众们正期待着这个日本女人为他们带来什么奇特的表演。

夏延人想要听一个真正的日本女人讲话，但舍松完全没有兴趣与一群陌生人分享她的私人记忆。"我不知道说什么，"舍松写道，"但是戴维斯女士建议我讲讲我们刚来美国的那个夏天，以及我回国之后打算做什么。"如果教会会议上的小姐们期盼的是一场有关远东的神秘介绍，那么她们一定会失望了。

女孩们是城里的谈论焦点。"自从我们来夏延后，就被视作要人，"舍松疑惑地写道，"还有记者来采访我们！还好我们当时在外面，逃过了这项折磨。"搭上西去的火车时，她们大松一口气。"这里的人非常好客，也很热情，但是他们的好奇心过强，甚至有些让人厌烦。"

相较而言，梅子没那么紧张，她甚至觉得那些赤裸的注视很好笑。旅途中，有两个"真正的印第安人"登上火车，坐进餐车里。几个坐在梅子和舍松旁边的孩子请求母亲准许自己过去看一眼。"他们的母亲说这么做不礼貌，会让对方不高兴，"梅子写道，"然后我说，如果和小舍去，就是公平交换互相参观的免费机会，因为说不定在印第安人眼里，日本人一样奇怪。"

到达旧金山后，查尔斯·兰曼的朋友、加州大学董事会秘书约翰·H. C. 邦特（H. C. Bonté）在伯克利接待了大家。在伯克利乐趣多多。舍松一口气向杰西·惠勒全汇报了："自从来到这里，我们已经被邀请去了两场派对，明天我们住的房子还将有一场派对，礼拜六是大学参观日，学生们会做演讲，之后还会跳舞。"这感觉很亲切：加州虽然像是另一个世界，到了十月，花园里还满是盛开的灯笼海棠，餐桌上还有豌豆和草莓，但这所大学城的精英社交生活并不会让人感到陌生。一时间，二人把即将到来的新生活抛之脑后。邦特家的女孩们是很好的陪伴对象。"我们昨天全都爬树了，"梅子给兰曼女士写信说，"舍松和我费了很大劲儿才下来，我们笑个不停，差点没抓稳。"

自芝加哥一别之后，健谈的梅子就一刻不停地给艾德琳·兰曼写信，接下来的三周也是如此。比舍松小几岁的梅子，对新环境的反应就像是个养尊处优的美国大小姐，她轻描淡写的描述和钝感令人吃惊。"这里能看到这么多中国人，可真奇怪。"她从伯克利发出的信里写道：

> 在旧金山，我们看到了通往中国城的街道，可真脏啊。范尼小姐（邦特家的女儿）说在没有绅士陪伴的情况下，小姐们独自去那边很不安全。这是这个城市糟糕的一面。所有奴仆都是中国人，他们有时候是很任性的家伙，要么不提前通知，要么没理由地离开。他们基本上算是诚实，不偷东西，节俭，但是人们还是得小心，而且要看着他们，让他们保持卫生。他们当中的许多人觉得撒谎没什么。这样看来，您真该庆幸有那些有色奴仆。即使"华盛顿到处都是黑鬼"，但和这里的庞大数量的中国人比也起来也不算什么。

现在梅子的口气倒像是个传教士。"他们抽鸦片，经常去那些可怕的窝点，让人没办法接近他们，让他们变得好一些。"

女孩们到达旧金山时，这里正处于种族冲突的高峰期。反华骚乱风起云涌：中国工人建造了横贯大陆的铁路，但是他们却被指责是美国内战后低工资、经济衰退以及淘金热减退的罪魁祸首。就在五个月前，国会刚刚通过一项排华法案，禁止华人移民美国。天真快活的梅子并没看出其中的讽刺，她皱皱眉头，继续写道："这里的人不想让中国人来，对此我一点也不觉得奇怪。"其实，如果不是穿着优雅的服装，有尊贵的伙伴相陪，梅子自己很可能会被误认为是华人当中的一员呢。

临行前，一位日本外交官打来电话。"你知道吗，他的英语很糟糕，我们几乎听不明白他想说什么。"梅子写道。后来女孩们大概知道了，原来这个男人担心的是外交礼节：对于邦特一家的热情款待，舍松和梅子应该给予何种回报？太令人吃惊了。女孩们抗议说，邦特一家是以朋友的身份招待她们的；如果给他们钱的话，也未免太失礼了。"他说，既然这样，那可以让日本政府给邦特一家送份礼物。虽然我觉得这么做很好，但毕竟我们做什么、住在哪里是我们自己的私事，这样的往来还是有些奇怪。好吧，世界上总是有些想法奇特的人。"梅子总结道。通过这件事，梅子才第一次隐约意识到：她是日本政府派来美国的官方代表，在日本政府看来，她的事情就是政府的事情。

在旧金山的短暂停留很愉快，但该来的总还是要来。在伯克利的最后一天，梅子于收拾行李的空当，又写了一封信。"我意识到，我

武士的女儿

真的要离开美国了，"她将自己的心事袒露给兰曼女士，"之前，我还觉得自己是在做夏天的度假旅行，之后长时间的海上旅程是完全不一样的。"房间里堆放着行李箱和衣物，梅子望向窗外，不禁感慨，她是否还能再回来。"我希望，明天的天气明媚晴朗，因为我想看到最漂亮的美国，"她写道，"目前为止，我们还没经历过糟糕的天气，如果明天天气转阴，我会觉得遗憾的。"考虑到刚刚失去女儿的收信者焦虑的心情，梅子又强颜欢笑。"让上帝主宰一切，不论发生什么，一切都是最好的安排。"梅子安慰她的养母。

阿拉伯号蒸汽船于 10 月 31 日离开旧金山。"津田梅子和山川舍松已经在大海上了。"第二天，约翰·邦特给兰曼夫妇写信说道，"我们对她们满怀深沉的敬意与热切的爱意。我说不上来哪种感情最强烈。很少有年轻的美国小姐能够赢得我们如此多的爱与尊敬。我们极不情愿地与她们说了再见。"

"我希望过了最开始几天的晕船期后能享受这次船程，"临行前梅子写信给兰曼女士，"这会像是一次海上旅行。"

情况并非这么理想。虽然已是深秋，阿拉伯号的船长选择了一条北部线路，航程更短，但海况糟糕。舍松和梅子专门预定了优雅的胡桃木藤折叠长椅，本想在甲板上晒晒太阳，可是根本没有用到。虽然从横滨到旧金山的航程打破了该船的航程最快纪录，缩短至 13 天 21 小时，但这趟从旧金山开往横滨的旅程却持续了三周。

"跨海 57 次的乘务长说他从未遇到过如此凶险的航程，"舍松给爱丽丝写信说，"一路上都是狂风暴雨，我们根本无法正常坐和走，睡不好，也吃不好。有时候，我只能死死抓着座位，以防自己被甩出去。晚上，我努力让自己不要睡着，因为我害怕睡着以后从床上被甩下来。"每次吃饭，盘子都会打碎在地板上；旅行箱全部爆开了，里面的东西散落一地。船开到阿留申群岛南边时，空气简直冰冷刺骨。

同船的旅客也没那么有趣。一等舱共有19位旅客，其中13位都是传教士。"虽然与这些善良保守的人在一起也很好，但我们还是觉得，要是有几个没那么安静守礼的年轻人就好了。"船上的状况允许梅子提笔时，她写道。船长的想法与两个姑娘一样："他说之所以暴风雨肆虐，是因为船上有太多传教士，"舍松写信给爱丽丝说，"我猜他可能认为他们都是约拿①，但我希望他可别提议把他们扔下船。"舍松带了一副牌，但是她和梅子不太敢玩——传教士们一定不会同意。

除了这些以外，船上的生活还算舒适——这一次，女孩们已经懂得如何享受了。床边有电铃，按下电铃就可以叫来服务人员。船上提供有茶和吐司，午餐和晚餐供应各色菜式，图书馆藏书丰富，有一间女性专用客厅，以及为男性准备的抽烟室，还有"数不清的服务生和中国男孩"为乘客提供各种便利。包括戴维斯夫妇在内的大部分乘客与船长同桌，两个日本姑娘，几个未婚的年轻人，以及一位中国男士及其妻子与乘务长同桌。舍松和梅子都注意到了饭桌上的身份高低秩序，显然非白人被排除在了船长的问候之外，但是梅子并不在乎：

---

① 约拿：Jonah，《圣经》中的犹太先知，他抗拒上帝指令，上船躲避上帝，上帝遂施以狂风巨浪，船上的人将约拿抛入大海，风浪才得以平息。——译者注

"坐在我们这桌更好，因为我们有说有笑，非常开心。"

梅子发现这对中国夫妇成了众人的好奇点。中国乘客坐在一等舱里，这着实非常罕见。阿拉伯号30年前建造之初，就是为了赚中国移民潮的钱，多年来，该船下等舱搭载过的中国劳动力比一等舱客人要多得多。就在舍松和梅子坐在宽敞的一等舱里品评茶水和吐司时，成百上千回乡的中国苦力正在下面截然不同的环境中忍受着他们的旅程。

阿拉伯号在不平静的太平洋上颠簸，乘客们倒是表现出了不寻常的平和。一路上，舍松和梅子有大把的时间思考未来的不确定。她们对日本有何了解？梅子身边的照片还是11年前母亲让她带在身边的：父母的房子、与奶奶一起的合照、梅子和母亲手牵手的合照。曾经，那些日本的显赫人物都挺喜欢梅子，梅子也从养父那里听说过一些日本公使馆的事情。

可是，一个7岁的孩子并没有多少对日本的童年记忆，待她足够成熟，对祖国产生兴趣后，却发现自己更像一个美国女孩。从兰曼夫妇那里，她吸收的是植根于基督教道德的世界观。她对日本人的态度与那些乘坐阿拉伯号去往日本的女传教士没有多大不同：对日本很好奇，决心将文明带去那片落后的土地，同时心中也有一份情有可原的担忧。"我们不能树敌，不能冒犯他们的喜好，但要竭尽所能，使我们生活圈子中的人顺从，提升他们的着装品位，以及社会生活方方面面的习俗及处世之道。"梅子写道。戴维斯女士曾提醒道，日本大部分皈依基督教的人都是下层的穷苦百姓。"因为我们都跟随上帝，所以不能认为其他人就是无知或低等的，"梅子思忖着，"我想我们知道今后会面临困难，但是不要认为我们会知行不一，即使我们将要面对的情况再暗淡十倍，即使我们能够选择回来，我们也不会做此选择，我们还是会选择去那片土地。"日本是一个"崭新的、美丽的国家"，梅子坚定地告诉兰曼女士，"请尽快来看我，到时候您就能看到我在家里愉快生活的样子。"她写着，用一种轻松的语调驱赶内心的恐惧。梅子已经一句母语也不会说了。

舍松对日本的理解更深入。舍松离开日本时的年龄几乎是梅子的两倍，她对家里的老宅，对自己的大家庭，以及保皇派势力如何击败自己所在的藩，留下满目疮痍，对这一切依旧印象深刻。在哥哥健次郎的引导下，舍松一直对日本政治形势的飞速变化有所掌握。虽然梅子本质上已经变成一个美国女孩了，舍松依旧认为自己是日本人，这一身份有时会给她带来焦虑。

"日本已经不是从前那个充满了神秘的国家了。"大三的时候，舍松曾为费拉勒特安社团成员写过这样一篇文章：

> 虽然去日本的游客越来越多，关于日本的书和讲座也数不胜数，但了解日本真实情况的美国人寥寥无几。就在不久前，一个既聪明又受过良好教育的年轻女士非常严肃地问我，日本有没有湖泊和河流。还有人天真地问，"日本有坟墓吗?"……恐怕我被问到过的最聪明的问题来自一个7岁女孩，她先是问我日本人是否觉得一盘老鼠肉是罕见的美食，接着好奇地盯着我，然后严肃地提问："是什么让我们这么不一样? 是因为你们给身上涂了日

本漆（Japaned）吗[1]？"

这些来自美国人的天真无知的问题可能激怒了舍松，但实际上，在异乡生活了十一年以后，日本之于舍松也变成了一片神秘的土地。舍松本人也是一个矛盾体，她继续道：

> 美国人对日本会产生这样的奇思妙想并不奇怪，毕竟日本与世界上其他国家有所不同。我们做事的顺序与你们是相反的。我们的书是从左往右翻的；我们竖着写字，而非横着写；我们把姓放在名之前，等等。这个怪癖清单恐怕很长很长。

舍松嘲笑的语气中也透露出一丝不确定。舍松已经不会阅读日文，也不会用日文写字了；她所翻阅的那些书（从右往左的书）都是英文书。她的签名是"Stematz Yamakawa"（舍松山川），而非先姓后名。她称日本人的习惯为"怪癖"，舍松对这些怪癖的接受度并不比那些未顾及到他人情绪的美国小姐更高。

这篇文章的主题是"日本家庭生活回忆"，在接下来的篇幅中，她继续介绍了日本的家——那一大片建造不甚规则的家宅，以及她的童年记忆：荷花、一间间雅室，还有忠诚的仆人。

舍松所介绍的这个世界，早在她启航前往美国之前，就开始陨落了。她的家庭在戊辰战争中失去了所有，就在她离开日本之前，旧制

---

[1] Japanning，即日本漆，是指一种涂在装饰物品上的深黑色漆，进口自日本。——译者注

的藩地已经被重新编入新的都道府县体系。1876 年，明治政府完全废除了武士阶层，舍松童年时的那个世界已全然被抹去。

"你需要区分被封建制度和中世纪般的黑暗统治的旧日本与拥有电报、铁路、银行、大学及快速变革、皇权得到限制的新日本。"舍松自信地告诉她的读者。这个新日本就是舍松将要参与其中、创造未来的那个日本。不久后她将第一次意识到，到目前为止，这个新日本还仅仅只存在于她的想象之中。

不过，作为一个在纽黑文长大的瓦萨毕业生，舍松对日本发展的直觉惊人地准确。在那篇大三时为《瓦萨杂记》所写的有关日本政治的文章中，她对日本改革这个话题，以这样一个结论做结尾，在其中，她承认了日本未来发展当中的不确定性：

> 没有人可以预测到这波动荡与变革将带来何种最终结果。实际上，日本人民可能会分为三种截然不同的类型：第一种是保守主义者，相信古代制度，极力反对引进新制度，反对学习西方文明；第二种是稳妥改革提倡者，即提倡渐进式的改革；第三种激进改革者，他们对过去和现在的一切都抱有不满，希望不惜一切进行改革。这其中哪一类人会强大到克服来自另外两方的阻力，我们尚无法做定论。

为了服务于自己的祖国，十几年内舍松被迫迁徙两次，而塑造她思想的这个文化又不为大多数同胞所了解，在这种情况下，舍松只求第一种人不要成为主流。

天空终于放晴了，大海一改前些天沉闷的灰，呈现出深蓝色，再过一天，她们就将抵达横滨港。从不轻易吐露心声的舍松，写了航行路上的最后一封信给爱丽丝，她只提到了美好的天气，以及感到"景色壮美，只是寒冷依旧"。梅子还和以往一样，将最隐秘的想法全部倾诉给兰曼女士。"我开心极了，几乎无法抑制自己的愉悦心情，"她写道，"您可能想象，我兴奋极了，脸涨地红彤彤的，好似糖萝卜。"她把船上的情景写了个遍，从驾驶室、厨房、下等舱、船长的房间，到海浪的模样，以及遇到的那一群海豚。"它们在我们周围游来游去，我们能看到它们起先是在水下，然后一跃而起，我们能看到它们的整个身体。海豚不停地喷水，我们周围的水面上泛起泡沫，大家都在好奇地观赏这些海豚，能看到这些生物在水里自得其乐，真开心。"

这是个好兆头。"明天将是我生命中的新一页，"梅子在信末写道，"希望它会是一个好的开始。"不论阿拉伯号靠岸后，梅子的生活会发生什么变化，她都决定履行家庭和国家赋予自己的期望。在后来的许多年里，只有极少数与梅子亲近的人了解她的疑惑与苦恼。在签名之下，梅子加了一句附言："这封信仅供您和兰曼先生阅读。"

在船上度过的最后一个夜晚，舍松和梅子几乎彻夜未眠。她们在自己的一等舱中聊啊聊，一直到聊到了拂晓时分。这是 1882 年 11 月 20 日，一个礼拜一，在黎明破晓时，她们微微打了一个盹，接着就被门外的大喊声惊醒了："到了！"她们飞速套上衣服，跑出去，冲上甲板，团团晨雾中，山峦的轮廓呼之欲出。"终于看到你自己的国家了，感觉怎么样？"有人问道。

"我无法告诉你我的感觉，"舍松回答，"但是我想我应该要好好地尖叫一番。"

待阿拉伯号泊定，又过去了几个小时。不一会儿，舍松的周围就开过来几只小船，船上的人上下打量着舍松。舍松的目光只是草草略过这些人。阿拉伯号比预计的时间晚了几天，很多前来迎接船客的人可能因为时间的不确定早已离开。多亏了梅子雪亮的眼睛：她突然叫出声来，用手指了指。在一艘缓缓驶近的拖船夹板上，站着一群正在疯狂地挥手帕的人。船慢慢接近两个女孩，她们认出了那些兴奋的脸庞：梅子的父亲和姐姐、舍松的姐姐们、亲爱的繁子。十一年前，她们站在另一艘蒸汽船的甲板上，望着不远处那片陌生的土地。现在，那片曾经的陌生土地已经成为她们唯一所知的家了，而眼前的这片海岸线，让她们感到如此陌生。

武士的女儿

第三部
PART
III

我出生的国家与养育我的国家之间在许多方面都差距甚远，但我真诚地热爱着这两块土地。有时，我会产生一种奇怪的感觉，仿佛自己站在天空中的一片云彩上，打量着地球上这两个分隔的世界。

——杉本钺子《武士的女儿》，1926 年

从左至右：梅子、爱丽丝、繁子、舍松，1901 年。（照片由瓦萨学院图书馆特别收藏区提供。）

第十章

两场婚礼

那些热切寻觅亲朋好友的人坐满了拖船，此刻，拖船已经停靠在阿拉伯号的两边，混乱的水道终于畅通了。舍松和梅子只需搭乘小船，一会儿就能到横滨港。可是，当她们与船上的美国船员，以及这艘相伴了三周的阿拉伯号说再见时，释然的心情中也混杂着低落。船上的工作人员待她们很好，还有阿拉伯号，虽然航行中有很多不舒服的时刻，但至少这是一个熟悉的空间。上岸将意味着她们完完全全地离开了美国。

码头几乎被急切拉客的人力车夫淹没了。"虽然他们很有礼貌，但会一直跟着你，直到你坐上某一辆车。"舍松写道。她和繁子不愿再拖延重逢的一刻，她们坐上了同一辆双人车，其他人纷纷坐上单人车。十一年前舍松坐人力车时，她只觉得车不很宽敞，现在坐在里面，舍松感到这人力车就像是"一个大号婴儿车"，"穿梭于狭窄的街巷中，两旁是低矮的房屋。我仿佛进入了小人国"。梅子决定以积极的心态面对日本的一切事物。这种陌生的交通工具"很不错，相当舒服"，她写信告诉兰曼女士，"您无法想象有多舒服"。

第一站是不远处高木三郎的家。在纽约做日本领事多年，高木对这个日本女孩三人组已经非常熟悉了。为了欢迎远归的人，他们邀请大家在前往终点东京之前，来横滨的家里吃饭。高木的妻子问舍松和梅子是想吃和食还是西餐。当然吃和食，两个女孩急忙答复。饭菜上桌后，两个女孩脑中突然蹦起一根紧张的弦。这么久了，她们还会用筷子吗？

不仅她们自己吃了一惊，大家都很惊诧，这两位年轻女性稳稳地拿起了这不甚熟悉的餐具。"我就像个一天也没离开过天皇帝国的人一样吃着饭，"舍松即开心又放松地写道，"这真是个奇怪的发现，使用筷子这样的习惯似乎是自然而然继承下来的，如果脱离日本国籍，这大概也是日本人最后一件忘记的事情吧。"梅子尤其振奋——至少有一件事她还懂得如何做——两位主人对她交口称赞。"他们都说，我和他们一直以来使用筷子的方式一样。"她告诉兰曼女士。

午饭后，大家步行前往火车站。女孩们离开前，东京和横滨之间的铁路线还未完全修好，不过现在，它已经成为市景中很不起眼的一部分了。经过一小时的车程，她们抵达新桥火车站，这里距离皇居已经不远了。梅子家的另外十一个成员已经在车站翘首以盼，他们又是笑，又是鞠躬。又一群人力车夫聚了过来，不过在这里，舍松和梅子就分开了——舍松朝西南方向走，去牛込区，那里是舍松妈妈的家；梅子则前往麻布郊区，那里有她父亲的农场。又一次，她们需要依靠自己的力量，有关如何做一个日本人的再教育也即将开始。

经过了一个小时颠簸的人力车旅程，舍松终于站在了山川家大门口。母亲唐衣终于盼回了失去的女儿。等待舍松的还有健次郎，自上一次在纽黑文见面已有六年，他更高，也更仪表堂堂了。健次郎身边是他的妻子，舍松第一次与嫂子见面。健次郎此时已是东京帝国大学物理系的教授，此前在这个教职上的一直是来自西方的顾问。还有舍松的两个姐姐：大姐双叶，旁边是她的丈夫和儿子。双叶的儿子一看到从衣服、鞋到头发都打扮得很奇怪的小姨，突然就哇哇大哭起来。也只有小孩子可以任性地用哭闹表达出大多数人此刻的心理感受。山川家的亲人们以日本人特有的克制与内敛向舍松表达了重聚的喜悦。经历了十一年的分离，舍松终于远离美国人热情豪放的表达方式了。

　　家里有些拥挤，本来大家各有各忙——除了山川家三代人，还有三名寄宿生，一名男仆，三名女仆——但舍松回来后，一下了成了所有人关注的对象，这让她有些尴尬。"他们担心气候和衣服的改变会让我生病，所有人都把精力花在我身上，这让我觉得自己要被宠坏了。"舍松写信给爱丽丝说。家人从附近的餐厅订购了外国饭菜，一天送来三次，舍松之前从来没得到过这样的特殊待遇。不过，如此待遇持续的时间并不长，这让舍松绷紧的弦松了下来。"一周后，我就被允许吃包括肉在内的日本饭菜了，一天两餐。"

　　大哥山川浩 10 岁的儿子也乐意看到全家人不再给"美国姑姑"这般明星待遇。作为奶奶疼爱的宝贝，他害怕舍松回来后奶奶会把对他的爱转到舍松身上。"她年龄太大，已经不能做奶奶的宝贝了。"第一次见面时，这孩子大松一口气。（舍松也惊讶于她的母亲竟然如此娇纵这个侄子，她觉得这孩子很不讨人喜欢。）

舍松很感激健次郎，事实证明，在纽黑文时健次郎强制性地给她进行日语辅导是有帮助的，再加上瓦萨时期舍松与繁子经常进行日语对话练习，这使得她的日语尽管讲起来依旧生疏，但在很多场合都可以应付。"我一踏上祖国的土地，舌头一下子就放松了。"她写道。至少口语的流利程度正在快速恢复；阅读和书写则需要下一番功夫。带着冷静的决心，舍松开始让自己安稳地重拾过去的习惯。"我的膝盖这会儿很疼，好像要碎了似的，"她跪在榻榻米地板上给爱丽丝写信，"我在给自己缝制日式衣服。"

回日本的第二天，舍松、梅子与繁子来到繁子的哥哥位于品川的优雅住所，一起在那里度过了一个晚上。曾因眼疾不得不终止美国留学的吉益亮子也前来与大家小聚，这样的聚会想必是苦乐参半。"虽然十年过去了，但是从她的长相看不出什么变化，"梅子写信给兰曼女士说，"她看起来很高兴，还问到您和兰曼先生。"没人知道第五个女孩上田悌子现在怎么样了。从美国回来的三个女孩除了对曾经与她们的生活有短暂、密切交集的亮子有些好奇外，双方可沟通的话题很少——何况还找不到合适的表达。亮子离开后，三人之间的话匣子就打开了。她们想聊的太多。两个朋友一踏上土地，繁子就已经告知她们自己订婚的消息，现在她更是不愿再等了：十天后，繁子和瓜生外吉将举行婚礼。"这封信随汽船启程的那天，繁子就是瓜生太太了，"梅子写信给兰曼女士说，"虽然我和舍松经常聊起这些事，但我们从没想到这样的事竟会成真。"

就像很多年前刚到旧金山时一样，此刻舍松和梅子同样被一种不知所措的感觉包围了，她们无法想象自己的朋友开始以日本人的方式料理起家务来。在婚宴上，繁子让我们吃了"各种奇怪的食物"，梅子向兰曼女士汇报。梅子发现这些食物虽然奇特，但自己熟悉这些味道，这让她感到惊讶。舍松和繁子让梅子穿上件和服，"您不知道我看起来多好笑，"梅子写道，"之后我尝试了日式澡堂，您肯定会觉得这里看上去很奇怪，但其实很干净，我很开心。"不论梅子是否愿意承认，她一定也觉得奇怪。

最后，三人终于可以在繁子舒适的卧室里休息了。繁子的卧室是整栋房子里唯一一间有西式家具的屋子。三个女孩聊到了很晚。"繁子真是帮了我们大忙，她告诉我们应该做什么，不能做什么，"梅子写道，"日本礼仪很严格，我一直担心自己会犯什么大错，或者无意中冒犯什么人。"

梅子发现，再次融入津田家的生活不是件容易事，这让她有些沮丧。最初梅子收到了热烈的欢迎：亲戚们上门拜访，道贺信也寄到了她父亲手里，还有各种被摆上餐桌的礼物——糖果、鱼、红彤彤的柿子，以及用于贺喜的红豆饭。"看来我回家是件大事。"梅子回到家第三天，骄傲地写道。津田家的房子里也摆放了很多让梅子觉得倍感熟悉的物件。梅子的父亲为她准备了一张西式床，上面铺上被褥。"这被褥比美国的轻，而且更暖和。"梅子的房间里有张桌子，可以放些东西，房间里还有一个简单搭起来的盥洗盆。家里的客厅也是西式的，摆放有凳子、地毯、壁炉，壁炉上放着钟表。梅子的父母及姐姐琴子在她离开的这段时间里也皈依基督教，所以他们都围坐在餐桌边吃饭，饭前也会做祷告。

但是这所坐落于郊区，被农田包围的房子里有些拥挤，自从梅子离开后，又有几个孩子出生。梅子经常感到不舒服，而且大部分房间的装潢和家具都不是西式的。"最难的事情是……脱鞋。"梅子写道。贴心的琴子为梅子缝了袜子，可是梅子还是不习惯在有人的情况下不穿鞋。在外面，梅子穿的是高跟纽扣靴，"进进出出时要一次次系纽扣、解开纽扣，这是最麻烦的事了。"

她不愿意换上和服后舍弃先前一直穿的那些衣服，也不愿意丢掉早已习惯了的内衣——束腹衣、背心、衬裙和长筒袜，这一执着给她也带来了不少困难。"我不能礼貌地坐下"——跪在地板上，腰背挺直，脚后跟藏在屁股下面——"但是他们并不强迫我。"实际上，"他们"对待梅子，就想对待一个来自异国他乡的洋娃娃。所有来拜访的人都惊叹于梅子精致的打扮。"我的裙子一次次被拿出来展览，还有其他各种东西——帽子、丝带，所有，"她给兰曼女士写道，"您如果看到每天下午这里的固定展览，一定也会吃惊的。"多年前，旧金山的小姐们也是以同样的方式，把她偷偷从旧金山大酒店的走廊里拉进房间，对她的刺绣和服及头饰啧啧赞叹。

与那次在那遥远的酒店房间里的情况相同的还有一件事，即梅子又一次发现自己听不懂周围人在讲什么。"如果我能讲自己的语言就好了。"她写道。这个曾经喜欢天马行空地讲话，深得兰曼夫妇欢心的女孩，发现自己在即将步入成人阶段之时，变得越来越沉默。她很痛苦。梅子曾做过翻译官的父亲，以及在东京的教会学校学过一些基础英语的姐姐琴子会为梅子做力所能及的翻译。给美国寄信成为了梅子唯一真正能够排遣沮丧心情的方式。她把所有想法一股脑写了下来。"我的手脚被捆住了，又聋又哑，"她悲伤地写道，"我父亲答应给我会找来一些辅导书，但是书还没到。我已经开始学习了，虽然琴子在努力教我，但我很不好意思，因为自己掌握得太少了。如果有六七种方式表达一个意思，而他们全部教给我了，我就会完全陷入混乱当中。"让梅子感到窘迫的还有一件事，那就是她注意到，仅仅回到日本一年的繁子，有时讲英语已经开始磕绊了。"哦，我不想像繁子那样忘记英语。"她感到恐惧。"我必须不停地阅读、写作、聊天，让它保持下去。"

人生中头一次，梅子感到了尴尬。在乔治城时，她一直都是那个最小的孩子，个头虽小，但很灵活，可以一下子爬到树上，爬到卧室窗户那么高。"但是在日本我觉得自己很巨大，"她写道，"舍松的个头在日本已经算高得离谱了。这是怎样的一个小人国啊！"在陌生面孔的包围下，慢慢地，梅子不再认识自己了。她写信给乔治城最好的朋友，三个名字押头韵的女孩——玛蒂、玛姬和玛米，话语间尽是不安与轻蔑。"我越来越胖了！！！ 太可怕了，我必须要警惕起来，"她抱怨道，"一定是日本食物的原因，而且日式的衣服都太宽松了，一层又一层，让我看起来很肥硕。如果不是因为我对外表毫不在乎，我可能会想吃抗脂药①！"梅子是一个被国家选中、领取奖学金外派学习的知识女性，并非那些一心想要找一个丈夫的女孩。她感到自己有义务

① 即艾伦的抗脂药，一种从海藻中提取的药物，是维多利亚时期的一种非常流行的减肥补充物。——作者注

捍卫自己的尊严，她严苛地说："在此方面，我与我们国家的那些女性不一样，她们觉得自己的外表和容貌就是一切，因为那对她们来说就是唯一的吸引力。"

记忆中第一次，梅子身处一群与自己长相相似的女性之中。然而她仍旧觉得自己很显眼。她的脸确实不再引起别人注意，但她的举止还是会。她总是站错位置，做错事情，鞠躬时太笨拙，笑得太豪迈。"我渴望跳上跳下，毫无顾忌地跑来跑去，不被别人认为奇怪。"她写道。但是，梅子已经不是个孩子了，现在的她是一个年轻女性，对送她出国的政府责任重大。"我父亲前些天提到在我身上花掉的钱。"写这封信时她的心情正处于低落的时候。"他说这笔钱足够让一个日本家庭过得很舒服。"梅子少女时代体会到的自由，以及所有美国式的生活方式，一时间宣告结束。

　　三个女孩的生活已经发生了重大改变，让她们清醒感受到这一点的是繁子的婚礼。"舍松和我不愿看到繁子结婚，因为这样她就不再是像我们一样的女孩了。当然，我们什么也没说。"梅子在给兰曼女士的信中说道。舍松和梅子回到日本一周后，两人去逛街给繁子买贺礼。"如果早点知道的话，我们就能在美国给她买份可爱的礼物，在这里，我们很难找到什么礼物装点她的西式房间。"梅子多少有些不诚实地抱怨道。她们早就知道繁子将要嫁人，但是当她们依旧身处地球的另一边，大概不去想以后的事要更容易一些。一个女人在没有丈夫的情况下能否愉快生活？对她们来说，这个沉重的问题，尚无

　　　　　　　　　　　　　　　　　　　　武士的女儿

答案。

梅子后来为繁子选了一对漂亮的花瓶作为礼物。("12 日元，价格非常公道。") 舍松选择的是"类似于茶具的东西，很难用英文描述，有一套茶具和一个蜡烛盘。"舍松告诉爱丽丝。至少二人用不着担心礼物是否合适。不论这些礼物是否符合日本人的标准，繁子都会喜欢。

1882 年 12 月 1 日，周五晚七点，一小群亲朋好友前来参加婚礼仪式。"真是一场奇特的混搭婚礼，"梅子写道，"这样的婚礼以前从来没有过，以后也应该不会再有了。"新郎新娘光彩照人，二人从头到脚都穿着舒适的西式服装：瓜生身穿海军制服；繁子穿着专门从巴黎订制的褐红色丝绸礼服，裙摆处好似天鹅的尾巴。新郎新娘是虔诚的基督徒，因而婚礼也符合基督教礼仪，不过担任婚礼主祭的是一位日本牧师，他宣读的誓词也是日文的。来宾包括瓜生在安纳波利斯的室友世良田亮（Tasuku Serata），他也穿着海军制服；新娘的哥哥益田孝，穿着纹付羽织袴，这是有身份的日本男人在正式场合的打扮。益田孝的美国同事罗伯特·欧文（Robert Irwin）穿着燕尾服；舍松和梅子穿着她们最好的黑色丝绸礼服；其他女性宾客都穿着和服。尽管不少宾客的服装是西式的，但宾客都坐在榻榻米地板上。

仪式结束后，宾客们享受了西式晚宴，服务生们也都穿着西式套装。甚至还有一个结婚蛋糕，"蛋糕是皮特曼姐妹几年前为瓜生的婚礼预定的，当时大家并不知道谁是那个与瓜生一起切蛋糕的人。"梅子写道。（这一定是一个保质期很久的蛋糕；瓜生一年多以前就离开他在纽黑文的养姐妹了。）"繁子真漂亮，看起来也很快乐，他们彼此相爱，真的很般配。"梅子继续道。彼此相爱的一对，或许这才是这场不寻常的婚礼中所有奇怪的细节里，最令日本人感到奇怪的了。

筹办婚礼的兴奋让舍松和梅子暂时从有关她们两个将何去何从这一令人头疼的问题中抽离出来。可前景并不理想。相较而言，繁子回到日本后的生活稍微轻松一些，首先她已经订婚了，同时，她的专业领域——钢琴教育——也不需要她懂日语。繁子很快就在教育部音乐调查委员会谋得一职，该委员会成立之初是为了将西方音乐引入全日本的学校课程里，没过多久，它又衍生为由政府资助的东京音乐学校。作为钢琴教师，繁子拿到了日本女性的最高工资。

没有未婚夫，也没有接受过严肃的音乐训练，舍松和梅子自然不能够效仿繁子所走的路，不过事实上，她们俩有更高的目标。繁子喜欢做老师，也急于组建自己的家庭，而舍松和梅子的梦想是创办一所学校。她们决定去找黑田清隆，那个曾经招她们赴美留学生的人。棘手的是，黑田所在的北海道开拓会已经于这一年早些时候停办，该会的停办还伴随着一些谣言：黑田试图将开拓会的资产卖给萨摩藩有权势的密友。而在同一时间，黑田的妻子去世了，这给声名抖落的黑田又添小报消息式的疑云：有传言称他酩酊大醉，耍酒疯，竟然杀了自己的妻子。不过针对黑田的这一指控后来被澄清了。（负面新闻并未对黑田的名声造成持久性的影响。19世纪80年代还未结束，他就当上了日本第二任内阁总理大臣。）

虽然有这些传言，从黑田入手依然是正确的一步。回到日本的第一周，舍松和梅子就在梅子父亲的陪同下去黑田家拜访了，梅子的父亲兼做翻译。黑田在一间西式房间里接待了他的年轻客人——女性以私人名义前来拜访，这对于黑田可能也是头一次。"他看起来像一位显赫的战士，"梅子写道，"他和我们亲切地交谈，他以日本人的习惯夸赞我们的受教育水平，这让我们有些不好意思，但我们设法向他表示了谢意。"黑田执意要他的客人们留下。他叫来一些同事，并请来一群盲人乐师表演传统乐器：三根弦的三味线和日本筝。"他让我们再坐会儿，于是我们留了下来，吃了些茶点，还听了些他们认为非常美妙的奇怪音乐。"之后的表演让两位年轻的拜访者越来越不舒服——艺妓演唱。大概唱了三个小时后，黑田转向穿着西式裙装的两位客人，要求她们也唱几曲，这吓坏了梅子她们。只有一个方法能让她们摆脱这个困境。"我们不能拒绝，其他在场的人也不懂音乐，所以舍松和我干脆唱了《黄昏时刻》和《耶稣，我灵魂的爱人》。我们从没这么做过，现在回想起来我都忍不住想笑。"梅子后来写道。她自己也被逗乐了。舍松和梅子开始谈论严肃的问题，有关她们在日本的未来中所能扮演的角色——都是些出身良好的日本女性根本不会考虑的问题。梅子她们发现，没有人把她们的意见当真。虽然她们所演唱的动人的情歌和庄重的赞美诗堪称精彩，可是除了梅子的父亲，房间里没有其他人懂她们唱的是什么。

当天晚上回到梅子家后，两位年轻女性聊起她们的未来。下午的经历让人沮丧。"这些日本男人不仅不是基督徒，还缺乏道德感，"梅子写道，"我们感觉自己就像是大海里的一滴水。"如果像黑田这样有影响力的人物都认为这两位女性只是说着玩玩，那她们如何才能赢得支持？这些对斟酒的艺妓情有独钟的男人们（就连礼拜日也是如此!），他们是否会支持女性通过接受教育来提升社会地位？

她们二人之所以渴望立刻投入工作，也是出于各自家庭的现实情况。山川家曾获得过不凡的成就，后来他们也摆脱了伴随着饥饿和绝望的流放生活，但是，山川家的生活从不宽裕。健次郎和现在已成为天皇军队将军的哥哥浩依旧对会津武士的残余势力保持着强烈的责任感。山川家为20多个亲戚朋友发放救济金，家里不论什么时候都有几个寄宿生。"我不想让家里因为我产生更多花销。"舍松告诉爱丽丝。

梅子的家庭不像培根一家那样为钱发愁，成长于不错的家境，梅子更关心的是津田家对她的期望，而非赚钱。"我父亲，"她写给兰曼女士，"是个慈爱的人，他宠爱我，但也对我这个在国外长大的女儿期望过高；他会骄傲地把我介绍给很多人，也会让我做很多我不太会做的事。我希望他对我的期待不会突然被击退。"在梅子父亲的期望之中，恐怕一桩美好的婚姻才是首位的。

据梅子所知，日语中没有"老处女"这个词。"舍松和我心里也感到有些悲凉，因为我们将要未婚一辈子，然后以老处女的身份死去，在我们家里这是闻所未闻的，"梅子写道，"但是我们不会结婚，我们也不在乎，即使我们在乎，结婚对我们来说也不容易，因为日本丈夫要求他们的妻子给予他们非常多的关注和顺从，就算他们对自己的妻子怀有尊重和爱意，也不会表现出来。"繁子的情况不太一样。"当然，总有个例，但是总体上是这样的。"梅子坚持道。让梅子懊恼的是，不仅繁子挑战了她这一毫不动摇的立场，而且就在几周后，舍松也开始令梅子感到不安，因为她对梅子的想法越来越不坚定。梅子感到她被两个大姐姐抛弃了。"看起来她们两个都认为（我感到难过），"梅子写道，"我们现在就应该立刻对是否孤独终老做出决定。"虽然梅子坚持认为不应该结婚，但是在舍松看来，她们应该保留结婚的可能性，舍松急切地渴望一个答案："每个人结婚都很早，如果你继续拖延下去，那么好的都被挑光了。"

繁子盼望着与最亲爱的朋友们分享她的快乐。繁子将位于东京东北根岸的新家改装成俱乐部的模样——一来供她们三人聚会，同时她丈夫的朋友们也可以来："比起从未出过国的人，出过国的年轻人与我们更意气相投，"舍松告诉爱丽丝，"我们有一个小群体，里面的人和纯粹的日本人，以及纯粹的外国人都不一样。"她们与毕业自艾姆赫斯特、康奈尔、耶鲁的年轻男性交谈，这些人不仅能讲一口流利的英语，还懂西方学术，且当一个女人站出来表达观点时，他们不会觉得警惕。在瓜生夫妇的陪伴下，这些年轻人探讨多样的话题，玩来自太平洋两岸的各种游戏。不过，这些男性和女性开怀大笑的状态，实实在在是美国式的。

梅子还不到 18 岁，没上大学，是这个团体里的小妹妹；舍松则感到如鱼得水。在繁子的俱乐部里，舍松感到自在极了，她既能够放松自己，又能够与那些取得了学位、学成归来的年轻男性建立珍贵的友谊，这些人无一不在大学或政府机关担任职位，前途光明。（她尽量不去想为什么自己还没有得到这样的职位。）唯一让舍松觉得烦躁的是繁子急于为她做媒。"她给我提供了不下六个选择，让我从中挑选，"舍松像瓦萨同班同学杰西·惠勒抱怨道，"但我不可能离开我们高贵的'老处女'团队。"

然而，眼看着婚后的繁子过得这么快乐，而教育部一直未对自己表示兴趣，舍松感到备受打击，她的决心越来越不坚定。"噢，爱丽丝，我不知道怎么办了。"1883年1月，舍松写信道。这距离舍松回到日本还不到两个月。

> 生活让人困惑。人们总是处在为某件事情挣扎的状态……如果我订婚了你会说什么？但请别害怕。目前为止我已经拒绝了三位优秀的男士，即使我愿意，大概也不会再有机会了。可能有人为地位和金钱结婚，但是我拒绝这样的诱惑……如果要结婚，我想我会为了爱情而结婚，他可能没有钱，也没有地位。但我不会结婚。所以等你来日本的时候，会发现我还是个老处女。你知道20岁以上的女孩就是老处女了吗？我就是其中一个。母亲说可能不会再有其他人来提亲了……我完全不知道日本会变成什么样子，在工作上我也饱受挫折。

舍松的野心与内心的骄傲正处于胶着状态。事实越来越明晰：在日本，不论一个未婚女子能够获得多大成就，即使她未受到任何公开的蔑视，也一定是众人同情的对象。

一月底，繁子的哥哥益田孝提供了一次深受欢迎的机会，这让舍松和梅子从家庭与生活的冷酷挑战中暂时抽身。益田孝计划办一场派对，将新婚燕尔的瓜生夫妇介绍进自己的圈子。归国三人组及其他朋友们愿意进行一场不公开的话剧表演吗？年轻人们很快就决定表演莎士比亚剧作《威尼斯商人》的最后两场戏——这不仅是一次英文训练，也是一场文化展示。"这次派对规模不小，各个领域的重要人物都会来，"舍松兴奋地写道，"既然半数的人都听不懂英语，我们应该不会怯场。"

整整十天，舍松仿佛又回到了瓦萨的费拉勒特安社团：分配角色、彩排、换装。"你能想象由我来扮演波西娅吗？"舍松问爱丽丝。戏排得很顺利。波西娅可爱、智慧、端庄，扮起律师来也非常令人信服，为了将安东尼从冷酷贪婪的夏洛克无理的诉讼中救出来，她出庭为安东尼辩护。舍松是这个角色的最佳人选，因为全日本没有哪位女性像舍松这般美丽、沉着、聪慧。"法庭那场戏上，我要穿上我的黑裙和毛皮斗篷，再戴上天鹅绒帽，"舍松汇报道，"在接下来的一场戏中我会穿我的毕业礼服。"梅子将穿上橡胶雨衣，扮演伪装成律师书记员的波西娅的贴身侍女尼莉莎。如果不女扮男装，就无法达成这艰巨的任务，这样的角色设定非常适合才华不可小觑的舍松和梅子。

瓜生扮演高尚而慷慨的安东尼，毕业于艾姆赫斯特、后来成为日本的英文演讲家的神田乃武（Naibu Kanda）扮演波西娅热情的追求者巴萨尼奥。繁子扮演公爵——该案的裁决者，她穿着貂皮斗篷，舍松还给繁子的斗篷上缝了黑色纽扣。夏洛克的扮演者是繁子的弟弟荣作（Eisaku），荣作也是留学生，在这出戏里他完全抢了大家的风头，舍松称他为"我所见过的最棒的业余演员"。

这是场从各方面来讲都很成功的派对。梅子尤其享受其中：益田家的接待室里放着精雕细刻的木制品，烛光盈盈，宾客们穿着优雅的礼服。最棒的是，梅子告诉兰曼女士，演员们"从讲话礼仪和坐姿规范中解脱了，我们坐在其他房间里，缝补我们那些有趣的戏服。"故事的讲述者坐在幕布之后，用日文描述故事梗概，"接着我们就上场了，整个过程很顺畅，观众们看起来也很享受。"至少她们证明了"有身份的人"不需要雇专业演员，就能在这样的社交聚会上观看演出，梅子满意地总结。日本女性在过去的 250 年里一直被禁止登台，除了穿着戏服的"留学归国三人组"，其他益田家的女性宾客绝不敢来这样一场"戏剧表演"，在男女混杂的场合连玩猜字谜游戏也是不可以的。

虽然当晚这场派对的本意是恭喜繁子和她的新婚丈夫，不过扮演波西娅的舍松更让人印象深刻。有两位男性带着异常的兴趣观看了舍松的表演。一位是扮演波西娅爱人巴萨尼奥的神田乃武，他的台词表现非常真实。自舍松回到日本后，神田就喜欢在舍松的陪伴下参加繁子家的聚会，他也早已表明心迹。神田就是舍松给爱丽丝的信中提到的几位追求者之一。神田是大学英文教员，虔诚的基督徒，在每个方面，都是舍松的理想选择。在母亲和繁子的建议下，舍松没有立刻回绝，而是回答神田，自己无法刚回到日本就在婚姻大事上做决定，如果他现在就想得到回复，那舍松的回复只能是"不"。神田决定等等看。"我们经常见面，已经是好朋友了，"舍松后来告诉爱丽丝，"当然，有这么一位年轻帅气的男士对你表示出这样的亲切殷勤，竭力满足你所有的愿望，这感觉也不错。"

可是，兴奋的戏剧表演之后，舍松需要做出决断。就在派对结束后的第三天，舍松焦急地写信给爱丽丝。"活着真是个麻烦！"她字迹潦草。"我遇到了最可怕的麻烦，我不知道要怎么做才好，你是唯一能安慰我的人，我愿意写信给你，向你倾诉。但是，我不能告诉繁子我的心情，因为她就是给我带来麻烦的人，如果找她聊，我们可能会吵个没完没了。"处于某种躁动不安以及有些尴尬的心情，舍松没有向爱丽丝解释原因。"我不需要告诉你这个问题是什么，"她写道，"因为我深陷问题之中这一点是毫无疑问的。"

三周后，舍松才将事情的全部经过告诉了爱丽丝。扮演波西娅，与扮演巴萨尼奥的神田演对手戏，这次经历让舍松决定对她的犹豫不决做一了断。"我确实想过答应他，"她写道，"因为我很喜欢他，而他追得也很紧。"但是，舍松的未来是否需要依靠一个巴萨尼奥呢？莎士比亚笔下的这个角色年轻、迷人、冲动、浪漫，但是却有些倒霉；最后，还是反应机敏的波西娅成了大救星。舍松认同波西娅冷静处理问题的能力。"再仔细想想，我就不认为这是个好选择了，"她写道，"他还是太年轻，有些男孩子气，所以我写信告诉他我们还是忘记之前发生过的事吧。"

神田没有轻易放弃。第二天"这个疯狂的男孩就出现在我家，要求见我"。舍松写道。听闻舍松"生病了"之后，神田又要求与舍松做教师的姐姐双叶见面，然而双叶正在上班。结果，神田去女子高等师范学校①找双叶，向她求助。双叶听神田讲了一个多小时，晚上回家后将神田的请求告诉舍松，可是妹妹心意已决。"真是糟糕，现在，他又给我写了一封长信，"舍松向爱丽丝哭诉，"这真像个诅咒。"

---

① 东京女子高等师范学校是御茶水女子大学（日本两所公立女子大学之一）的前身。——作者注

机会的大门似乎关得更紧了。一开始听到师范学校有生理学和动物学的教师岗位，舍松一下子振奋了。"这个职位适合我，而且比起其他学科我更愿意教生理学。"舍松欢快地写道。生理学曾是在瓦萨读书时舍松最擅长的科目之一，这个岗位的工资甚至比繁子的工资还高——这次机会的出现无疑鼓励了自尊心动摇的舍松。可是，教科书是全日文的，而舍松还没学会读写。"我要像学习一门新语言一样学日语，两周内学会用日语教书，"她写道，"我母亲说这不可能，但我会试一试。"最终，舍松被迫承认这项任务困难重重。有意义又收入高的工作似乎遥不可及，即使这时选择结婚还不算晚，踏入婚姻也更像是承认自己的失败。这个月刚过 23 岁生日的舍松，全然没感觉到这是件值得庆祝的事。

在纽黑文时，舍松崇拜未婚的独立女性，比如繁子的"姑姑"耐莉·艾博特，艾博特女士掌管着自己创办的学校，以及爱丽丝·培根的大姐瑞贝卡，汉普顿师范农业学院副校长。可是在日本，却没有这样的女性。"噢，爱丽丝，我对很多事情的看法变化太快了，"她叹息道，"现在我看出日本女性结婚的必要性了……只有你在日本，成为一个日本人，你才能感受到这一点，女性需要结婚。"舍松欠国家的恩情，可没人知道她会如何报恩。"我觉得一个人最快乐的时光是孩提时光，我不知道你是否和我想的一样，"她写道：

> 我比以往任何时候都能感受到未来的沉重责任……真希望再回到瓦萨时期那无忧无虑的日子。噢，爱丽丝，生活乱如麻！我从未关注生活的黑暗面，我对未来、对自己的力量一直报以自

信，可是现在我对这两方面都不确定。人们说为国捐躯是件光荣的事，但是对我来说，为自己的国家而活着才是长久的自我牺牲。如果一个人通过死亡，能够让日本在某方面受益，那么我荣幸之至，可是这行不通。

似乎已经无路可走了。

几周前，梅子紧急写信给兰曼女士："我要告诉您的太多了，您无法想象，我有多想让这封信尽快到达您手里。"几页煽情话过后，梅子终于写到重点了："现在，到这封信的高潮部分了，秘密在我的笔尖燃烧，它呼之欲出。当然，这也不是无可奉告的秘密了，舍松说，我可以告诉您。您知道吗？不久后，舍松将成为这个国家地位非常高的一位女性！"

两个月前表演那场莎士比亚戏剧时，舍松的第二位倾慕者坐在台下，他的目光紧随台上的舍松。这位男士身型肥胖，有双下巴，是个中年人，还有些严肃。他是当晚的高级别的嘉宾之一，他将台上那位年轻女士的国际化与优雅神态暗暗记在心里。就在舍松成功扮演波西娅不久后，她的哥哥们收到了一封完全出乎意料的正式问询：陆军大臣大山岩向他们的小妹提亲。

这一请求让大家吃了一惊。大山是明治政府内部最有权势的男性之一。40岁，妻子刚去世，有三个小女儿。大山是战场上的老兵，他宽阔的胸前几乎挂满了荣誉勋章。他还是萨摩藩人：会津人的宿敌。

舍松全家着实震惊了。在鹤城被围困之时，在戊辰战争最令人绝望的那些日子里，大山作为"番薯武士"中的一个，爬过崇山峻岭，步步逼近已经陷入风雨飘摇的会津。正是大山和他的同伴们扔下的加农炮弹，逼得舍松和姐姐们不得不躲藏于城墙内。他的身上带着因那场战争而落下的伤疤——说不定就是舍松她们制造的弹药让他挨了枪子。15年后，战争早已结束，大山现在是山川浩所在部队的上级军官。然而在内心深处，他依然是山川家的敌人。山川家断然拒绝了他。

然而，实际上，大山与舍松的相似点还不少。1981年，舍松跟随岩仓使节团出发前往旧金山港的一个月后，大山搭乘法国邮轮，朝反方向航行，走印度洋，前往欧洲学习军事技术。为了学法语，他在日内瓦住下（大山认为巴黎的日本侨民太多）。旅居海外三年，大山回到日本时已相当欧化。他比其他人更理解，一位现代日本政治家需要一位在社交场合游刃有余，又熟悉当今时事的伴侣。同时，他也知道这样的妻子能够教授他的女儿们西方思维，这对自己的女儿们是有益处的。大山还有一项贡献——日本新国歌的歌词是大山选取的一首古诗。

大山还在悼念他逝去的妻子。就在过去的这个夏天，这位女士不幸死于分娩时的并发症，年龄还没有舍松大。因此，大山并不打算立刻再婚。但舍松是全日本唯一一个拥有学士学位的女性。她讲一口纯正的英语，还懂一些法语。她高挑、纤瘦、优雅、举止沉静，有良好的衣着品味，也会跳舞。她是完美的配偶人选。

大山聪明的表亲西乡从道（Tsugumichi Saigo）也在东京，他是农业大臣、高级别的萨摩领袖，为了让山川一家回心转意，他多次拜访山川家，牵线搭桥，希望激发起山川一家人的责任感。的确，萨摩和会津有一段对立的历史。但是，新日本靠的是有才华的国民携手带领这个国家。会津家优秀的女儿与英勇的陆军大臣的结合，将为全体日本人民树立一个跳出历史桎梏的榜样。如果用这种方式解答为什么这两个人应该结婚，那山川家就不好拒绝了。纵然山川家的成员们依旧保持着武士阶层的传统态度，他们也吸收了许多西方思维，这足以让他们明白，做决定的不是他们。舍松需要选择自己的路。

如果是一年前，舍松会认为这样的婚事很可笑。对舍松来说，大山是一个陌生人，一个政客，老得能当自己的父亲了——这就好比波西娅没有嫁给巴萨尼奥，而是嫁给了公爵。一直以来，舍松所追求的目标是提升日本女性的受教育水平。她怎能与大山在一起？怎能与任何其他人在一起？

回到日本后的这几个月，无论是在找合适的工作，还是在提高日本女性地位这件大事上，舍松都感到困难重重。她可以吃点苦，一边做私人英语老师，一边学日语，等到她的读写能力提升了，说不定就能像姐姐一样成为师范学校的教职人员。但是，每天站在讲台前给教室里的女孩子们上课，这样的一辈子会让她实现理想吗？

自从 11 岁起，在舍松目前为止度过的一半的人生里，她就一直与周围的人不一样，是很多人见过的唯一一个日本女孩。难道说现在，即使回到祖国了，她也一定得以唯一一个未嫁人的女性的身份度过这一生？以前，至少还有与她经历相似的繁子与她分担这个身份的独特性，可是现在繁子结婚了，只剩下梅子，而梅子从来都不似繁子，她并不是舍松的心灵伴侣。舍松所想象的未来看起来相当孤独。她不爱大山岩，只是见过而已，可是，这个人智慧，广受尊敬，而且他似乎也理解舍松尴尬的处境。舍松想，如果与大山在一起，或许她还可以报效国家，同时让自己过得好一些：做个既有用又快乐的人。

"现在日本需要的，是社会状态的改变，"她写道，"而只有已婚的女性才可以辅助实现这一目标。"九个月前，舍松曾在瓦萨的毕业典礼上，对台下的观众做过一场演讲。那时的她是一名明星学生，一位演讲者，一位领袖。报纸竞相报道她在国际政策上的看法。同学和教授们谈论她熠熠生辉的未来。作为大山的妻子，她将能够接近权力的核心，或许还能回馈老师、同学们的期待。

"对了，你还记得我之前告诉你，有一位官位很高的男士来提亲了吗？"舍松让自己的口气故意显得不甚关心。"他又问了一次，这次我想再考虑考虑。"这是四月的第一个礼拜，舍松此时已经做出了艰难的抉择，决定接受大山的求婚。然而，将自己的决定告诉爱丽丝似乎更难。"如果我认为自己若不教书就对日本就全然无用，那么我会毫不犹豫地将自己的生命投入于教学事业；但是我相信，如果我放弃这个小计划，将能够为国家做更大的服务，"她继续道，"一切都是未知，令人困惑，我很难说清楚什么是对，什么是错。"让舍松改变想法的到底是自私还是无私呢？

几个小时过去了，就舍松的结婚决定，她一直在与繁子和梅子讨论。"担忧、疑虑、摇摆不定，舍松越来越瘦了。"梅子写信告诉兰曼女士。梅子既羡慕，又如释重负。跨出这决定性的一步，舍松将大大超前于另外两个伙伴，甚至超前于那些她们曾无比尊敬的人。前驻华盛顿日本公使吉田清成，那个曾与她们一同参加费城百年纪念展的人，此时也回到了东京。"我很好奇，如果他知道了这个消息，会怎么想，怎么说，"梅子写道，"他一直把我们当作孩子，或者说当作小女孩。从日本人的角度看，现在舍松已经和 Y 太太[①]一样有地位了，可以说比 Y 太太还要有地位。而且舍松的丈夫也比他年纪大！"

舍松再也不用为钱发愁了。"大山先生很有钱，他有一座完全西式的可爱房子，是一座法式的房子，舍松可以一直穿西式裙子，想要什么就有什么，"梅子写道，"她会享受各种娱乐方式、跳舞、开派对，邀请年轻小姐和男士们来家里，像那些有身份的男性展示一个女人的能力和才华，她将被称作大山太太。"梅子想象着。舍松将不再被称作："小舍，瓦萨毕业生，医院护士，或者学校老师。"大山的那些有权势的同僚永远不会向舍松咨询国事，他们的妻子也无法与舍松比智慧，也不会有相聚在繁子家中惬意的深夜闲聊了。舍松的新身份将不允许她这样做。大山的声誉无可挑剔——"他从不喝酒，也不做有些男人做的可怕的事，他很随和，我相信他是个好心人。"可是对梅子而言，大山这样的伴侣并不重要。首先就是，梅子和大山没有可用以交流的共同语言，而且，梅子无法想象自己做出舍松刚刚做出的那种选择。

对舍松来说，这桩婚姻不仅仅关乎财富和影响力，这是她安身立

---

① Y 太太（吉田太太）曾为艺妓，她的身份是婚姻给她带来的，而非出身。好几位最高级别的明治领导者都娶了他们喜欢的艺妓为妻，可能一方面因为，这些接触过西方思维的政客更愿意与相爱的人结婚，同时也因为，接受过音乐和会话训练的伴侣对作派西式的政客更有帮助。——作者注

命的机会。到七月时，舍松就能更清楚地向爱丽丝表达自己的想法了（在此之前，爱丽丝已经从兰曼女士那里收到了这个惊人的消息——消息是梅子一不小心透露出的。）。"虽然家人都爱我，但我并未感觉到被需要。"舍松写道：

> 我曾经为这个想法感到悲伤：如果我死了，大家会怀念我，但不会为我哀悼很久。母亲又格外疼爱孙子，而且除了我以外她也有其他孩子。我的哥哥姐姐们要么结婚，要么已经有孩子了。繁子也有丈夫。可以说这些人都不需要依靠我获得安慰。但是现在情况将发生改变，因为出现了一个人，他的幸福，以及他孩子的福祉全由我掌握。

11 个月前，舍松鼓励爱丽丝快点来东京，她们可以一起住在家里，一起创办学校。自那时起到现在，舍松身上发生了诸多改变。"如果没有考虑妥当，我是不会做此决定的，我认为自己的选择是正确的，"她向爱丽丝坚持说道，"他各方面都很优秀，我信任他，愿意将未来托付于他。我猜你可能不愿意我这样做，我也仔细想过，但我认为，面对这样的问题，一个人无法让所有人都满意。"在话语之间，舍松还是透露出了些许不安。"我有一种背叛你的感觉，但我想你为人如此宽容，一定不会这么想，"她写道，"而且，你也一定不会希望这种想法抑制我，让我没法做出对自己未来的幸福安宁有利的选择。"舍松努力不去想她的决定会如何影响爱丽丝未来的幸福安宁。"我希望你不要对我生气。这是最好的选择了。"

爱丽丝的答复没能留存下来。而舍松在接下来了的一段时间也没再写信。她很忙，这是当然的。现在学法语对舍松来说已经变成比学日语还重要的事了。按照社交礼仪，她还要去拜访大山的各类熟人，同时，也要为定做嫁妆找来裁缝试装。从这以后，舍松就很少写信给爱丽丝了。这个瓦萨女孩不再随意坦露心思了。陆军大臣的妻子需要将自己的想法藏于胸中。

这是场小型、私人的婚礼，形式和礼仪符合失去了前妻的再婚者这一身份。繁子和梅子都未到场。几天前，梅子在舍松家偷瞄了几眼舍松的结婚礼服：那是件精致的刺绣绸缎礼服，长长的裙摆，颈前是精心剪裁过的蕾丝领。梅子向兰曼女士汇报。大山给舍松的钻戒是从瑞士订购的，上面镶嵌着三块切工绝伦的钻石。（"这戒指戴在我又瘦又细的手指上真是显得过于华丽。"舍松写信给爱丽丝说。）但是，在梅子看来，这是场令人失望的婚礼。"婚礼太平淡，简单，安静，甚至有些奇怪，"梅子写道，"她只不过是穿着贵重的衣服，从一个房间到另一个房间，但也只有房间里的人才能看得到。没有忙乱的场面，没有蜜月旅行，没有嬉笑欢闹，也没有最后的送别。"如果不能拥有一场隆重的婚礼，那嫁给这样一位有地位的人还有什么好处？"就是这样，"梅子抱怨道，"我一点没觉得她结婚了。"

仪式是在大山家举行的。朋友和亲戚们收到了象牙白色的婚礼通知卡，上面用精致的字体写着：*Le Ministre de la Guerre General Oyama Iwao à l'honneur de faire part de son mariage avec Mlle*

Yamagawa qui a eu lieu à Tokio le 8 Novembre 1883（陆军大臣大山岩很荣幸地宣布与山川小姐于 1883 年 11 月 8 日在东京喜结连理。）。新婚夫妻俩最亲密的朋友收到了第二天晚上的晚宴邀请。在梅子眼中舍松已经不一样了。"她像女主人一样招待所有小姐们，我都看不出一点她以前的样子了。"梅子渴望与舍松单独说说话，听她讲有关婚礼仪式的情况，问问她都收到了什么奢华的礼物。但是小舍、三人组中的大姐姐、梅子的知己，却一直抽不开身。"我要好好管住自己的嘴，别在众人面前叫她小舍，而是要叫她'太太'，或者大山女士。"梅子下此决心。"无论什么时候，不论在不在一起，繁子都是繁子，可是如果我无法和舍松单独相处，我就无法对她感到熟悉自在，可是我们没法经常独处。"在晚宴上，梅子感到很不自然：所有的对话都是用日语进行，而舍松——大山女士，却一点也帮不到她。

当晚，繁子也没能前去祝贺她最亲爱的朋友。以她目前的身体状况，坐着人力车一路颠簸去赴宴并不合适：四天后，她就生下了第一个宝宝，是女孩，取名千代。

现在，舍松结婚了，繁子还做了母亲。"我必须适应，"梅子写道，"只剩我一个人了，但我不能太在意这一点。"

第十一章

踽踽独行

"请不要再跟我提结婚这个词了，一次也不要！"回东京后的第一个夏天伊始，梅子写信向兰曼女士抗议。"这个话题让我觉得不舒服，我不想听，不想讨论。除非我自己愿意，否则我是不会结婚的。虽然梅子的小圈子里只有舍松和繁子两个人，但身处其中的她感到安全。现在一切都变了。她们的友谊当然还在，但是在梅子眼里，三人组已经变成了一人组。

既然已经明确表达了自己对婚姻的厌恶，梅子就没有其他选择了，只能认真对待找工作这件事了。从积极的一面看，她比全日本其他任何人，都适合教授英文和西方思维与礼仪。然而问题是，突然之间，这些技能已经不再是日本人眼中的必备技能了。在过去的十年里，日本人义无反顾、疯狂地追求西方思想，一时间，猛烈的变化让许多改革者感到担忧。"几年前，只要是外国的，大家都喜欢，每个人都在谈论进步。现在呢，日式的东西再一次被放在第一位，凡是外国的就不被允许，仅仅因为它来自国外，"梅子写道，"可以说，现在回国，期盼着政府为女性建一所英文学校的时机不对。"

19世纪70年代，女孩们还在国外的时候，日本曾雇用了几千名美国、欧洲工程师、技师和顾问，并支付给他们不菲的费用。岩仓使节团出发之后的几年里，明治政府以公历取代了农历，建立征兵制军队、国家土地税，以及针对包括女生在内的四年义务教育制度——这是迈向国家稳定、提升国际身份的重要一步。1877年，也就是参加费城百年纪念展之后，日本在东京上野公园举办了第一场国家展。上野公园距离十年前孤注一掷的将军势力所盘踞的寺庙不远。展览上，能看到艺术品、农产品、制成品和家畜。这场日本举办的国家展上也有机械大厅，重点展示了由一个日本男性发明的纺织机。

正当聚集在东京观展的众人为日本的进步庆祝之时，另一股保护旧时传统的力量也正决绝而起。西乡隆盛①（Takamori Saigo）是一位身材结实、极富感召力的政治家，他因明治政府推行激进的改革措施而与政府决裂：在西乡看来，武士阶层应该保持其传统地位，并坚称日本应采取更具侵略性的行动壮大本国力量。西乡后来撤退到萨摩大本营、南部城市鹿儿岛，积蓄自己的势力。成千上万愤愤不平的武士聚集在西乡麾下，然而，新成立的天皇编制部队在人数上大大超过武士部队，且拥有一支技术装备最先进的炮兵队伍。夏天快结束时，政府军就平息了萨摩藩的叛乱：南部叛军被全部消灭，这次叛乱的标志人物西乡隆盛引决自裁。现代化力量全然胜出。

两年后的1879年，美国前总统尤利西斯·S. 格兰特访问日本。

---

① 西乡隆盛的弟弟是农业大臣西乡从道，正是他后来说服舍松接受大山岩的求婚；西乡从道留着修剪整洁的八字胡，与气势逼人的西乡隆盛风格迥异。——作者注

明治政府的领导者们——尤其是那些仍旧记得 1872 年跟随岩仓使节团拜访白宫的人——对格兰特的到访感到无比振奋。这些前武士不仅在日本内乱中获得胜利，还利用西方军事技术平息了南方叛军，美国内战英雄无疑是他们心中的偶像。而格兰特本人也建议明治政府的领导者们，不要在日本社会自由化方面推进地过快。"据说，日本人赋予了格兰特极高的荣誉，此前的皇室及首脑从未获得过如此殊荣，"18 岁的克莱拉·惠特妮——一位美国传教士的女儿写道，"某日本小姐评论说，人们就像对待上帝一样对待格兰特将军，为了向格兰特表示崇敬，应该立刻为他建一座寺庙。"艺妓们穿上带蓝底白星及红白条的和服，头戴银色星星头饰——优雅地呈现了美国国旗的样子。日本天皇主动与格兰特握手——这是日本天皇首次与西方首脑握手。自岩仓使节团出发后，天皇睦仁自身也变了不少。1871 年，睦仁向使节团宣布行前谕令时，穿戴完整的宫廷服饰，此前他也一直以这个形象示人。而在两年间，睦仁将宫廷礼袍放在一边，换上了西式的军队制服，还把头发剪短了。比起以前，天皇出现在公众面前的次数多了起来。曾经，坐在屏风后面的天皇是个神秘人物，而现在，天皇崭新的衣橱就是日本旧貌换新颜的有力证明。

有关外国思维、礼仪，以及介绍外国各地的书一经发售就被抢购一空，其中最受欢迎的要数苏格兰人塞缪尔·斯迈尔斯（Samuel Smiles）的《自助论》（Self-help），这本书被翻译成日文版，成为日本人了解西方成功模式的学习手册。"自助的品格是个体获得真正意义上成长的根基，"斯迈尔斯这样表达，"许多人在一生中能够表现出这样的品格，它成为一国国力的真正来源。"尤其是美国，在获得独立仅一个世纪之后，就成为拥有这一智慧的最佳典范。而日本当然也可以仿效，或许还能更快地获得和美国一样的成绩。

1872年，正当岩仓使节团中的这几个女孩还在华盛顿学习她们的英文启蒙课程时，明治政府领导者们就颁布了新的《教育基本法》（Fundamental Code of Education），着重强调自我提升与个人机会。旧式的藩校曾教导武士子弟忠孝礼义，而颁布该教育法之后，社会各个阶层的孩子将以"健全个人品格、建立思维方式、培养禀赋能力"为目的接受学校教育，从而"畅行全球，善用财富，壮大事业，完成人生目标"。如果塞缪尔·斯迈尔斯得知日本的这一教育主张，一定会表示赞成。

不过，那些仔细阅读斯迈尔斯作品的人也注意到了该作者的一个推论："接受外力的帮助通常会导致衰败的结果。"那么，这些外国专家不就是外力的帮助吗？难道日本在模仿西方的道路上走得太远了？这会不会削弱日本国内的新生力量？1878年，在私人顾问元田永孚（Nagazane Motoda）的陪同下，天皇前往日本诸县视察。元田是天皇在儒家道德方面的顾问，天皇也深受其影响。他表示，看到西方思想如何影响诸县的课堂教育后，他感到很惊慌。一回到东京，元田就依照天皇的意见改写了先前颁布的教育法，颁布"教育大旨"。发布于格兰特访问的同一年，"教育大旨"预示着日本教育政策开始收缩。"近来，人们的做法过于极端，""教育大旨"当中有这样一句：

> 人们学习西方文明，而西方文明的唯一价值在于对事实的收集和技术技巧的重视，它违背了对优秀行为举止的遵从，破坏我

们自有的习俗……不加辨别的模仿西方做法的危害是，最后我们的人民将遗忘规范君臣关系和父子关系的重要原则。

道德，而非技术知识，才是普世教育的首要目标，该文件继续写道，为了实现这一目标，"儒学是最好的导引"。文明开化不能削弱天皇的道德权威。教育应倡导顺从，而非自助，日本应抵制对西方进步的盲目崇拜。

日本走西方道路的决心打开了三个女孩的美国冒险，然而，在她们留学他乡的这些年，西方热却开始减退。于是这些女孩们也代表了日本的矛盾心理，天皇送她们出去学习的内容，恰恰是目前日本上下以天皇的名义贬损的对象。她们回到日本的时候，日本人对吃牛肉和在舞厅里跳舞这些新奇事的热情正在冷却，对茶道一类传统艺术形式的兴趣却正在复兴。"一定要用某一种木炭和茶壶，"梅子描述道，"茶杯一定要擦洗、清理很多遍，只能以特定方式摆放，茶也是一样的，就这些规则和细节我可以写满整整几页，可我认为它们无聊又无趣。"

复兴的内容不只停留在流行食物及休闲娱乐方面，儒家教育也复兴了，比如，孩提时代在会津生活的舍松谙熟于心的 18 世纪经典《女大学》。《女大学》认为女性应在一切事情上遵从于男性。只要社会由此种理念主导，女性教育便无从谈起。虽然新教育法规定女孩也要上学，可是许多家庭还是愿意把女儿们留在家里。女孩们所接受的教育还是如何做优秀的妻子、智慧的母亲和忠诚的子民——而非如何做一名教师。小学以上的女子学校基本不存在，同时，梅子认为，女性教育先前取得的一点点进步也危在旦夕。"舍松告诉我,在师范学校,她们舍弃了西式教室、地板、凳子和床,改回日式风格,"梅子写道,"好吧,她们真是傻子,要不了一年,她们又需要把这些全买回来。因为摇摆不定,她们要花掉更多的钱。这是为什么?难道向前一步之后,就必须后退半步吗?"

几个月过去后,梅子逐渐醒悟:这些保守派的反击信号是真的。这个送她们去美国的政府,已经不再坚定地相信那些它曾经狂热学习的思想。

回日本的第一个春天就要结束时,梅子对自己到底能否还清欠国家的债感到绝望。心情糟糕的时候,她会用非常暗淡的词语描述内心的不快,这和舍松决定结婚前简直一模一样。"如果通过我的死可以将我们这三个日本的女儿解脱出来,那我将荣幸之至。"在给兰曼女士的信中梅子这样写道。比起盲目尝试追寻,活在无尽的绝望中,以死的方式完成使命,不是来得更容易吗?

舍松订婚后的几个月对梅子来说是人生中最灰暗的日子。她整日被困在麻布那跳蚤蚊蝇肆虐的农舍里,她努力尽量让自己有点用处:为来访者倒茶,收拾房间,学日语,教育七个弟弟妹妹要守规矩。家里有架珍贵的钢琴,是兰曼夫妇用梅子剩下的补贴为她购置的,现在已成为了梅子的生活慰藉。经历了从华盛顿到东京的旅程,钢琴基本保持完好无损,摆在津田家的客厅里,却使得客厅相形见绌了。

在乔治城时,梅子是一对精英夫妇的女儿;在东京,梅子父亲的社会地位却有些不好界定。梅子赴美留学的这些年，父亲津田森一直秉持着对进步思想兼容并蓄的理念。1873 年，他曾远赴维也纳世界博览会。回到日本之后，他协助创办了一所教会女子学校，一所聋盲学校，以及一所农业学校。他是知识分子团体明六社的成员，结交了明治领导层中很多有识之士。他曾因"津田绳"获得了短暂的商业成功。这是一种从荷兰引进的授粉工具，通过用一种抹了蜂蜜的羊毛绳摩擦稻穗，达到授粉目的。为纪念格兰特总统的到访，他还安排栽种过一棵纪念树。

然而，在津田森的同辈武士们看来，津田对农业的热情有失其身份，他对美式平等的追求过于极端：津田甚至将自己的社会身份从武士降为平民。他狂热地信仰基督教，在其他人眼中，津田有些古怪。梅子回来前，随着日本对外国事物的热情降温，梅子父亲的影响力也跟着下降了。父亲的宗教选择让梅子感到欣慰，然而回家后，梅子惊诧地发现，就在父亲皈依基督教之前，他竟与一个仆人有了孩子——以武士的标准，这是完全可以接受的，然而对一个在乔治城长大的中高阶层女孩来说，这真是让人震惊的行为。梅子惊觉，作为导师和监护人，父亲并不理想，特别是与繁子富有的商人哥哥和舍松有权有势的未婚夫——两个人都是优雅得体的上层人士典范——比起来更是如此。

繁子一直是三人组当中扮演母亲角色的那个，她为孤身一人的梅子感到担忧。繁子请音乐学校的同事去梅子家调琴，在寄去美国的信中也表述了自己的担忧。"兰曼女士，她比我们都想念您，想念您的爱、您的家，还有您的祖国，"繁子在寄往乔治城的信中说，"音乐学校的主管非常想让梅子来学校教书，可是我想家里更需要梅子，而且从梅子家到学校的距离也太远。"（对梅子来说，距离是个很好的借口；她已经向兰曼女士坦白了："我认为音乐并不能充分施展我的影响力。"）

对于繁子向兰曼女士报告梅子的情况这件事，梅子有些生气——"我认为繁子给您写这样一封信是不明智的，甚至是疯狂的。"梅子也讨厌所有人动不动就谈论那个最令她倒胃口的话题：结婚。舍松正努力让梅子接受那个未成功讨舍松欢心的追求对象——神田乃武；而兰曼女士则暗示瓜生外吉的安纳波利斯室友也不错。"请不要再写和世良田亮有关的内容了，"梅子反击道，"我一直觉得这个想法很好笑，这个人也很好笑，我根本不怎么喜欢他，没钱是一回事，在其他方面也没什么讨喜的。"看来，三人组里面最年轻、最娇小的姑娘有着最高的标准。

梅子的不安也体现在她对东京的美国传教士所抱有的严厉批判上。"他们过于自傲，因为不接受日本人的做事和思维方式，所以他们只能接触到最底层的人，"她写道，"他们怎么会懂艰苦和贫穷——他们有家庭，有房子，享受着最滋润的生活，穿得好，到处旅行，逍遥自在，对日本一无所知，却觉得自己是在尽上帝之责，可他们做了什么？"这些传教士与梅子在华盛顿生活时周围的那些人没什么区别，他们对生活的舒适感到安心，甚至有些自傲，认为自己在为上帝工作，住在由教会资助的舒适的房子里，对融入异国环境没有一点动力。而梅子呢，她没有明确的目标，没有得到任何资助，在自己的国家却感到尴尬和不适应，梅子不愿承认，自己对那些传教士的想法一半是出于嫉妒。在梅子的孩童时代，她获得了许多奖项，周围尽是显赫的人物；而现在，作为许多日本人中的一个，她感到自己被低估了，因而不免沮丧。

说得狠一点就是，梅子有些势利。在思考可能的教职选择时，她很快排除了教会学校。"那里只有穷人的孩子，有身份地位的人是不会把女儿送去教会学校的。"她写道。然而到了1883年5月时，她感到自己再也无法忍受无事可做的日子了。1874年时，在卫理公会的支持下，梅子的父亲曾协助在筑地的外国租界建立了一所海岸女子学校。就是在这所学校里，梅子的姐姐琴子学会了英文。卫理公会教徒们非常欢迎梅子来教英文、世界历史和地理。虽然薪水不多，坐人力车单程要一个小时，但梅子只需要教六个星期的夏季课程。

梅子对这份工作既感到骄傲，又有些蔑视。"现在我就要被称作'女士'，去教那些日本小孩子了，您会不会感到惊讶？"她告诉兰曼女士，"虽然只是一个短暂的开始，但也值得庆贺！给孩子们上课，命令他们做这做那，让他们保持安静，挣钱养活自己，听上去真有趣！我感觉自己还是一个孩子，一个在校女生，说真的，我才18岁。"

教书的几个星期过得飞快。"您无法想象我有多忙。"梅子惊呼。虽然事实上，她每天下午只代三小时的课，同一时间上课的也不超过八个女孩。教书对梅子来说有点像演戏。"看到我有多严肃，有多气势，您会吃惊的。"然而，梅子并不愿给教书这件事一个高的评价。"兰曼女士，您不要以为这些女孩像我以前认识的那些女孩一样，具有高雅的品质，懂得什么是真正的荣誉，或者有着高标准的道德感。"

她写道。学期结束后，学校请梅子秋季回来继续代课，她很开心，不过仍旧拒绝了这桩差事。教书很辛苦，这是梅子的发现。"我认为我还年轻，我不想让自己陷入单调乏味的事情里。"

梅子在乔治城度过的少女时代太过优渥，这让她未能对自己的未来做足准备。结婚听起来很可怕；教书既无趣，又吃力不讨好。梅子渴望的认可变成了遥遥无期的梦想，然而她还是抓住这个梦想不松手。"我想建立自己的学校，永远不结婚。当然我也没说自己一定不会结婚，因为我知道保持独自一人的生活太难了。"尤其是目睹了舍松的情况之后，梅子更觉得保持独身不容易——决定不再孤独一人的舍松，突然间社会地位大大提高，令梅子既惊讶又羡慕。

舍松称有传言说梅子正在考虑成为皇后的口译官，这让梅子又大胆想象了一番："这是份多好的工作——工作清闲，报酬优厚！只有在新年和正式场合，或者某些大臣的妻子和有身份的小姐觐见时，才需要口译官出面。这太棒了，不是吗？我能去最顶级的社交圈见识见识。"这是份能带来声望的工作，工作环境也优雅，没什么强度，听上去很完美。可是，就在梅子一股脑全部告诉兰曼女士的过程中，她自己也清楚，自己的日语能力还不足以让她与麻布的女佣们正常交流，更别说将那些华丽的辞藻当众翻译出来。不过，想想那些有权势的人口中竟然念叨过自己的名字，梅子还是感到了些许满足。

令梅子同样感到安慰的是，外务大臣井上馨（Kaoru Inoue）将举行一场盛大的宴会，梅子也收到了邀请。"我不会隐瞒自己确实想参加这场政府宴会的想法，"她写道，"因为我将遇到许多重要人物，我想显得漂亮些，兴许我会在建立学校的计划上获得帮助。"

　　　　　　　　　　　　　　　　　　武士的女儿

11月3日是皇后的生日，大约有一千位宾客聚集在外务大臣官邸。煤气灯照亮了大门上的皇家菊花纹样，屋檐上挂满了灯笼，地板上也放置了不少，光线柔和地从灯笼罩里透出。接待室里放满了鲜花，只有宾客们奢华的礼服才能与之媲美：军队制服绣了金边，礼服是从巴黎订购而来，还有各种传统宫廷服饰。"真是新奇又漂亮。"梅子报告道。会跳舞的人尽情舞动——大多数舞者是外国人。烟花在头顶绽放，顷刻间就遮蔽住漫天星辰。

繁子的女儿刚出生没几天，所以她只得错过这场有趣的宴会，舍松的婚礼恰巧也在这周举行，繁子同样未能参加。这场宴会由瓜生陪梅子出场，梅子穿的是可爱的白色礼服，舍松穿着的绉纱礼服，同样很好看。美国总领事和伦敦市市长也在场，不过当晚梅子遇到的最有趣的人不是外国人——就在庆祝宴会举行到一半时，一位身材修长优雅、佩戴华丽的军队勋章和金色穗带、年纪稍长的男士向梅子打招呼。

"我是谁？"这位男士问道。他恶作剧般地冲梅子微笑，看得出他的山羊胡精心修剪过。"可以猜一猜吗？"

又惊讶又尴尬，梅子只好承认，她想不起来。

"我是伊藤，"他说，"你不记得了吗？上次见你的时候，你还只有这么高，"伊藤把手放在腰的位置，"现在你回来了。"

原来是他：伊藤博文。伊藤曾在载着岩仓使节团去往旧金山的蒸汽船上，用几片腌菜安慰和振奋了五个既想家又晕船的女孩，也曾在被大雪困住的盐湖城，为女孩们讲故事，哄她们睡觉。当时，伊藤是五位高级大使中最年轻的一位，现在则已经成为皇室大臣（两年后，他成为了日本第一任首相。）"他现在地位已经很高了，"梅子可怜兮兮地写道，"他问我还记不记得他时，我真是太尴尬了。"对梅子来说，这似乎是一次命中注定的重逢。

"您会相信吗？我已经在工作了，就是从给您写完上一封信之后开始的！"梅子的字龙飞凤舞，她迫不及待地向养父母报告。此时，距离那次在外务大臣举办的宴会上，梅子结结巴巴地站在伊藤面前还不到一个月。显然，虽然没认出伊藤来，但这对梅子没造成任何损害。"看来，他非常渴望帮助女性，在教育方面，以及各个方面，他是个追求改革和进步的人。"梅子写道。梅子终于找到赞助人了。

伊藤将梅子介绍给了下田歌子（Utako Shimoda）。如果说梅子走的路不甚寻常，那么下田选择的则是一条传统的入世之路。比梅子年长十岁的下田也是武士家的孩子，同样见证了武士阶层的日渐没落。王政复古后，下田女士在宫中谋得一职。她熟读经典，出口成诗，深得皇后喜爱，歌子这一名字便是惜才的皇后赐予下田的新名字："歌"即"诗歌"或"歌曲"。歌子后来离开宫廷，嫁为人妇，然而她的婚姻并不完满。在包括伊藤在内的掌权派友人的帮助下，歌子创办了桃夭女塾，这是一所为精英阶层的妻子和女儿们开办的小型私立学校。桃夭取自中国诗歌，意为"青涩的桃子"，可见，这是一所以提升女性气质，而非培养女教师为目的的女校。伊藤的妻子（一位前艺妓）和女儿都在这所女校的第一批学生之中。

伊藤希望在下田女士的课程中添加英文课，谁会比梅子更合适？

况且，这两位女性可以互为老师——每日你教我一小时英文，我教你一小时日文——伊藤的家在永田町，距离学校不远，因而梅子还能与伊藤太太和女儿一同吃午餐，顺便给她们也上一堂课。梅子感到抑制不住的兴奋。"哦，我真的很感激伊藤先生，您不知道我现在心里有多激动。正当我需要这样一位朋友时，上帝就将他带到我身边，我相信这是我日夜祷告的结果，"她写道，"您想象一下，我将成为这些有名望的人的老师，可以赚钱，开始通向未来的人生。这是不是很棒？"伊藤的权力和魅力让梅子惊诧，她尽量不去想自己对他的评价："耽于日式享乐。"（后来有传言称伊藤和下田歌子有私情，但就这一点，梅子装作不知情。）

舍松也祝贺梅子："如果伊藤是你的朋友，那你就不用害怕了。"私下里，舍松从未觉得梅子适合教书——"在美国她被骄纵惯了。"舍松向爱丽丝说了实话。不过，学生数量很少，全部来自上流社会，这一点倒是符合梅子的个性需要。"总体上讲，我确实喜欢这份工作，也相信自己愿意好好教书。"梅子写道。梅子还向兰曼夫妇开心地炫耀上会话课需要如何足智多谋。

伊藤家的午餐形式讲究，餐桌礼仪也繁复严格，不过梅子觉得很享受，这几乎补偿了梅子对舍松的羡慕之情——舍松的豪华新居就在隔壁，作为第二位大山夫人，舍松最近刚刚得到了皇室的召见。在可预见的近期，梅子应该不会得到皇室召见。在这五个十几年前心怀敬畏，在皇后面前鞠躬行礼，并受谕出国留学的女孩中，唯一一个如今再次得到皇室召见的，是那个嫁给政府大臣的女子。梅子尽量不去想这件事意味着什么。"舍松说没什么可怕的，整个过程很容易，很简单，"梅子轻松地告诉兰曼夫妇，"皇后通过一位大臣的翻译与舍松聊天，问了她不少问题；吃过晚饭后，舍松她们就离开了。"

幸运的事情一件接着一件。梅子开始新生活的一周后，伊藤来观摩梅子的课了。课后，伊藤向梅子建议说，为什么不住在他家呢？这样就不用花费人力车的钱，还能节省时间；刚好梅子的朋友舍松也住在隔壁；伊藤家的女性还可以教梅子日语和日本礼仪。"他还希望我能进入更高级别的社交圈，去认识里面的人，了解精英阶层的事情，我要是住在家里就没办法接触到这些，"梅子写道，"如果未来我还想做些事情，那肯定只能在精英阶层里才能做到，所以我必须现在就开始学习。"不论在乔治城时梅子的才华多么出众，现在她亟需的是有关日本礼仪的突击训练。作为回馈，梅子可以教给伊藤家的女性有关西式服装及打扮的重要知识，此类知识也是明治时期作为政治家的家人应该学习的。

梅子还没想好怎么回复。伊藤的慷慨大方是毫无疑问的，但梅子觉得这不是雇佣和帮忙那么简单的事。再次想到这一点，梅子笑了："我们三个必须记得，我们是政府财产的一部分，要竭尽所能提升日本女性的地位。"然而在冷静的思考之下，梅子还是抑制不住内心的激动："我居然有可能住在一位大臣的家里！"第二天，一封来自伊藤的信送达梅子父亲手中。"我想与你正式商量有关梅子的事，"信里这样写道，"请来一趟。"

在一桩桩好事中，尤其让梅子感到开心的是，一份优雅的邀请送抵麻布农舍。12 月 13 日，大山将军和夫人将举行"一场盛大的晚宴"。这次活动将庆祝大山夫妇新婚，同时让梅子一窥此时最火的建筑：鹿鸣馆。

鹿鸣馆几周前刚刚开馆，在建筑上体现了明治政府的野心。作为政府的待客会所而建，意大利风格的鹿鸣馆是一坐精巧的二层建筑，白色的砖墙格外醒目，内有一个舞厅、餐厅、音乐室、台球室，以及为正式拜访者准备的精致套房。正当大范围的西方热逐渐冷却之时，鹿鸣馆成为高层社交圈享受西方时尚乐趣的重要地点。"鹿鸣馆"这一名字出自一首中国古诗，根据这首诗的描述：宾客们正在享受热情的主人所赐予的盛宴时，忽而听到一头雄鹿在远处鸣叫①。

与传统茶室——在茶室里，政客们一边喝日本清酒，一边观看艺妓表演——不同的是，在鹿鸣馆，政客的妻子们依照最新的巴黎时尚打扮自己，跟随丈夫一同出席，品尝西式点心，愿意的话，甚至可以跟随华尔兹舞曲跳上两曲。鹿鸣馆的推崇者认为，此地正是明治精神的最高表达——让日本与西方霸主们居于同等地位，保守者则认为，鹿鸣馆是日本一味不顾颜面地模仿西方的奴性体现，一些外国批评者则称，鹿鸣馆让他们想起了"法国温泉度假胜地的二流赌场"。

舞会当晚，大山夫妇站在宽敞的旋梯之上，迎接近千位来宾。他们与每一位外国客人握手，向每一位日本客人行正式的鞠躬之礼——"这项体力活会让任何一个美国女人吃不消的。"一个在场的美国人如此感慨。舍松是大都会女性的优雅典范，她穿着之前那件结婚礼服，

---

① 即出自《诗经·小雅》中《鹿鸣》一诗。——译者注。

发饰上镶嵌着三颗星星形状的钻石，赢得了当晚的最高评价——虽然有些言过其实——"一位完美的女主人举办了东京最棒的舞会。"不久后，舍松有了一个新称谓：鹿鸣馆的贵妇人。

在家带孩子的繁子又一次缺席了，梅子整个人则非常进入状态。"我见到了许多人，能和他们交谈使我感到很愉快。这是我第一次穿这种拖着长裙摆的礼服，我穿得很习惯。"梅子沉浸于自我满足当中。还会比现在更好吗？上流社会熠熠生光的晚宴，受人尊敬的工作，以后还会有更多机会，这些全部建立在最终没有妥协的基础上：嫁人。梅子惊恐地报告："舍松已经像个传统日本妻子了。"繁子也什么都听瓜生的。"这种生活会杀了我的，"梅子写道，"这些可怕的男人让人反感，这些顺从的女人也让人吃惊。可是在美国，完全不是这样的！"虽然舍松的生活里时时刻刻都有派对在进行，也有女仆前后服侍，但是梅子声称自己不为所动。"我在自己的工作中更开心，这点我坚信。"

教师工作给梅子的生活带来了越来越多未曾料想的变化。伊藤说服了梅子的父母，他们同意让梅子自己来做决定。第二周，梅子就搬去了伊藤家。先前梅子还因为自己选择离开那个拥挤的小家而感到愧疚呢，搬进舒适的新环境后，这种愧疚感立刻被梅子抛到了九霄云外。"我有两个房间，在楼上，又大又漂亮，"梅子感到很满意，"您想象不到是什么样子的——左右手两边都是仆人，就等你下命令。"梅子的房间正对着精美的花园。三餐都是西式的，而梅子也穿西式服装——这符合精通西方习俗的专家这一身份。"舍松享受的奢侈舒适的生活我也得到了，"梅子满意地写道，"当然，只是目前为止，而且我不用像她那样通过结婚获得这些。"

新的一年——1884 年——就要到来。梅子依旧住在伊藤家，有些事情让她兴奋，有些则让她忍不住抱怨。这是典型的梅子。下田女士的学校要到三月才开课，此时的梅子觉得自己不像老师，倒像是一个女伴：在横滨的服装店里游荡，为伊藤家千金的西式衣橱添置新衣（"一项可怕的差事"）；给伊藤小姐教钢琴；在有正式晚宴的场合尴尬地陪同伊藤太太，为她翻译那些外国客人无聊的寒暄。

梅子喜欢的是与伊藤先生用英文聊天："我们聊各种严肃话题。"在乔治城时梅子经常参与这样的对话，所以她非常想念这种感觉。就像兰曼夫妇一样，伊藤对梅子所讲的内容也表现出真诚的兴趣。"有时，当我告诉他很多事情，包括书，或者女人工作的有趣之处时，他会说，我应该将这些都告诉日本女性，"梅子写道，"他希望我继续学习，同时他也带给我许多机会，这样我才能继续学习。他真是个好人。"

可是，梅子还是与伊藤家的女人们待在一起的时间最长，这包括了一次为期三周的热海温泉之旅，梅子草草欣赏了当地风景，之后便顿感痛苦和无聊。她努力让自己怀有感激之心，可是给礼节颇多的伊藤太太和她被宠坏了的大女儿教英文实在是"太困难，进展太慢"，而且在课外也没人愿意继续说英语。梅子明白她应该趁着有这样的语言环境，提高一下自己的日语能力，可是她连最简单的单词都要抓耳挠腮想半天，却总是急于进行复杂的表达，这让她很沮丧。"我愿意舍弃很多东西，包括我生命的许多个小时，"梅子在热海时写信给兰曼夫妇说，"如果能再次做你们的小女儿和小宠物。"

回到东京恢复正常作息，梅子才松了口气。她每周有三个早上在下田女士的学校教英文，午餐后给伊藤家的女性补习，然后回到麻布度周末。"每分钟我都过得很充实。"她自豪地写道。不过，梅子对女性一边工作一边生活这种状态是颇感矛盾的。她还记得学生时代自己曾写过一篇作文："劳动是福气还是诅咒？""我想，如果我能尽情享受生活，不用做别的，那我将选择不工作。"她写道。可是她很清楚，自己没有这项选择。如果梅子必须工作，那么她愿意做老师。在给兰曼夫妇的信里，梅子透露出了信心的起起伏伏。"您知道我讨厌缝纫，也不喜欢家务活，所以我觉得自己目前处在正确的位置。虽然我只是个老师，但我知道您会为我高兴，教师的工作是高尚的。"

这几个月里，梅子经常与大山女士相见。舍松组织了一个水墨画学习小组，一周一堂课，她邀请梅子免费加入。梅子开心地通知兰曼女士："是不是很棒？在这样愉快的环境里学画画，还有伙伴相陪。"大山将军刚动身前往欧洲，明治政府派他去学习普鲁士军事制度。虽然有传闻称舍松会陪同丈夫，但因为舍松近期身体抱恙，最终大山还是独自出发了，一走就是一年。

大山离开期间，舍松暂时放下了作为一位大臣妻子的责任义务，之前她一直希望婚姻能帮她实现一些事情，现在她终于能将注意力转移到这些事情上了。新年之时，舍松二度进宫，这一次是皇后召舍松为自己做翻译，这次的见闻让舍松感到沮丧。"如果我向你形容皇后的生活，你一定会认为日本仍旧是一个蛮荒之国，"舍松写信给爱丽丝，"皇宫是一个隔绝之境，住在那里的人不了解皇宫外面的事情，对进步的事物也没有一丁点兴趣。"几年前，保守势力还未渗入时，皇室曾一度暂时卸下古老的生活方式；皇后甚至尝试过骑马。然而后来，宫门又一次紧闭。舍松不禁担忧，如果皇后本人仍被禁锢在几个世纪的传统之中，那日本女性还有什么希望获得解放？

落后的日本皇室，生活在困境中的日本女性——舍松的担忧也是伊藤的担忧。二月末，伊藤邀请舍松、下田歌子、外务大臣井上，以及多位有学识的女性来自己家里开会。梅子已经在伊藤家了。在这群有身份、有地位、受过良好教育的人士面前，伊藤提出了这个问题：如何能最大限度地将日本女性从无知的阴影中解救出来。会议将要结束时，大家已经有了新构想，并描绘出了大体方案：为家世良好的女孩们建立一所学校，该学校由皇后资助修建。

"你知道吗？我一生的梦想就要实现了！"舍松兴奋地告诉爱丽丝。学校建立后，有权有势的男性将以送自家女儿去这所学校为骄傲，而女孩们终于能够学到西方思想，开拓眼界。同时，"因为学校得到了皇室的部分资助，所以皇后和宫中小姐们也有义务拜访学校，如此一来，女性教育理念和西方思想就能够接近皇室核心。"这所新学校将起到一石二鸟的作用。伊藤任命下田歌子和舍松二人为学校的规划委员会成员。

如果一切顺利，梅子将被任命为英文老师。"如果学校真的能成立起来，那将是多么了不起的事！"梅子写道。不过，在开会当晚，梅子开了小差，因为梅子朋友的新首饰引起了她的注意。"我一定要告诉您，舍松晚上戴的是大山先生送她的结婚礼物，那是一块极大的钻石，有这么大！"在信纸上，梅子画了一个直径足有半英寸（约1.27厘米）的圆圈。"大钻石周围还镶嵌着五颗小钻石，那是我见过的最漂亮、最精致的别针了，闪闪发亮！"

对舍松来说，建立一所贵族女校这个想法的实现，比大山送给她的任何闪闪发亮的奢侈礼物都更令人兴奋。"我们将按照自己的规划建立这所学校，没有任何干扰，还能获得足够的资金调度，因为全日本最有影响力的男士们将资助建立这所学校，"舍松告诉爱丽丝，"这难道不正是我所期望的吗？"一开始，舍松对主持规划学校建设这项任务颇有顾虑；她正在学习如何管理一个复杂的家庭，还需要照顾三个继女，手头的事情已经足够多了。但是伊藤很坚定：舍松需要报答自己的国家，而她正好又是日本唯一一个获得大学学位的女性；舍松的婚姻将她置于一个理想的位置，赋予了她足够的影响力。在伊藤的要求下，舍松将瓦萨课程的详细介绍及教学日历全部寄给了伊藤。

伊藤的大胆鼓励吹散了舍松内心的迷雾，此前，她一直不确定自己是否有足够的能力，将自己过去所受的美国教育与建设日本未来这项艰巨任务完美结合起来。除了为新学校做长期规划以外，舍松又有了一项更迫切的任务——这项任务不仅关乎为东京的女孩们带来启蒙，更关乎为她们的母亲带来启蒙。

自从在康纳狄格护士培训学校接受了短期护理培训之后，舍松对护理工作就一直很感兴趣。最近，她参观了建立于几年前的东京慈善医院。此前，东京的医院并不面向穷苦百姓。受德国的影响，只有当某些穷人对医院的研究有用时，这些医院才接收他们。这家新成立的慈善医院效仿英国模式，采取更人道主义的态度，明确表达了该院的任务是为穷人服务。虽然这项新事业得到一位皇室王储的支持，然而因为慈善一直以来都是西方人的习惯，此时在东京的精英阶层中，这一概念尚未站稳脚跟，所以在负担所有的医疗花销上，医院仍有不少困难。

为慈善事业筹集善款已经渗透进了纽黑文的社会肌理。少女时代的舍松曾在许多个周六，与"我们的协会"成员们一起缝补衣物，或者参加教堂义卖。为这家新医院筹集资金，建立一个专为女性看病的门诊部，这难道不是向日本女性介绍慈善这一概念的最佳方式吗？在伊藤的鼓励下，舍松开始筹备日本的第一个慈善义卖活动。

"您不知道这项任务多么繁重！！"梅子写信给兰曼女士说，"这些日本女性，多半从未听说过慈善这个词，地位越高，越是如此，她们没有为帮助其他人而工作过，更别说是用自己的双手做些什么东西出来，再将它们卖掉，估计她们从未听说过，更没有过这样的想法。对她们来说，售卖自己亲手做的东西这点子听上去很奇怪，因为这么做有失身份，她们很是为自己高高在上的贵族身份骄傲。"

几周内，包括舍松、讲法语的姐姐操、梅子、伊藤太太，以及许多其他有身份的太太们成立了委员会，她们说服了两百多位女性参加这项义卖活动。伊藤家到处摆放着她们的手工制品：画、刺绣、篮子、裙子、脚凳、玩具。梅子贡献了两个穿西式礼裙的瓷娃娃，大山所在的军部免费提供军乐演奏服务。鹿鸣馆六月当中将有三天空出来，专门用作义卖场地。

12 日的早晨，一切准备就绪。鹿鸣馆内挂起日本国旗，并以常绿植物装饰。馆内设置了 15 个货架，上面展示了品种繁多的义卖商品，还包括刻有"Ladies Benevolent Society"（女性慈善团体）字样的扇形发卡。"我们专门制作了这些发卡，当作活动纪念品，"梅子写道，"几乎所有人都想要。"印有相同字样的烟草袋"卖得和其他商品一样好"。义卖组织方的女性头上都带着紫色丝绸绳结。伊藤太太专门负责兜售一桌货品，梅子为她打下手，繁子则帮舍松售卖另一桌货品。馆内设有茶室，服务人员也清一色是女性，提供柠檬水和冰淇淋。

义卖活动开始的那个早上，馆内特别安静，因为从早上十点到中午的这段时间，义卖活动还未向大众开放，只接待地位较高的人士。几位女性主办者站在桌子后面，虽然稍显羞涩，但仪态端庄，她们或为感兴趣的客人做介绍，或将货品重新摆放整齐。到了下午，义卖活动开始向持大众票的客人们开放，组织者们不得不丢掉早上的矜持。梅子描述了这一有趣的转变："她们开始催促人们购买货品，并极力赞扬这些东西有多好，把她们的朋友拉到自己负责的桌子前，强迫她们购买。"丈夫们纷纷发现自己的零钱全部花掉了，不过想想这是一项慈善活动，就觉得没什么了。"如果您也在场，您会看到这些女性如何迫使她们的丈夫把钱全部掏出来，您会不敢相信这些女性竟是东京的那些羞涩矜持的夫人。"梅子写道。前来参加义卖的热情的购买者中也有外国人，"他们说感觉自己就在美国"。

这些纯手工制品的销路太好，以至于主办方竟需要在第二天开馆之前购买更多的小商品来填满货架。鹿鸣馆门前的马路上堵满了人力车，身着和服的客人们耐心地在门口排队，等着脱掉木屐后进入馆内。超过一万人参加了这场义卖，他们倍感新奇，想要从政府大臣妻子的手中购买一件手工的小玩意儿。舍松和委员会的其他成员本来期待能筹集一千日元，后来实际上她们的净收入是这个数字的六倍。

"这充分展现了高级别的女性有能力举办这样一场义卖活动，并获得大家的赞誉；她们热情而细致的态度给所有参加此次活动的人都留下了很好的印象。"一份日本报纸这样评价。在好评之中也有质疑的声音。另一家报纸则不以为然，抱怨说这次活动"既不得体优雅，也不叫人尊敬"。外国媒体虽然赞赏这场活动的举办，却也不禁哑然，认为这些女主办者做得有些过头了："我们欣赏这个国家女性身上特有的温柔、优雅与谦虚的德行，看到她们在义卖现场丢掉这些美好的品格，变得和西方女性一样精打细算，我们并不感到开心。"繁子的哥哥益田孝创办的财经报纸《中外物价新报》（《日本经济新闻》前身）甚至不无讽刺地提议举办另一场市集活动，让商人们把滞销货物全部放在市集上，提高零售价格，由艺妓们负责销售。

然而，不能否认这次义卖活动总体上是成功的。鹿鸣馆义卖活动沿袭了下来，一年举办一次，也成为慈善医院筹措善款的重要来源。舍松和她的搭档们向东京的上流社会女性展示了这样一种亲身参与国家福利事业的方式。

这是值得回味的一刻。虽然经历了如结婚这样的考验，虽然许多明治政府的领导者对女性事业漠不关心，然而舍松、繁子和梅子都在为日本社会的进步而努力。她们教书、筹备学校的建设，并向日本女孩介绍从美国带回的观念和想法。如果伊藤所说的新学校能够建成，那么一个更明媚的未来还是可期待的。

1884 年 6 月，正值暑热来临之时，舍松在女性事业上高涨的热情因为一件事情暂时搁浅了。舍松后来告诉梅子，阻止舍松陪同丈夫前往欧洲的冬季"疾病"实际上是早晨的孕吐。舍松已经怀孕几个月了。"我得说，她速度还挺快。"梅子咯咯笑。11 月时，一个取名为久子的女孩出生。此时是舍松结婚周年纪念日的一周前，距离大山回到日本还有几个月的时间。久子的降生迫使舍松不得不减少她在规划筹建贵族女校事业上的精力。

繁子也逐渐察觉到，瓜生的家庭好像又要新添一名成员了，不过，现在就和朋友们分享这个消息还为时过早。刚生完一胎，就立刻怀上二胎，这给繁子的教师工作又增添一重压力。可是最让繁子担忧的还是她丈夫的健康状况，刚入春时，瓜生的喉咙曾大量出血。在丈夫身体恢复期间，繁子暂停了工作。

与此同时，另有一人也怀孕了，使得梅子不得不终止她在东京上流社交圈的移居生活。这个人是梅子的母亲。宝宝到来的日子一天天接近，梅子意识到自己不能继续对身上的责任视而不见。"在这样的时候，不管是依据所有日本礼俗，还是出自最平凡的人之本性，我想我都应该回家，住在家里。"梅子写道。她会回到麻布，帮衬家里的事情。虽然伊藤家拘谨的规矩时而让向往轻松随意生活方式的梅子感到疲倦，可是她仍旧舍不得离开。"我不后悔自己曾好奇地窥探这个与我自己、与美国都全然不同的阶层，"梅子写道，"我觉得自己不会再回去了。未来会发生什么，我不知道。"

孩子们逐个平安降生：夏天，梅子的妹妹富美出生；11 月，舍松的第一个孩子久子出生；接着是繁子的儿子武雄于第二年春天出生。就在 20 岁生日即将到来之时，梅子往乔治城寄去了一封满含思绪的圣诞祝信。"1884 年就要过去，总体上来讲，我还是感到开心的，"梅子感慨道，"我有许多要操心的事，给伊藤小姐教英文，在不懂日本礼仪和语言的情况下，竭尽所能地完成所有的事。是的，真不容易，我很高兴这一年就要过去。我希望明年情况会好一些，顺利一些，我的路能看得更清晰一些。"繁子和舍松都做妈妈了，她们的身心被家庭所牵绊，这部分责任，梅子无法分担。不过，直到 1885 年结束，梅子的精力将被一件更划时代的事情占据：一所学校即将诞生。

几个月的拖延和犹疑之后，9 月的一天，一封政府发出的信件送抵麻布的津田家，要求梅子于周一早上十点到达皇室内宫，"届时应由一位亲眷陪伴"，以接受其作为新贵族女校教职团队创始人之一的任命。

"我必须说，'应由一位亲眷陪伴'这一句非常体贴，因为依照惯例，这一句话不会出现，"梅子写道，"我正担心以自己的日语能力，如何才能独自接受任命呢。"梅子身着自己那件最好的蓝色丝绸和服，在父亲的陪同下，来到皇室内宫，接受了由明治政府颁布的珍贵文件。自此，梅子就是明治政府的工作人员了，政府将雇用她做英文老师，年薪 420 日元，官阶为奏任官。（梅子立刻就向兰曼女士指出，在政府音乐学校教书的繁子官阶为判任官，比自己的官阶低。）

梅子与下田歌子都被任命为新学校的女董事。去皇室内宫接受任命之后，梅子又马不停蹄地前去拜访伊藤博文等所有与该任命相关的高级官员。回到麻布时梅子已筋疲力尽，却发现家里依然一片欢腾：就在梅子外出的几个小时里，父亲早就把这喜讯传了出去，所有亲戚都来了。"这天的晚饭非常隆重，大家都因这一任命向我祝贺，特别是祝贺我获得了官阶。"梅子骄傲地报告道。在这一刻，梅子此前心中的那些犹疑和沮丧心情暂时烟消云散。"我得到了政府的任命文件，现在已经是由皇后掌管的这所学校的一名老师了。"

这所贵族女校，即"华族女校"，于 10 月 5 日正式开学。梅子对学校的环境感到很满意，她尤其喜爱这里的教研室。"在这里，我有一张非常棒的办公桌，很大，靠窗，在这间屋子的最里面，光线充足，真让人感到愉快！这个位子是这间屋子里最好的了，是最受尊敬的人才能坐的位子。"梅子向兰曼女士炫耀道。开学第一周，梅子尚未与同事们熟络起来，暂时也没什么特别要做的事情，于是她给自己的养母写了一封罕见的长信；这也正好给了梅子一个借口，好让她能显得很职业地坐在崭新的办公桌前。梅子一天只需要代三小时的课。这几天，学生们也因为一件事分了心：大家的注意力都放在即将到来的开学典礼上了，因为皇后本人将要出席该典礼。

彩排很辛苦，想到之后还有正式的典礼，梅子感到惶恐。"我知道我应该做什么，可是我总担心自己会因为烦躁而失去理智，忘记很多指示，导致女孩子们不能按规定完成表演，"梅子很是担心，"轮到我的时候，站在这么多人面前，我的眼前简直一片空白。"那个上小学时在班里自如背诵《白蹄鹿》的女孩，此时却对自己不再感到自信。在乔治城时，每一个小小的成就都会让梅子更受欢迎一些，可是在礼俗繁冗的东京上层社会，每次公众亮相都让梅子担心自己可能会失败。

典礼当天，梅子特别为这个正式场合打扮了一番，她穿着一件金色织锦长礼服。"我的裙子很好看，有人称赞它很昂贵，不过它其实并没有看上去那么贵，"梅子的满足感当中夹杂着一份实用主义者的炫耀，这符合她作为工薪女性的身份，"这裙子的裙摆很长，让我感到自己是有身份的人。"皇后乘一架豪华马车而来，身后跟随着一行陪同人员，包括她的贴身女仆。

还未来得及询问相关礼节，梅子就被召去行礼了。虽然这里是女学生们的教室，而非庄重的宫廷内室，然而这个早晨，我们这位 22 岁的留美教师却觉得，站在皇后面前的自己仍旧是曾经那个不知所措的 6 岁小女孩。"我不知道该做什么，我估计自己根本就没做对，没有人告诉我应该怎么做，我只是走了进去，觉得应该鞠躬三次，于是就这么做了，"梅子写道，"因为我一直低着头，鞠躬，退下，所以我没注意到皇后站在哪儿，也没看到她是什么样子。"

待皇后巡视完所有教室，全校师生聚集在集会大厅里，在场的还有不少身份显赫的人物。女学生们排起长长的队伍，梅子和其他教职人员站在最前面；舍松现在已经是大山伯爵夫人了，她和宫廷女宾们及其他身份高贵的人站在一起。1884 年的《贵族法案》给予了许多为日本做出过不寻常贡献的非贵族出身人士以贵族身份，这其中就包括大山将军，他被封作伯爵。"伯爵夫人在日本只是一个空名头，舍松自己是这么说的，而且还很荒唐，不过这确实是她现在的新身份，别人也是这么称呼她的，"梅子掩饰不住心中的羡慕，"对我而言，这名头听上去很不错，或许某种程度上，它会对欧洲人起到一些影响。"

乐队进行了演奏。"音乐声停止后，皇后站了起来，并宣读了一些内容，可是我只听懂了一点点，"梅子写道，"她提到了女性教育，学校的必要性，鼓励教师和学者努力工作。"如果梅子完全听明白了皇后的话，她就不会对这番演讲如此认同了。虽然这位皇后大胆地选择了亲自演讲，而非让其他什么人代为宣读，可是事实上，她并非思想进步之人。"我们认为，女性的美德即顺从，女性需要服侍父母、公婆和丈夫，正确处理家庭事务，成为母亲后，女性需要给予她们的孩子良好的家庭教育。"这天下午，皇后站在这些上流社会女孩子面前，对她们进行了一番训诫。"为了成为这样的女性，你们需要掌握一定的知识。"

学校教育会辅助这些女孩获得更高层次的德行，比如贞洁、仁慈及孝顺，这些才是受到认可的女性智慧，而对日本社会而言，没有完善道德教义的学校教育不仅是无意义的，更是危险的。梅子虽然是受人尊敬的老师，可是她受过良好教育，未婚，靠自己的能力立足于社会，可以说完全算不上是这些出身良好的贵族女孩子们的榜样。

舍松、繁子和梅子回到了日本，又一次被置于陌生环境中，但她们收获良多。虽然日本对西方模式的态度充满矛盾，虽然三个女孩一度被送她们走出国门的政府遗忘，可是她们心中的责任感并未丢失。相反，为了回报国家，她们迈出了前进的步伐。不过即使是这样，她们依旧属于日本社会的异类——尤其是梅子。11月，为庆祝皇后的生日，全城放假并举行庆典，所有与梅子官阶相同的市民都需要进宫向皇后致以祝福——自从梅子回到日本以后，她就一直渴望得到这样的荣耀，她紧张地期待着。可是除了下田女士，与梅子处于相同官阶的都是男性，而又因为下田女士曾经做过宫廷女仕，被分在了另一级进宫人员当中，所以在梅子这一级，竟剩下梅子一位女性。鉴于女性无法单独出现在为皇后祝贺的一大群男性中，"所以他们私下里问我可否不进宫，因为他们不知道应该拿我怎么办。"梅子告诉兰曼女士。她假装松了一口气，来掩盖内心的失望。皇后生日当天，所有同事都进了宫，梅子则因无事被迫放假——"这可比不得不进宫鞠躬要好得多。"梅子坚持这么解释。

第十二章

爱丽丝的到访

接下来的三年可谓弹指一挥间。学校如期开学、放假，在这期间，家庭新成员也接踵而来。繁子的孩子从两个上升到四个，教学工作居于次位。舍松也生了第二胎，加上三个继女，共有五个孩子。同时，随着丈夫的地位不断攀升，舍松发现自己正越来越成为公众注意的焦点。

教师工作让梅子感到安稳，这份工作也给了梅子良好的声誉，再加上没有家庭和孩子的压力，梅子终于可以开始享受生活了，她在信件里写满了各种八卦和社交活动情况。1886 年夏天，霍乱肆虐，东京陷入恐慌之中，不过兰曼女士不需要担心，"因为上层社会很少有人被染上"。岩仓使节团的五个女孩中年龄最大的吉益亮子在这场霍乱中不幸逝世，梅子仅用了半个段落描述这件事。亮子婚后育有一子，她的生活"每况愈下"，除此以外，梅子对亮子的情况知之甚少。三人组与这位昔日的朋友未能经常保持联络。"她看起来不太一样，好像变了，大家之间的感觉也不似从前，所以她好像从我们眼前逐渐消失了，"梅子写道，"想到可怜的亮子就这样失去了生命，这真让人

武士的女儿

难过。"

梅子的信件透露出她身上的跨文化意识：首先，梅子认同自己的日本人身份，可同时，她的想法又非常美国化。当吉尔伯特和沙利文的《日本天皇》[1] 在伦敦和纽约公演并获赞叹之时，梅子感到日本被冒犯了。"假如东京某剧院也排演一部这样的滑稽剧，主角是维多利亚女皇和英国皇室，"梅子愤怒地写信给兰曼女士，"英国代表一定会要求重新编排，并大闹一场。"不过梅子的怒气之中的确还隐藏着一丝好奇："您能给我寄份剧本来吗？我就看着玩玩。"

同年秋天，日本上下因诺曼顿事件的发生而剧烈震动。起因是英国货船诺曼顿号在从横滨开往神户的途中不幸沉船，二十多个日本乘客淹死，而外国船长和船员们却全部获救。英国船长声称这些日本乘客遇难的原因是他们听不懂英文指令，没有登上救生船。然而日本媒体愤怒了，对立情绪一时间激化。"我会给您寄一份报纸，里面有关于这次事件的表述，值得一读。"梅子写信告诉兰曼女士。紧接着，梅子就急于向兰曼女士汇报她认为更重要的新闻了，即自己获得了加薪，官阶也提升了，同时，天皇的母亲还邀请整个学校的人去马戏团指挥大师朱塞佩·基亚里尼[2]的皇家意大利马戏团玩，该马戏团此时正在东京演出。

---

① 即 The Mikado，一部由剧作家威廉·S. 吉尔伯特和作曲家阿瑟·沙利文创作的喜歌剧，故事场景被设定在日本，实则是一部对当时英国政治针砭时弊的讽刺剧。——译者注

② 朱塞佩·基亚里尼，即 Giuseppe Chiarini（1823—1897），他是 19 世纪最有影响力的马戏团指挥，他的马戏团在欧洲、北美洲、南美洲、亚洲和澳大利亚都有巡演。他所到之处，其当地人几乎都是第一次观看马戏团表演，而基亚里尼的马戏团也成为激发无数当地马戏团诞生的火种。——译者注

同胞们对外国影响的抵制日益攀升，然而梅子似乎对此情况充耳不闻。伊藤首相将于 1887 年 4 月在鹿鸣馆举办日本第一场化妆舞会，梅子也荣幸地收到了邀请。她被现场的华丽景象惊呆了："年迈的国王和农家少女及荷兰女仆跳华尔滋，日本大名与'自由女神'跳波尔卡，人力车夫、日本木匠和伊丽莎白女皇同台共舞。"伊藤社交圈以外的人都对这场化妆舞会表现出厌恶，尤其到了凌晨，伊藤曾勾引其手下某议员年轻漂亮的老婆这样的绯闻传出时，这些人更是表示不齿。这个夜晚后来被看作日本文化历史上的一个转折点：日本人与西方时尚的爱恋到此为止。"这场时髦舞会引起了很大的轰动，不少报纸都表示出嘲笑和不屑，"梅子不以为然地报告说，"不管怎样，这场舞会很成功，去的人都开开心心地玩了一场。"

　　在接下来的夏天，梅子离开了父母家，搬进一位失去了丈夫的表姐家。那里距离学校更近，而且这个表姐也在学校教书。梅子是出于现实情况做出了这一决定，而这一决定也颇具象征性，因为这显示出梅子追求独立的决心。同住的还有表姐的小外甥女，以及梅子的妹妹、华族女校学生富纪。总体来讲，梅子与这几位同居者的生活方式与节奏是合拍的，可是在某个安静的时刻，那份潜藏的不舍与向往仍会爬上梅子心头。"我喜欢时不时想起你们，你们依旧坐在那房间里，那温暖的炉火旁，就像我离开时那样，"冬天时，梅子写信给兰曼夫妇，"某一天，毫无征兆地，我会回到你们身边，发现你们还是坐在老位子，于是我也坐下来，坐在你们中间。"繁子和舍松都一心扑在母亲角色上，梅子并没什么机会与某个相似的灵魂分担内心的这份情感。

虽然梅子为自己的工作感到骄傲，可她并不认为这份工作其内容本身有多么吸引人。"我已经接到学校通知了，"梅子在这所学校教书的第二年伊始，她这么写道，"虽然学生还没开学，可是老师们必须提前一周上班。我们要决定课程内容，分配课时，做各种安排，这些工作非常麻烦。"梅子的学生家境良好，但也受制于阶层及性别传统加诸她们身上的各种要求。梅子对这些学生的学习能力印象平平。"通常来说，贵族女孩都很愚笨。"梅子写道。还有一次，梅子写道："我在想这些人偶一样的姑娘们到底有没有学习能力。"工作带来的安稳并未扫除梅子心中有关是否应该工作这件事的矛盾与疑虑。"从一个班到另一个班，一间教室到另一间教室，一遍又一遍地重复一件事，教一样的内容，这并不是什么轻松的工作。不过，您知道的，我还是挺喜欢教书，也非常喜欢学校的环境。"

　　这所华族女校与梅子在华盛顿所就读的学校没有多少相似之处。伊藤博文于1885年12月出任日本首位首相，他命森有礼做文部大臣。然而，他们的先进思想及舍松受瓦萨教育的启发而开创的教学计划都未抵过现实的冲击，华族女校的保守程度令人吃惊。

　　下田女士作为校董，每天穿着传统宫廷礼服去学校，年龄从6岁到18岁不等的学生们也必须穿和服，以及供正式场合穿着的有点像裙裤的紫色垮裤。除了日语、中国文学、英语或法语，以及历史之外，女孩们还要学习道德、书法、绘画、缝纫、茶道、花道、家庭管理以及正式礼仪。过10岁的学生就不再学习算术了。学生们大多乘人力车来上学，车后印有各自的家族纹样，后面经常还跟着另一辆人力车，里面坐着女仆。女仆和人力车夫需要在学校里全天等候，直到他们的主人放学，将其送回家。

入校学生越来越多，每天都要给高年级学生上英语课，梅子愈加忙碌。第二年结束时，学校就做出决定，准备为英语教研室录用一位外籍教师。虽然梅子迫切希望能与其他人分担她的教学压力，可是将要来一位新老师的可能性还是激怒了她；学校先前已经雇用了一位法国女老师，这位老师的工作时间比梅子短，可是工资却高于梅子所得。

梅子有了个好主意。可否请爱丽丝·培根做英语老师？自从1883年起，爱丽丝就一直在汉普顿师范农业学院教书，也就是爱丽丝已故的姐姐瑞贝卡曾担任副校长的那个学校。不久前爱丽丝还曾写信给梅子，表达对舍松健康状况的担忧。梅子感觉，来日本旅居这个提议对爱丽丝应该是具有诱惑力的。"您知道的，她的教育背景很好，也有丰富的教书经验，她以前在汉普顿教过那么多印第安人和黑人，已经驾轻就熟了。"梅子在给兰曼女士的信中，再次透露了她所受的美国影响，显然，梅子将自己与爱丽丝放在一方，认为她们是给未开化的人民带去文明曙光的人。梅子相信，雇用爱丽丝将会使每个人都满意：华族女校将迎来一位有才华的老师，梅子将与旧日老友重逢，能每天与她叙叙旧。

到了1887年秋，即学校的第三个学年开始之时，一切都定了下来。"一两天前，我收到了你寄来的信，学校给出的条件好得令我感到惊讶，"十月时，爱丽丝写信给梅子道，"我已经决定了，接受这个为期一年的工作邀请。"爱丽丝将为她在汉普顿的职位找到替代的人，然后赶在来年夏天去往日本。随之而来的还有一堆问题：她能把狗带去吗？在日本能养马吗？一周有几天是上课日？她需要在去日本前学点日语吗？"我打算给舍松也写封信，"在信的结尾爱丽丝写道，"所以我要赶紧结束这一连串问题。"

爱丽丝在华族女校将得到的工资是梅子的两倍多，不过因为是爱丽丝而不是其他人，梅子感到自己的心境平和了很多。"外国人要想在这里生活，需要花的钱比日本人多得多，况且爱丽丝是千里迢迢来日本，"梅子理智地思考着，"所以我不觉得自己的工资过于少。"

九个月后，爱丽丝就踏上了横滨港。六月抵达日本后，爱丽丝就迫不及待地到处旅行，她甚至去了距东京比较远的京都。爱丽丝请梅子和舍松帮自己在返回东京之前安排好住宿。二人为爱丽丝找到了一个很好的居住之所：日本驻俄国大使的家。这段时间大使家刚好空了出来，从这里去学校只要十分钟的路程。为了接待外国客人，大使家布置得一半日式，一半西式。如果梅子和爱丽丝合租的话，她们不仅能住在同一屋檐下，还能享受她们各自单独租房负担不起的宽敞空间。爱丽丝称她很满意，九月从旅行回来之后，爱丽丝就开始着手收拾屋子了。"爱丽丝忙着收拾屋子，买家具、厨具、炉子、地毯以及其他东西，我也得帮她，因为她没法和那些商贩交流。"九月时，梅子在信里这么写道。

这所房子真是一座能完美表达其房客双重文化身份的建筑。梅子、其表姐渡边女士，以及一群吵吵闹闹的年轻女孩（除了梅子的妹妹和渡边女士的外甥女之外，还有一些寄宿生。）住在这所房子中日式风格的那一部分。梅子将她的西式床架和家具搬进自己的房间里，其他房间还保留着传统的日本风。而在爱丽丝所住的那一边——可以从一个单独的入口穿鞋进入——则有着玻璃窗户，而非纸窗户，门是一推即开的那种，而非推拉门，地上铺着地毯，而非榻榻米。房子的两部分由中间的门廊连接，门廊是一个精致的木制走廊，屋檐很低，可以望见整座花园。就连厨房也分为两部分：爱丽丝的厨师用一个进口的铸铁锅做西餐，另一位厨师则负责蒸米饭，以及用日式土炉子烤鱼。佣人们住在厨房后面的几个小间里。这里甚至还有一个小马厩，如果爱丽丝真准备养马的话就用得着了！

在这个国际化的居所里，爱丽丝堪称一个超大号的存在。这是一个写实的描述：不论身高还是身宽（更别提那侃侃而谈的自信了）都比瘦小的梅子及其他一样娇小的寄宿者们大几号，占据更大的空间；同时，这个描述还有另外一层意思：自从搬进来以后，爱丽丝一下子购置了很多新家具，挂起了新壁纸，还装上了一台体现了最先进技术的黄铜罗切斯特灯，与传统的煤油灯相比，这种具有多孔灯口的灯能释放更大的亮度。渡边女士"是一位娇小可爱的寡妇，为我们看管这栋房子"，爱丽丝写道，她诗意地称，"这台罗切斯特灯就像太阳，而她们的灯充其量只是小星星。"

还有布鲁斯呢。布鲁斯是爱丽丝最爱的博德牧羊犬。让其他合居者感到懊丧的是，爱丽丝居然视该狗为家庭成员。"不论爱丽丝去哪儿，它都坚持跟在后面，所以有时候它也进我们的房间。"梅子像兰曼女士抱怨道。给布鲁斯教些规矩都几乎不可能，更别说教什么日本礼节了。"我愿意把这个尾随者处理掉，"梅子继续道，"这当然是不可能的，所以我只能尽可能让它离我们远远的。"每次出门，爱丽丝用围巾暖和地包住脖子和嘴，身旁跟着调皮的布鲁斯，这样的形象总能引起众人好奇的围观与评论，而机敏的爱丽丝也总能将众人的反应尽收眼底。想趁傍晚在家附近的商店街上散散步，还真是不容易。"显然，在晚上，一个外国女人牵着一条狗出来购物，这样的景象在这座城市里并不多见，我们已经开始觉得自己像是移动的展览了。"爱丽丝幽默地点评。

搬进新家两周后，爱丽丝去学校报到。华族女校正迎来它的第四个学年。在开学典礼上，女孩们按照个头，一如既往整齐地列队站立，舍松的几个继女也在其中。今年，学生们的穿着多了些色彩——尽管绝大多数家长还从未穿过西式服装，学校却已经开始要求学生穿西式服装了。女孩们穿着粗糙的羊绒袜和不合脚的皮鞋，颇显得不自在，不过依旧保持着笔挺的站姿。爱丽丝并没怎么注意到那些具有贵族血统的孩子，以及她们身着的传统服装，反而是被另一群孩子吸引住了，这些孩子真像她在汉普顿时教的那群黑人孩子，爱丽丝觉得她们才是自己需要好好关注的群体。"因为出生在贫瘠的环境下，所以她们生活窘迫，个头也更矮小，"爱丽丝将这两个群体都记录下来，"一边是社会地位低下的穷人家的孩子，一边是受僵硬的阶层礼俗限制的贵族孩子。"

这天晚上，爱丽丝翻看了她从校图书馆借来的英文教科书。其中一本名为"全球历史"，声称"唯一值得被历史记载的是白种人，其他人种没做过任何值得被历史记录下来的贡献"，这真是滑稽的说法，"班上的日本女孩们已经熟知日本历史上那些鼓舞人心的英雄人物，如果把这样一种不同的论调告诉她们，不知道会引起什么样的反应。"爱丽丝询问梅子的意见。"我想她们肯定会认为这本书出自一个白人之手。"梅子机智地回答道。爱丽丝咯咯地笑了。"我决定还是跳过介绍此论断的这篇前言，"她说，"这样我的学生就不会知道我的种族狂妄自大的一面了。"

在独立的思想之外，爱丽丝保持着非常开放的心态，她以极高的热情观察和学习新环境带来的新变化。每天早上到校后，爱丽丝都用自己的签名章来签到。"我刚刚学会怎样正面朝上盖自己的签名章，也才学会辨识我的名字写成日语时是什么样的。我把这看作远离从前那无知状态的一大进步。"爱丽丝满足地写道。每堂课开始前会响铃，50 分钟后，会有一个穿梭在走廊里的男人用铃锤告知下课。两堂课之间还有许多次鞠躬仪式。"需要有人正式宣布一堂课的开始和结束，我被这赏心悦目的礼仪吸引了，"爱丽丝评价道，"如果能将此礼仪引入美国的学校，应该会提升课堂上的文明礼貌吧。"

除了授课工作之外，让爱丽丝感到欣慰的是，分别了许多年之后，她终于能与舍松和舍松日益壮大的家庭相聚。1886 年冬天，舍松给丈夫添了一个继承人：高（Takashi）。（大山将军逗趣地抗议说，他本来已经准备好再迎来一个女儿呢，幸运的是这次是个男孩子，不过却是一个很丑的男孩子。）自从高出生以来，舍松的身体就一直很虚弱。1886 年霍乱结束后，舍松流产过一次，一年后又怀孕，同时还需要照顾喉咙肿痛的女儿。一次，舍松弯下腰，脸正对着蒸汽吸入器，结果该仪器突然爆炸，滚烫的水泼在舍松的脸上，这导致了早产。然而，这个小女孩两天后就死了。舍松熬了很久才恢复过来。

　　　　　　　　　　　　　武士的女儿

爱丽丝的出现，无疑会让舍松为之一振，因为她此时正需要安慰和陪伴。经历数次怀孕和病痛的同时，这位鹿鸣馆的贵妇人也成为了保守媒体眼中的争议人物。对西方道路的坚持，以及对女性教育的公开支持，都让舍松成为了各种闲言碎语的焦点人物。曾有报纸暗示说，舍松的婚姻将告终结——这是一个毫无根据的报道，可美国记者却跟进了。"舍松感到很难过，这些报纸居然这么写，可是我却不觉得奇怪。"梅子在给兰曼女士的信中写道。梅子对舍松的同情当中也掺杂着批评。"舍松没有做出努力让自己受欢迎一些，以她目前的健康状况，以及其他问题，社交活动对她来说是个负担。她总是拒绝待客，我觉得在她这个位置上的女性这么做是不对的。"梅子第一次对自己相对低调的身份感到满足。"在女性是否应该与男性获得同等自由这一问题上，日本还没有得出结论，"梅子写道，"可是舍松已经开始对那些走在时代前列的人挑毛病了。"

　　舍松逐渐抽身于各类社交场合，从苛刻的公共视野中淡出，将精力集中于自己的家庭事务。瓦萨岁月似乎成为了一场远方的幻景。"多希望我还能穿上那种左耳下面带翻领的蓝绿相间格子裙随意游走！"舍松写信给瓦萨同班同学。"但是很可惜，这是不可能发生的事！现在我的裙子都是从巴黎定做的。相信我，亲爱的豪威小姐，穿格子裙，扎马尾辫，这样打扮可比穿那些法式裙子舒服多了。"因为担心舍松衰弱的身体和低迷的情绪，爱丽丝几乎每天都去舍松家看她。

　　爱丽丝特别喜欢大山夫妇不到三岁的小儿子。"小高很喜欢我，"爱丽丝写道，"因为我会骑马，也因为我和他小小世界里的其他人都不一样。"每次爱丽丝前来拜访,小高都声称爱丽丝是他的。"每当我亲他的时候,他就会鼓起勇气,伸出胖乎乎的小手,轻轻拍蹭我的脸,"爱丽丝写道,"我想这是因为我的肤色——他想看看自己能不能擦掉这颜色。"爱丽丝白皙的皮肤还不是小高唯一注意到的爱丽丝与周围其他人的不同之处。拍拍爱丽丝的脸之后,"他会用小小的手指摸我的眼窝,他的眼神看起来似乎是在试图确认,我的眼窝是否真像看上去的那样深陷。"让爱丽丝觉得开心的事情还有一件:小高通常并不愿意安静地坐着,可他却喜欢蜷在爱丽丝宽宽的大腿上。"他叫我培根酱,这是对培根桑和培根小姐的一种昵称①。"

爱丽丝的双亲已经去世,姐妹们结婚后散落四方,所以她很珍惜这个在自己的日本家庭里扮演女主人的机会。十一月的这一天,为了带梅子、舍松和繁子重回新英格兰岁月,哪怕只是短短一个下午而已,爱丽丝飞快地从学校赶回家,准备了一桌丰盛的感恩节大餐。天气已经转凉,爱丽丝做了鸡肉派,蛤蜊酱汁火鸡,芹菜沙拉,以及南瓜派。她甚至弄来了一些蔓越莓酱,"这是最珍贵的食物了!"梅子赞叹道,"从美国回来以后,我就再也没吃到过。"在梅子的客厅里(爱丽丝的那一间空间太小,放不下她们所有人),三个日本女孩吃得特别撑,她们告诉爱丽丝,这顿饭就是家里的味道。

---

① 在日语的称谓中,通常会在对方的姓氏后面加一个"さん",在中文中习惯翻译为"桑",也可昵称为"ちゃん",在中文中习惯翻译为"酱"。——译者注

爱丽丝在东京的这一年，这里的大型庆祝活动格外多。1888 年 11 月，皇后的生日再一次到来，天皇整备的西式军队将进行一场庆祝游行。在大山将军的安排下，爱丽丝得到了一个前排观看的位置。"我觉得他看起来没什么和其他人不一样的地方。"爱丽丝记录下这一事实。"据说他是一个骁勇的骑手。不过他的骑法是传统日本式的，身体像一袋粮食一样全部压在马身上，双腿悬吊在马的两边，双肘随马的运动抽拉马缰。"

在过去的二十年中里，明治天皇本人也有了很大的改变，他不再是那个高高在上、隐匿在皇宫里的天皇，而是会时不时出现在子民面前，身着与西方世界的君主们没什么两样的金边制服。围绕着皇室进行的祭礼除了一如既往的震撼之外，也越来越公开化；近来，天皇很少谈及"皇室经典传统"，日本从欧洲进口枪支和金色穗带的同时，也不知不觉"进口"了许多欧洲人关心的话题。

十二月，所有华族男校和女校的学生们都被邀请去重建的皇居参观。1868 年，将军向年轻的天皇投降时，将江户城堡让与天皇，该城堡后又付之一炬；几个留美女孩曾向皇后行礼的大殿已经不复存在。现在，天皇终于能够搬进在原先古老的防御工事之内新建的皇居了。趁着宫殿里大部分房间还都空着，学生们得到了参观特权。

女孩们中午进去参观，男孩们则在两小时后进入。让人意想不到的是，这场去皇居参观的短途旅程竟然颇具挑战。250 个女孩需要乘坐 250 辆人力车，人力车须按照它们主人所属家庭的官阶依次排列整齐后，这浩浩荡荡的一行才得以出发。"出发的时候，整个场景好不有趣，队伍很长，黑压压一片，沿护城河蜿曲着向前行进，就像蚁群一样，"爱丽丝写道，"我从来没有像这次这样的感觉，自己就像是马戏团里的一员。"

行进到宫殿大门口时，队伍停了下来，每个人都弯下腰用手帕清理自己鞋子上的土灰，"以防任何一粒掉落的灰尘玷污了这神圣领域"。接着，几百号人继续向前行进，穿过一个个走廊、向大众开放的大殿，以及花园。爱丽丝在这座建筑群面前惊呆了，她特别指出："金銮殿简直太壮观了。"梅子已不再是从前那个看什么都新鲜的6岁小女孩，她的眼光更具批判性："我认为这座宫殿里聚集了过多华丽的元素——在这个具有丰富装饰物的天花板的对比之下，本来非常夺目的地毯都显得不那么有光彩了；一个元素使得另一个元素黯然失色。"私人房间全部按照传统建筑方式进行装潢，而公共区域则是另一番风格。国家议事厅里的格子天花板上雕刻着丰富的图案：菊花、泡桐花和牡丹。四周是红宝石色的围帘，地上铺着地毯，高台上放置着天皇宝座——一张日耳曼式的镀金扶手椅，上有猩红色坐垫。镶嵌着华丽花纹的大理石地板在枝形水晶吊灯的光彩之下闪闪发亮。

女孩们震惊于这豪华的装潢，她们目不转睛，缓慢地挪步，还没走到一半，男孩们也到宫殿门口了。爱丽丝发现了不少有趣的现象，比如，"女孩对装潢设计比男孩更感兴趣，所以男孩们正逐渐赶上女孩们的步伐"。可是，因为男孩的队伍当中有一位皇储①，如果他们赶上来，女孩们就必须在皇储经过时鞠躬行礼。为了避免鞠躬行礼的麻

---

① 该皇储即日后的大正天皇嘉仁，明治天皇侧室之子，被无法生育的皇后所收养。——作者注

烦，她们加紧步伐。可是最终，她们还是被男孩们赶超了。"みやさま①!"女孩们大呼。"皇太子殿下!"所有人都深深弯腰。"这一切都只是因为有一个背书包、穿校服的小男孩经过，"爱丽丝写道，"我不得不说，这我可接受不了。我可以向官员和权贵行礼，可是要我卑贱地向一个 7 岁小男孩弯下腰，我不喜欢这样。"

皇室搬进皇居后不久，日本迎来了明治天皇掌权以来一年一度最盛大的庆祝节日。经历了过去 20 年的风雨变化，日本的领导者已经充分认识到，什么才是真正的文明国家的重要特征——代议政府。2 月 11 日是纪念日本神话当中第一位统治者诞辰的全国性节日，在 1889 年的这一天，天皇颁布了日本第一部宪法，并批准两院制帝国议会成立，该议会基于普鲁士模式。虽然国家的最高统治权仍牢牢掌握在神圣的天皇，而非人民手里，但宪法的颁布的确是日本走上国际舞台，获得国际承认的重要一步。全国上下举行了庆祝活动。

在这样的时刻，舍松、繁子和梅子感慨万千。在锁定了日本这一重要变革的重要文件上，紧随天皇本人签名的是十位官员的签名，其中第一位便是黑田清隆，正是此人当初提出送几个女孩赴美留学。此时黑田已经成为首相了。黑田的名字下面是上一任首相、梅子的资助人伊藤博文，伊藤也是日本宪法的制定者。伊藤和另一位签字者、司法大臣山田显义（Akiyoshi Yamada）都与女孩们一起参加了随岩仓使节团的出访。接下来签名的还有大山岩，即舍松的丈夫，以及文部大臣森有礼，他曾在大雪纷飞的华盛顿火车站站台上迎接过几个裹在披

---

① 发音为 Miya-sama，是对皇族对敬称。——译者注

肩里的女孩。曾经那几个不知所措的女孩，如今她们的生活正与这些日本最有权势的男性屡屡发生关系。

"这是我所见过最漂亮的游行队伍了。"爱丽丝写道。第一次，天皇与皇后同坐在一辆马车里——这意味着皇室史无前例地接受了西方的理念，即婚姻将皇后提升至与其丈夫同等的高贵地位。马车尤其令人忍不住赞叹，爱丽丝认为。"一共有六匹黑马，每匹马都配有身着庄严黑白金制服的马夫。"马夫的制服上缝了许多金丝线，给人如临梦境之感。马车的车门上闪耀着金灿灿的菊花纹徽，车顶是一只金色的凤凰装饰物。此刻，爱丽丝不得不和其他人一起深深鞠躬。"所以除了皇后的花边帽之外，我什么也没看到。她将头转向贵族女孩们，我能感觉到，这些女性在她心中占据着一个温暖的位置。"

爱丽丝对这次庆典的兴趣并不止于那些华贵的庆典装饰。几天后，她来到舍松家，大山将军也在。爱丽丝带来了新宪法的英文翻译版。"他非常自豪地向我指出了第 28 条，这一条款保证了日本人民的宗教自由。"爱丽丝自豪地写道。莱昂纳多·培根 17 年前与森有礼就这一话题的谈论直接推动了这一条款的诞生。

喜悦中也伴着泪水。就在宪法颁布当日，森有礼被一个帝国狂徒刺杀身亡。森有礼在日本发展上所采取的开明方针被认为是对传统的大不敬，惹怒了该刺杀者。距离天皇夫妇的节庆马车驶过五天之后，爱丽丝看到森有礼肃穆的葬礼队伍从她家门前经过。"太可怕了，让人难以相信。"当梅子还是个 7 岁的孩子时，森有礼曾照顾过她，现在她为他感到悲伤。"在美国的时候，我就欠下他许多人情。"

四月，爱丽丝想近距离一睹皇后尊容的心愿得到了充分满足。这位华族女校的首要赞助人不仅走进教室，她还坐在培根小姐的英语课堂上观摩她的课。自从岩仓使节团踏上出访行程后的这些年，与丈夫一样，美子皇后身上也发生了诸多变化。她不再染黑牙齿和剃眉毛，也不再穿圆锥形的祭典礼服。现在，皇后的礼服都是从巴黎订购的，就像是某位西方政客妻子所做的那样。她经常出席慈善会和其他公开场合。虽然换上了西式华丽优雅的服饰，皇后身上的神秘感依然不减。

　　当天，爱丽丝到校后，就看到皇室的首饰和装饰物等已经提前送来了——上了漆的餐具、银色烟具、套上花面软料的椅子等。大家你一言我一语，既兴奋又紧张。和梅子一起行完最后一轮鞠躬礼之后，爱丽丝在窗边坐下，静静等候。只见一个骑在马背上的官员进了院子里，他高举一面绣着金色菊样的紫色丝绸旗，身后是一行骑在马上、举着红白旗的士兵，士兵们身后，才是一架红金相间的马车，皇后就坐在里面。女侍们分成两排，等候在从马车停下的位置到学校门口这段路的两边。皇后殿下徐徐下车，走进学校。

　　爱丽丝走进教室，学生们骚动不安，讲桌旁放着一张稀奇的椅子——这是一把精致的椅子，上了乌黑的漆，座椅是紫色织锦做成的，绣着金色的菊花。好不容易让同学们安静下来后，爱丽丝开始上课。这时，只听到走廊里传来吧哒吧哒的脚步声，教室门被推开。"女孩们站了起来，我则走到门边，期待着皇后的出现，然而出现的只是一个头发蓬乱的小部下，他向教室里瞟了瞟，嘴里不连贯地嘟哝了些什么，就砰地一下关上了门，"爱丽丝写道，"学生们坐回座位上，我的心又开始怦怦直跳，继续上课。"几分钟后，这个插曲又重复了一遍：奔跑过来的脚步声，睁大眼睛的小部下，不连贯地呼喊了些什么，砰地关上门——这之后，紧张的爱丽丝和学生们都没忍住，噗嗤地笑出声来。

"终于，走廊里传来丝绸裙摩擦产生的沙沙声。我们知道，我们的时间到了。"爱丽丝继续道。每个人都站起身，鞠躬，直到皇后就坐后，才抬起头来。本来，学生们既紧张又兴奋，爱丽丝对大家的表现并没有什么期待，"但是，这就是我没有完全了解这些贵族姑娘的地方了，"她不乏敬佩之情地写道，"从皇后进来那一刻起，她们展现出了惊人的沉着，在我的教学生涯中，我还从没看到过这样的朗诵——虽然有些羞涩，但在皇后面前，她们表现非常好。"

皇后停留了半个小时，在这期间，爱丽丝足足偷瞄了好几眼。眼前这位女性身材轻盈娇小，"那一身奶白色的丝绸裙和头上那顶带白色羽毛的巴黎花礼帽对她似乎是沉重的负担。"爱丽丝这样描述。皇后身上有种耐心而忧郁的气质，爱丽丝心中感到一惊。"人们说，她是一位聪明的女性，拥有强大的内心和美好的性情。"

女孩们挨个朗诵过后，皇后才离开教室，这之后，爱丽丝就可以下课了。"大家都感到一身轻松。"不过，这一天还未结束。皇后将在几位日本高级教师的陪同下，与外籍教师亲自见面。没时间彩排了。梅子赶紧向爱丽丝交代了几句，然后告诉她，尽量站在可以看到接待室的地方，这样里面的梅子就可以给爱丽丝做示范了。可是这个听上去非常合理的计划却无法实施。"按照梅子说的，我找了个门前的位置，"爱丽丝写道，"可是我的凤敌，那个皇后的小部下，竟然抓住我不放。他脑子里显然出现了某种奇怪的想法，认为自己如果不控制住

　　　　　　　　　　　　　　　　　武士的女儿

我的话，我这个野蛮人就会一下子冲倒皇后。"

幸运的是，不一会儿梅子又出现了，她悄悄地向爱丽丝又叮嘱了一番。轮到爱丽丝了。她走进去，鞠躬，直直向前，向右转90度，面向正襟危坐的皇后，走上前去，鞠躬。一位侍者上前，手里端着一只盘子，盘子里是一大卷用白纸包裹起来的东西。爱丽丝接过白纸包裹，举过胸口位置，用额头碰了碰包裹，再次鞠躬。接着，爱丽丝向后退下，将包裹高高举起，以示尊敬。退到门口时，她再次鞠躬。后来梅子和爱丽丝打开包裹之后发现，里面竟然是一尺又一尺最精美的白色绸缎，就算不是来自皇后的礼物，它本身也价值不菲。

一整天时间，皇后都在学校。所有人回到家后都筋疲力尽，同时也感到浑身的担子卸了下来。"我很开心，"爱丽丝评价道，"经历了一轮又一轮让人感到不自在的鞠躬，让人畏畏缩缩的约束之后，我终于能好好地骑骑马，放松一下，重新做回自由自在的美国女人了!"

很快的，又是一年夏天。爱丽丝在东京的一年接近尾声。同学们带来送别礼物：有一个班的同学们送给了爱丽丝一个穿着传统日本服装的人偶，这个玩偶是个12岁小女孩，和班里的女孩们一个年龄；另一个班的同学们送给了爱丽丝天皇和皇后人偶，这是那种在人偶节时被摆放在大红绸布柜最上层的人偶，人偶周围还有符合其大小的配套乐器、茶具，甚至还有便当盒。

在这段时间，还有一个真宝宝陪伴着爱丽丝：六月初，舍松的第二个儿子出生了，取名"柏"（Kashiwa）。有关这个新生儿的一切细节，都让爱丽丝感到着迷：他松松垮垮的棉布小衣服，以及上面那些代替纽扣和别针功能的布带，甚至小心翼翼的大人们。"在这里，为了让小宝宝停止哭闹，没人敢在他面前发出噪音，连轻轻摇晃他也不行。"爱丽丝倍感惊奇。

七月中旬，暑热几乎迫使学校停课，还好华族女校及时迎来了毕业典礼。1889年的这场典礼异常豪华，这是因为，学校将搬去新校址，皇后也将出席，并做一场难得的演讲。和往常一样，观看精心编排的典礼仪式时，爱丽丝既好奇又感到有趣。她发现，日本毕业生的毕业证书"不像我们国家那种羊皮证书，而是卷轴式样的，用棕色和金色的织锦装裱"。为了拿出最完美、最精准的表现，仅一个鞠躬，女孩们就练习了无数次。"看学生们一次次鞠躬，我居然也感到腰酸背痛。"爱丽丝写道。演讲间歇穿插了几次音乐演奏，其中有一首歌，由皇后亲自作词。学生们虔诚地鞠躬，并演唱：

> 未经打磨的钻石不会发光；
> 未精进学习的人不知美德。
> 有如钟表的指针一般，
> 争分夺秒，不知疲倦地学习，
> 对这样的人，还有什么是不可能的？

皇后所用的钻石、钟表，无疑是西式的比喻。她在创作这首歌词的过程中，应该也受到了本杰明·富兰克林十三美德第六条的影响："勤勉，勿浪费时间，时刻做些有用的事，杜绝一切不必要的行动。"

在明治时代的日本，富兰克林是最有名的美国人之一，塞缪尔·斯迈尔斯在《自助论》中介绍过他。皇后将学业比作机械运转的钟表，也许只是一时兴起吧，但这一比喻似乎缺少些启发性。

爱丽丝再一次深深察觉，穿着一身白色的日本皇后，有一种难以言喻的哀伤，坐在精致黑金漆椅中的自己无法与面前这一个个年轻面孔拉得更近。"不知为什么，我总是为她感到难过，"爱丽丝写道，"如果她知道做一个普通的美国老师比做皇后更有乐趣，她一定会感到难过的。"

一周后，爱丽丝踏上了去京都的路，她将用一个月的旅行来结束这一年，并于九月乘船返回旧金山。作为一个讲求实效的人，爱丽丝并未在告别词上多着笔墨，不过这并不意味着她没有意识到这特别的一年如何改变了自己。与大多数外国人相比，爱丽丝接触到了更多的日式生活方式，在日本人当中，她能够显著地感知自己作为外国人的身份；爱丽丝来日本的目的是教育，而非宗教方面，这就使得她和传教士有所区隔。与此同时，爱丽丝更加高远的理想主义志向又使得她不同于商人和外交官。就像她追随的三个日本朋友那样，爱丽丝认识到了自己作为一个人，不可被简单归类的特殊性：自己就是自己。在日本，舍松、梅子和繁子不断与失望和寂寞抗争，爱丽丝却不为身份问题所困，虽然她的前路更加不明，可她向前的脚步从未停歇；爱丽丝的性格更加达观。"我们很难定义和理解'文明'这个词，我已经不像离家之前那样，对这个词的含义有那么确定了。"爱丽丝思考着。

尽管前路不甚清晰，但爱丽丝不为所惧。此时的她还未意识到，自己与日本的缘分并未了结。虽然就要离开自己的三个日本朋友，但是，在日本积攒的人生财富，对爱丽丝日后的生活将产生深刻影响。当爱丽丝踏上回程之路时，她并非孤单一人。就驶往旧金山的英国蒸汽船"贝尔吉克"，《日本邮报》有这样的记录：爱丽丝·培根，一个孩子，日本公民。陪伴爱丽丝的这孩子是梅子表姐五岁的外甥女渡边光子（Mitsu Watanabe）。没有家庭责任束缚的爱丽丝渴望保持与自己日本家庭的联系，于是便收养了这个小女孩。在接下来的十年，就像梅子从前那样，光子将在美国长大。

第十三章

进与退

"亲爱的兰曼女士，"1889 年 8 月，也就是学年结束不到一个月的时候，梅子写了这封信，"您猜猜我现在在哪里？"此时，爱丽丝·培根还在周游日本乡间，享受最后几个星期的日本之行，梅子已经兴奋地抵达美国费城郊区了。

很长时间以来，梅子都感觉到自己所受教育的不足，甚至进入华族女校担任教职以后也是如此。这段时间，已经有不少日本女性在东京高等师范女校接受教师资格培训并顺利毕业，这些女性的成绩是实实在在的，她们的地位不断上升，野心也在逐步增长，梅子的自信心开始动摇。"我希望自己也接受过舍松那样的教育，虽然我知道那对她已经没有用了。"梅子没好气地写道。

真令人气愤：只不过是因为比自己年长几岁，舍松和繁子就能在留学期满之前获得瓦萨的学位，可是后来，居然是她们各自的婚姻而非在大学里积攒的学识，让她们有了现在的社会地位和财务保证。梅子不仅因为太年轻而没能上大学，也因为年龄的关系，没能留住自己的语言能力和文化认同感，也多少因为这一原因，让她无法遇上合适的日本男性。现在，梅子已经二十多岁了，一想到自己就要以一个独身工作女性的身份过完一生，她就为自己没有上过大学而可惜。"现在的我，比当初刚回来时思想更成熟，"梅子写道，"我想继续学习。"教书也许是命中注定的，但默默无闻的人生不是。"虽然现有的教育程度足以支持我在这条平凡之路上继续走下去，但是我想要的不只是这些。"

还没抵达东京之前，梅子就曾请求兰曼女士为她收集有关大学的信息：史密斯学院、卫斯理学院、曼荷莲学院的介绍等。瓦萨学院被梅子直接排除在需要收集信息的学校之外，大概一方面因为梅子对这所学校已经很熟悉了，另一方面原因可能是，梅子想自己做主，而不是简单地走舍松和繁子走过的路。梅子可以向华族女校申请长期休假，出国学习，同时还希望继续从华族女校领取工资，但在向学校提出申请之前，她首先需要预算自己大概需要多大的花销。

就在这时，一件好事意外地降临到梅子身上。自从回到东京以后，梅子就与一位美国传教士的女儿克莱拉·惠特尼（Clara Whitney）关系甚好。14 岁那年，克莱拉的家庭搬到了日本，此时距离梅子前往美国只不过几年时间。这两个年龄相仿的年轻女性喜欢相互陪伴：克莱拉的日语讲得很好，她也是梅子认识的外国人中极少数真正懂得两种文化的人。惠特尼一家对基督教有一种疯狂的信仰，这一点令梅子感到有些不自在，同时，克莱拉的父亲因克莱拉与一个比自己年轻好几岁的日本男性结婚（克莱拉已有六个月的身孕）而蒙羞，这也令梅子想到自己那位令自己感到受辱的父亲。但不管怎样，克莱拉是梅子的好朋友，梅子也自信地将继续赴美学习的雄心壮志告诉了她。

克莱拉不浪费一点时间，她很快写信给自己在费城的朋友玛丽·哈里斯·莫里斯（Mary Harris Morris）。莫里斯太太是一位受人尊敬的女士，热心地负责着一系列与教育和传教相关的项目。玛丽的丈夫维斯塔·莫里斯（Wistar Morris）是宾夕法尼亚铁路公司的负责人，莫里斯太太有义务处理大笔大笔的慈善款项。莫里斯太太还记得兰曼夫妇家的受监护人梅子。没有什么犹豫，莫里斯太太就将梅子纳为自己慈善事业的一部分了。她很快为梅子做了安排：以更低的学费，作为特殊学生立刻进入新成立的布林茅尔学院。可是这时候，爱丽丝刚来东京不久，梅子也才为爱丽丝安排妥当了这一年的生活，她无法立刻离开。何况，如果梅子打算赢得华族女校的资助，她还需要与校方管理者们就留学一事进行商榷。怀着既感激又谨慎的心情，梅子暂未接受莫里斯太太的帮助。

第二年春天，莫里斯太太又一次提出了她的支持计划。梅子有些犹豫。"莫里斯太太非常慷慨，但您是否也觉得，我不应该完全依靠莫里斯太太，而是应该得到东京这边的资助，由学校派我出去？"梅子询问兰曼女士的意见。最终，多少令梅子有些喜出望外，华族女校的校长同意支持梅子的留学计划，批准她进入布林茅尔学院学习两年，并继续按照现在的标准向她支付工资——前提当然是，梅子还会回来。"这简直太棒了！"梅子激动地写道。（果然不出所料，梅子的兴奋之中很快又掺杂进了焦虑："您可以想象，我将面对大山一样繁重的课业，一想到开学我就害怕，这真是一项艰巨的任务。"）

毕业典礼一结束，梅子就启程了。这位热切的 24 岁年轻女性，已不再是那个当年踏上同样旅程的畏畏缩缩的小姑娘了。这一次，是梅子自己做的决定，这次留学不仅仅是她人生中向前的一步，将有助于梅子回到日本之后继续工作，于她来说也是一次喘息的机会，她急切地需要这样一个机会。为了证明自己对祖国的价值，梅子已经努力了七年，她有些累了。虽然到费城之后，她将依旧是那个与众不同的人，就像回到东京之后一样，不过，梅子还是认为，美国更有家的感觉。

　　1889 年 9 月，梅子进入布林茅尔学院。这一年是该校创立以来的第五个学年。梅子一下子进入了状态，一切都让人快乐，她的周围尽是在东京时一直渴望结交的独立、智慧的女性。布林茅尔学院的学生野心勃勃，他们誓要证明自己的能力。"我们之中，除了婚姻外一无所有的女性将是失败者①。"这是该学院威严的校长玛莎·凯里·托马斯（Martha Carey Thomas）的名言。至少在这里，没有人会质疑梅子选择的道路，也没有人试图为她找一个丈夫。
　　在布林茅尔，梅子收获了她一生中最深厚的友情。这份友情来自安娜·柯普·哈茨霍恩（Anna Cope Hartshorne），她是梅子的同学，后来也成为梅子在事业上最重要的支持者。第一次见面时，那是在罗斯·钱伯林，一个宽下巴、高六英尺②的英国女人举办的下午茶会上，

---

① 原文是 Our failures only marry。——译者注
② 六英尺，约一米八三。——译者注

　　　　　　　　　　　　　　　　　　　　武士的女儿

安娜就对梅子的成熟干练印象深刻。"津田小姐是当天的贵客，她站在我们高大的女主人旁边，显得娇小可爱，但是我记得，最让我印象深刻的并非是和钱柏林小姐异常宽大的身材相比她有多么娇小。"安娜写道，"我能看出来，这两人之间不仅是师生关系，更是朋友关系。"在茶会上，梅子非常镇静自若，就自己在日本的生活和工作这一话题，向各位宾客做了演讲。"就像一位公主一样，这大概是因为，她早已习惯了被这么多双眼睛注意，已经不会在意这些了。"

虽然梅子二度赴美的主要目的是研究美国学校、学习美式教学方法，不过在布林茅尔，她选择了生物，而非英语作为自己的专业。不难想象，是梅子长久以来未得释放的竞争意识驱使她做出了这一决定。大部分明治政府送出国门的男学生学习的都是科学和工程类学科，回国后会有受人尊敬的好工作等着他们——这与梅子她们三人的遭遇可真是有天壤之别。这次，梅子有机会证明，女性也能够在这些男性学科领域获得优异成绩。梅子做到了，后来她还与一位教授合著一篇题目为"论青蛙卵的排列方向"的文章，并发表在《显微科学季刊》上。

在科学上取得成就的梅子没有忘记自己更重要的任务。她在弗吉尼亚汉普顿学院度过了自己的暑假，为的是与爱丽丝合著一本意义非凡的书，以介绍日本女性从出生到进入老年所经历日常生活的方方面面，包括贵族和农民，城市人和乡下人。这本书即《日本女孩和妇女》(*Japanese Girls and Women*)，它是第一本全面论述该话题的著作。而且很快，就有出版社愿意出版该书了。"我今天将手稿交给贺瑞斯·E. 斯卡德（Horace E. Scudder）先生了！他在霍顿·米夫林出版公司工作，是《大西洋月刊》大名鼎鼎的编辑。"1890年，爱丽丝写这封信时，秋季新学期已经开始，梅子也已回到布林茅尔。"我不想显得过分乐观，不过我认为他会为这本书添加插图，并且出版它。"

1891年夏天，《日本女孩与妇女》付梓。尽管梅子为这本书的问世贡献诸多，但只有爱丽丝的名字出现在作者名当中。这并非因为爱丽丝有什么自私的想法，正相反，爱丽丝采取了相关措施，以确保自己离开人世后，该书的版权能够转到梅子名下。她还将版税细心地分成两份，一次次将属于梅子的那份收入给梅子寄去。在坚定的抱负和梦想前，梅子并不介意自己的名字没有出现在自己的著作封面上。毕竟，之所以只将爱丽丝放在著作权人之中，是出于谨慎又谨慎的考虑，而非失误之举。

虽然《日本女孩与妇女》对日本女性的未来表示乐观，但对于日本的现在，这本书无法拿出溢美之词。"日本仍旧需要更健全的法律，为女性提供更多受教育机会；希望借由这本书，借由留学归来的男性的力量，以及欧洲和美国的影响，能改变公众在这个话题上的看法。由此，我们才能提升日本女性的智力、道德水平和与之匹配的家庭地位。"这本书如此写道。日本方面并不喜欢这样的批评意见。即使是梅子的父亲、不受旧习桎梏的津田森，也尚未准备好在这样一本赤裸裸批评日本社会的书上看到自己女儿的名字，作为一个独立的职业女性，梅子的社会地位本身就已经称不上稳定了。

爱丽丝特别将这本书献给舍松："以我们儿时友谊的名义，纵然岁月将我们分离，但这份友谊不会变化，亦不被动摇。"在序言中，梅子也被致以真诚的感谢，"一位亲密的老友"为这本书"增光添彩"。在不少正面评论中，美国也媒体注意到，作为美国人的作者竟对这一话题异常的信手拈来。"她没有躲避，而是将亲眼所见准确地传达给我们，"《纽约时报》评论，"勤奋驱使她为许多事情找到背后的原因，从而为日本女性奉上一本智慧之书。"

然而在保守风潮持续升温的日本，此书的反响并不强烈。不到一年前，天皇才颁布《教育敕语》，巩固儒家道德基本理念，要求人民知等级尊卑、做义勇奉公的忠良臣民。"此我国体之精华，而教育之渊源亦实存乎此。"该教育文件如是写道。日本的每所学校里都挂着装裱的《教育敕语》，每逢庆典祝日，学生们都要鞠躬背诵其内容。现在，日本人崇拜的不再是本杰明·富兰克林或塞缪尔·斯迈尔斯，而是天皇。在这份文件的字里行间，找寻不到一丝容许女性进步的空间。

"我不认为这会像津田先生或其他人想的那样，给梅子带来多大的难堪，"在书出版的这个夏天，舍松在信中谈及，"不过，一切还是谨慎为妙，尤其是现在这个时候，就连受过最好教育的阶层里也出现了浓重的保守气象。"于是，爱丽丝提出，还是应该让出版方将梅子的名字从序言中去掉。"如果把责任都推到我身上有用的话，"爱丽丝进一步向梅子建议，"或许你能给东京某份著名报纸写封信，就说你所做的只不过是修改我的言辞，使其不伤害日本国民的自尊心，然而我太过固执，就连你的建议也听不进去。"（该书的出版在东京引起了令人不快的余波，这让爱丽丝感到她需要保护自己的朋友。几年后，爱丽丝又出版了一本书信体回忆录，记述了她在东京工作生活的一年，书名为《窥见日本》。在这本书中，她用虚构的名字指代梅子和舍松，并将书献给了自己的姐姐们，而这些书信最初也是寄给她们的。）

但是，梅子选择无视爱丽丝的建议。她认为，现在不是为东京愤怒的保守派们操心的时候，同时，正是该书的出版才极大提升了梅子在美国的声誉。在扩大日本女性教育这一事业上，梅子投入了越来越多的精力。她曾在马萨诸塞州女性大学教育协会做过一场题目为"教育与文化——什么才是当今日本女性最需要的"演讲。1892 年，在梅子的活动下，她的女赞助人玛丽·哈里斯·莫里斯和布林茅尔的玛莎·凯里·托马斯（Martha Carey Thomas）决定成立美国日本女性奖学金项目，以支持日本女性在布林茅尔的学习。同时成立的委员会——由十五位富有的费城女士组成——在短时间内就筹集了 8000 美元。

爱丽丝也利用这本书为自己带来的名誉，继续着她的事业。1891 年 8 月，爱丽丝和自己的姐姐在康纳狄格的诺福克度假。期间，爱丽丝在村公所举办了"日本茶与筷子晚餐会"，端送茶点的女孩们均穿着和服。"餐桌被精心装点过。为了果腹，所有人只能笨拙地拿起筷子将食物送进嘴里，晚餐过程中，笑声不断。顺便说一下，来参加晚餐会的人被规定只能用筷子，破了规矩会被罚款。"当地报纸这样报道到。通过这次活动，爱丽丝为汉普顿学院筹集了 200 美元。

虽然梅子为日本女性能够前往美国留学不断做出贡献，可是她对女性应处于何种位置的想法却也有过时的一面。玛莎·凯里·托马斯教育她的学生们，应该远离家庭事务，去追求更崇高的学术，而梅子所提倡的女性教育止于将女性的智力水平提升至与男性同等的水平上。是的，也许会有少数极其优秀（或者也可被看作不幸）的女性跟随梅子的步伐，读大学，成为新一代日本女性的老师，但是这新的一代日本女性不一定非要以她们的老师作为榜样。"妻子要成为受过教育的男性的好伴侣，要成为能够对儿子们产生正面影响的好母亲，"梅子向观众们这样讲，"她们需要真正地认同自己在家庭中的位置。"好妻子、好母亲，看来明治政府"贤妻良母"的思想依然存续着。

这样一来，虽然梅子一直对退居家庭生活的舍松感到失望，可是这样的舍松却实实在在是梅子希望培育出的那种日本女性，是日本新女性的典范：知识水平与丈夫相当，是丈夫的好帮手、好伴侣，而非一味为丈夫做苦力，积极了解国际局势，参与慈善活动，为自己的国家教育出优秀的儿女。然而，舍松却不认同《日本女孩与妇女》在日本女性的未来上所持有的乐观自信。爱丽丝和梅子"同情心太过旺盛"，舍松坚持认为，"请允许我提出异议，因为你们忘记了，一位日本女性具有许多优秀品质的同时，她依然会妒忌，会有狭隘和虚伪的一面。"舍松的沮丧就是对梅子的演讲的有力回击：舍松获得了智识上的成就，可是如今，即使她已拥有了尊贵的地位，她依旧感到幽闭，而放弃了家庭生活的梅子，纵然孤独，却依然走在职业女性的道路上。

梅子蔑视两位已婚朋友的不断妥协，从她们在丈夫面前所表现出的顺从，到她们嘴里叼起的细烟管。"你觉得可怕吗？"舍松写信给她旧时在瓦萨的朋友安妮·索思沃思，"几乎所有日本女性都抽烟，而且她们不会隐瞒这件事。起先是瓜生太太（也就是以前的永井小姐）抽，后来我也学会了。津田小姐劝我们戒掉这个有害的习惯，可是她失败了。你不知道吸烟多么能让人感到舒坦。"也许舍松和繁子不像梅子那样寂寞，也不缺钱，可是内心的双重身份依然让她们感到不安，这一点无法抹去。梅子可以让自己与其他日本女性保持距离，但是舍松和繁子的丈夫都是有身份的人，她们享受不到梅子那份奢侈的自由。

与大山岩的婚姻生活是愉快的，但同时，因这段婚姻而带来高调的社交事务也让她相当忙碌。作为陆军大臣的妻子，她已经有诸多事情要做了，后来，她又有了一个正式头衔："皇室西化事务顾问"。这一职务要求她经常拜访皇室，就如何为衣橱添置新衣，以及西方礼节等为皇后及其仕女们提供指导，同时，舍松也要为外国贵宾的妻子们做翻译。舍松乐于做这些工作，在此过程中，她也注意到宫廷里的保守派有多么落后，首当其冲的就是下田歌子，曾经的皇后仕女，以及现在的华族女校负责人。"我对她一点耐心都没有，"舍松向梅子和爱丽丝生气地直言相告。"应该把她从学校赶出去，我毫不介意立刻向所有人传达这一看法，虽然这话传到她耳朵里以后可能会影响到我的孩子们。"

下田女士和舍松对女性教育都尽心尽力，不过至此，她们的亲密关系终止了。舍松曾称这位女性为"深沉的思考者"，但此时她发现，这位女性无法超越自己的保守主义根基。"你们认为她的学生们，尤其她的寄宿生们会怎么想？"舍松愤怒了，"她居然说，穿外国布做成的日本服装就是不爱国，喝牛奶、吃肉就是对日本不忠！！！作为一名教师，竟然将这样的想法灌输进学生的脑子里！"不幸的是，许多华族学生的家长都认同下田女士的观点。

舍松与皇后的亲近关系并未让其社交圈里的女人们喜欢上她，对提高丈夫大山岩在天皇私人顾问团中的地位也没有什么帮助。大山夫妇最近搬到了位于隐田郊区的新居所（接近今天热闹的流行文化圣地原宿），新居所占地几英亩①，位于皇宫向西两英里（约 3.2 公里），是个安静的好地方。这栋建筑由一位德国建筑师设计，满足了大山将军对欧洲风格的向往：外墙是砖砌的，魁伟气派，有华丽的拱门，屋顶上向远处开着凸肚窗，每个角上都竖起尖尖的塔楼，房内则摆放着法式家具。（虽然孩子们是穿着西式服装长大的，可他们大部分时间却在与房子后面相连的日式建筑中度过。"因为他们的母亲非常聪明，她深知自己的孩子们不能长成祖国文化习俗的陌生人。"一位外国朋友这样写道。）1890 年 11 月，就在大山一家刚搬进新家后不久，天皇到访。

睦仁接受了一项新政策——去他手下的高级大臣家里拜访。天皇于下午一点到达大山家，直到晚上十点还未离开，期间，大山夫妇为天皇盛情安排了音乐表演，能乐表演，以及中国诗歌朗诵。天皇迟迟不走，这当然是让人欣慰的好事，可是为了细致地做好招待，舍松劳心劳神，而这对平抚周围人的嫉妒更毫无作用。她们闲言碎语不断，谈论着舍松的身体状况，以及她从巴黎订购的礼服和高高在上的头

---

① 一英亩等于 4046.9 平方米。——译者注

衔，这些好处竟然都属于这样一个连日本字都写不好、甚至直接称呼丈夫名字的女人！

梅子于 1892 年返回东京，在这期间，她不仅得到了费城赞助者们及校方的尊敬，还获准将两年留学计划延长至三年。一份由布林茅尔学院校长签字的结业证书称她为"一个有智慧、有能力且勤勉的学生"，并进一步称赞她，"在这所学校，津田小姐展现了她作为一名女性的所有优雅可爱的美德，得到了来自学校全体工作人员及学生的敬意，这是属于她的荣耀"。然而，这个"所有人"中要除去一个人——玛莎·凯里·托马斯，她无法理解，为什么梅子选择回日本继续她的教职，而不是留在美国从事科学研究。先前，这样一个机会已经向梅子敞开了大门——布林茅尔愿意接受梅子担任某实验室的助理，然而梅子却拒绝了。"我想托马斯小姐一直都没有释怀，她不明白梅子为什么不领情，为什么要拒绝这样一个成为真正的学者的机会，"安娜·哈茨霍恩写道。

托马斯小姐重视的是个人成就，这是典型的美国人的想法；她不能理解梅子的是，虽然梅子的青少年时期在美国度过，但依旧是日本的女儿。即使在宾夕法尼亚追求学术道路听起来是那么诱人，可她还有更重要的责任，这是自从梅子孩提时代就被赋予了的责任。梅子一直都渴望被认可，但她懂得，这份认可只能在履行更大义务的过程中获得。

梅子又回到华族女校任教了，她还肩负一个新项目，即为之前在美国成立的日本女性奖学金做宣传，以鼓励更多日本女性像她自己一样赴美留学。之前在布林茅尔为观众们发表演讲时，梅子从他们身上收获了宝贵的力量；回到东京后，她又有了新的想法。"我认为，今天日本最需要做的是，提供机会以提升未来的妻子和母亲。我现在最热切盼望的，就是教育出一批努力上进的日本女性，使她们获得继续开展女性事业的能力，培养她们成为兼具日本文化教育优良传统及西方文明与宗教精髓的优秀女性。对这一点，有谁能质疑？"梅子在《日本邮报》上发表文章道：

> "我们需要榜样来告诉这个对女性感到不屑的世界，教育不会败坏她们。我们需要能够成为榜样的女性，为她的同胞辩护。我们需要清醒的头脑和伶牙俐齿来告诉男性，女性正在遭遇怎样的不公。我们的学校需要更优秀的教师，我们也需要更有力的领导者为女性权益发声。"

回到日本的梅子更坚定了她所追求的事业和目标，然而令她烦恼的是，舍松和繁子还在试图为她做媒。27岁的梅子在想，到底她的朋友们什么时候才愿意接受梅子自己所选的路？秋天，爱丽丝收到了梅子充满愤怒和抱怨的长信，她以自己的亲身经历与智慧回答了梅子的问题。"我想这是全世界已婚女人的错，她们总是小看未婚女人，并觉得自己有义务把她们嫁出去，"爱丽丝写信给梅子，"别为这个苦恼，等你像我这么大的时候，我想就连舍松和繁子都会放弃的。"

梅子生气的还有一点，即自己这两位挚友在女性活动上缺少决心和热情。在这一点上，爱丽丝也提供了自己的宝贵见解。"对此我也感到伤感，你和她们之间的鸿沟越拉越大，而她们只是随波逐流，变得保守，"爱丽丝写道，"可是，女性一旦结婚，就会被丈夫的需要和孩子的未来绑架，只有你我这样独立的老处女才有为自己做选择的自由，而如果有谁被我们伤害，那只有我们自己，至少我们的热情、错误甚至失败不会伤及他人。"爱丽丝的话语安慰了梅子。这年秋天，梅子成立了一个赴美留学选拔会，许多女孩得益于此，成功赴美留学，其中一个便是繁子的孩子。

繁子已经是五个孩子的母亲了，而且她还怀上了第六胎。在这样的情况下，她依然坚持着自己的教师职业，一开始是在东京音乐学校，后来在女子高等师范学校。繁子没有舍松和梅子那么野心勃勃，但她稳妥地平衡了教学与家庭，这同样了不起。最近，繁子也为梅子的女性事业做了不少贡献，这与她突然减少的家庭负担有关。虽然作为母亲，繁子的任务一直在增加，但作为妻子，她的工作量骤然减轻了。1892 年 9 月，繁子的丈夫作为日本驻巴黎大使馆的海军随员前往巴黎，这一去将是四年。

瓜生外吉不是唯一一个自 1892 年以后权责增加的军人，大山岩最近刚刚递交辞呈，结束了他十多年的军政工作，然而没几个月，他就被召回到先前的职位上。此时，日本已经开始为战争做动员了。

19 世纪 70 年代，从教育、工业，再到政府结构，改革渗透到日本的方方面面。西方势力已经表明态度，他们没兴趣和他们认为落后的国家谈判，推动国家进步成为这个时期日本的核心任务。日本的领导者对国际局势明察秋毫。19 世纪 80 年代，实力越来越强的欧洲工业强国不断瓜分新殖民地，日本也感到了威胁。明治政府的领导者建设国家的同时，其他国家也在忙着建设帝国，且这些国家正在步步逼近日本。法国已经占领了印度支那，美国占领了夏威夷，俄国和英国为中亚打得不可开交。"文明"国家开始在"未开化"的土地上争夺主权。如果日本已经成为开化文明之国，那么它就需要保护自己不受外国势力的蚕食，甚至或许它也应该为自己争夺一些殖民地。日本学了西方几十年以后，帝国主义突然成为日本政府认为其最应该学习的一课，这是西方人万万没有想到的。

日本很快就盯上了朝鲜。1876年，日本仿效海军准将马修·佩里，像曾打开日本国门的美国一样，用船坚炮利式的外交手段打开了朝鲜国门，迫使其建设通商口岸，与日本进行贸易往来，甚至给日本国民治外法权。自此以后，中国和日本就密切谨慎地相互关注着，因为它们都担心悬于两国之间的朝鲜半岛被对方占领了去。

19世纪90年代早期，日本领导者认定对朝鲜的控制事关日本国家安全。文明开化的日本，而非羸弱的中国，才能保护朝鲜抵抗西方殖民者的侵略威胁。此时的明治政府已经建立得非常稳固，它不断增加军费，令军队进行大规模军事演习，并购置大型军舰船只扩充海军。1894年春天，因一个朝鲜农民的反抗行动，导致中国和日本均派军队进入朝鲜，对峙愈演愈烈。七月，日本势力占领朝鲜皇宫并挟持朝鲜国王，要求其将中国人赶出朝鲜。

这是自16世纪好战的丰臣秀吉（Hideyoshi Toyotomi）残忍侵略朝鲜却兵败以来，日本又一次在外国的土地上面临战争。8月1日，日本向中国宣战。担任日本第二军军长的就是大山岩将军。

"我当然感到担心，"秋天时舍松写信给爱丽丝，"但同时，我知道我们最终会胜利的，虽然我丈夫可能会挨饿受苦，但他会打败中国，安全归来。"战争就像是一剂清醒剂，将舍松周围的闲言碎语和困扰着她的沮丧心情都冲散了。她四处奔忙，为即将奔赴战场的丈夫找来一切能够抵御中国寒冷冬天的物品：大衣和靴子里的皮里子、羊毛袜、法兰绒衬衫、丝绵内衣，以及一个热水壶，还有不少怀炉——一种用布包裹起来的锡壶，边上有几个洞，内有一根可以连续发热几个小时的煤炭。

为丈夫打点好行囊之后，舍松将她的精力放在了几个更大的项目上。"七月，一个由六十位女性组成的委员会成立了，我也是其中的一员，我们向其他女性筹集款项，结果非常理想，"她写道。"你不知道——我甚至很难向你描述——这些人有多大的热情，她们把自己所有的东西都拿出来了，为的是给战士们带去慰问。"以十年前曾成功举办过慈善会的舍松为榜样，许多东京上层女性都全力参与。皇后本人发起了女性志愿护理协会，舍松则为红十字会做卷绷带的工作。"我们都需要按照医院的标准，穿护士服装，用石炭酸洗手洗衣物，因为部队对消毒卫生有非常严格的要求，"舍松写信给爱丽丝，"我们已经做了几百万个绷带了，但是我们还在继续。"

多年后，想起同伴们工作的样子，她依然感到震撼："那些连穿衣都由仆人伺候的人，那些只要是比手帕重的东西就绝不亲自手提的人，那些身后没两三个随从绝不出门的人，她们一个个提着午餐篮和卷好的护士服来到医院。"虽然已经成为体面优雅的将军妻子，但舍松的心中还住着那个曾经努力保卫城堡的会津女孩。看着练兵场和火车站上士兵们为上战场而准备的繁忙景象，舍松向爱丽丝坦言："我感到自己也想成为一名战士。"

中国陆军比日本陆军的规模大得多，中国海军战舰的数量也是日本的两倍。对自己的国家打胜战，舍松有信心，可是西方观察者却不认同她的观点，他们不认为她丈夫的军队能打败兵力更庞大的邻国。不过，日本也有值得骄傲的地方。其海军曾在一场关键战役中挫败中国海军舰队，严明有序的日本军队还曾将组织混乱的中国军队逼出朝鲜半岛。几个月内，西方报纸的论调就有所改变了，他们称日本为"勇敢的岛上帝国"。美国人的疑虑也很快转为自我庆祝。"在我们急切地想要了解日本事务的同时，有一点事实值得我们骄傲，即在日本下决心向中国施以'文明手段与方式'上，美国起到了一定作用。"《纽约时报》报道到。

战争持续了八个月。"我告诉你，"爱丽丝写信给梅子，"在基督教世界眼中，日本已经崛起了，她已经证明了自己在文明的标准之上打一场胜仗的能力。"当然，这样的观点是有争议性的，"不幸的是，虽然基督未曾这样教导我们，但是，采取军事手段似乎依旧是一国赢取其他国家尊重和肯定的有力方式。"

战争的胜利在日本上下掀起了一股爱国热潮。"现在，我们不会再羞于以日本人的身份站在世人面前，"日本第一份新闻杂志《国民之友》创始人德富苏峰（Tokutomi Soho）① 写道，"在此之前，我们

---

① 作家德富芦花之兄，日本著名作家、记者、历史学家和评论家，鼓吹极具侵略性的皇室中心主义，于 1887 年前后到 1957 年病逝，笔耕 70 余载，且始终处于日本舆论界核心地位，其思想是近代日本思想史的折射，当今日本右翼思潮与其思想一脉相承，战后由国际军事法庭判为甲级战犯，1945 年 12 月 2 日被逮捕。——译者注。

不了解自己，世界也不了解我们。但是现在，我们已经检验过自己的实力，我们了解了自己，世界也了解了我们。"（一个月后，俄国、法国和德国要求日本归还中国被迫割让的土地，打了胜仗、为国骄傲的日本人遭受重击，"三国干涉"将日本的喜悦化为沮丧，它重整军力，这一次对准的是新敌人：俄国。）

正如战争提升了日本在国际社会的地位，日本女性，包括战士的母亲和妻子们也在此过程中提升了知名度。大山将军的名字屡屡出现在外国报纸上，没多久，美国媒体就为他的领导能力找到了最应该领取功劳的人：他的妻子。由智者莱昂纳多·培根培养长大，从美国最受尊重的女子大学毕业，大山夫人确实是其丈夫取得事业上成功的秘密法宝。"通过日本，中国无疑必须尽快走向文明，若果真如此，谁能说山姆大叔①在这其中没有起到助力作用？"《时代周刊》感慨道。"作为山姆大叔的弟子，践行他的原则，恪守他的规则和方法，大山女士广泛施展其影响力，她无疑促进了日本人的进取精神。"

举止优雅得体，受过良好教育，在精英阶层之中游刃有余，舍松确实是美国启蒙影响力的最佳示范，这也证明，美国已经从后起之秀成功转变为他国之导师。"心怀报国之情，她离开美国，带着早已化为己物的美国信仰，她决心为日本女性地位的提高竭尽全力，"一篇文章这样描述舍松，"毫无疑问，舍松一直践行着早期所接受的美国教育，包括一切美式原则与政策，这也成为日本女性得以不断获得解放和自由的关键因素。"

---

① 山姆大叔为美国的绰号和拟人化形象。——译者注

这是自瓦萨毕业演讲以来，舍松又一次被世人所注意。"不论战争形势如何，"爱丽丝写信给梅子，"目前的情势对小舍是有益的，因为这给小舍的生活带来了波澜，这正是她所需要的。"

中日战争似乎一时间给被卷入其中的人带来了生活的能量和动力，不过随着战事的结束，这股气力也很快消散了。梅子回到了华族女校的日常工作中。因为下田歌子所倡导的"贤妻良母"植根于儒家顺从之道，而非西方自由人文思想，梅子与下田的教育理念也渐行渐远。曾经，在伊藤家中，这些人就学校规划聚在一起进行过许多次充满理想主义的讨论，可是，瓦萨式或布林茅尔式的教育理念却从未在华族女校扎根。"这所学校的学生们必须牢记，未来结婚后，必须成为贤良的妻子；成为母亲后，必须要做聪明的母亲；对待父母公婆，要温柔孝顺；要懂得勤俭持家。"学校的校训如此写道。对这些女孩子，结婚生子不是一道选择题，而是早晚问题。为了扮演好贤妻良母的角色，女孩们必须努力"获得这些品质与美德，使自己成为高贵的女性"，不能被"空洞的词语或华而不实的概念"扰乱方向。学习礼仪和书法，略懂些经典，或者再学几句英语和法语，这就是所谓的美德，而对于一个女人，科学、历史和哲学学习却被看作华而不实。

下田女士认为，一位以培养日本女性为己任的教育家应该像园丁一样，恪守自然规则，尽可能让普通的植物散发出最大的光彩。"但是，如果他想培育出什么神奇的新品种，比如试图让黄瓜藤上长出茄子，让柳树生出樱花，那就是在做无用功了，"下田写道，"不仅如此，他甚至有可能会杀死黄瓜藤，或者将柳树的枝杈折断。"

根在日本，长在美国的梅子一定无法接受这样一番教育理念。梅子感到孤独，而这一次，孤独感加倍了。爱丽丝远在美国，忙于为汉普顿学院建立一所护士培训医院，梅子与布林茅尔那些能让人精神振奋的同伴们也不得相见。更让梅子感到难过的是，就在整个东京逐渐被卷入又一场战争之时，梅子的小妹妹富纪因患肾病而去世。比梅子年幼十岁的富纪既是妹妹，又似女儿：自从在华族女校教书起，梅子就将富纪接来同住，并负担了妹妹所有的学费。

"我无法说服自己，她已经死了，"梅子写信给兰曼女士。"我们一起做了那么多事情，她是我生活的一部分。"同年，梅子的另一位至爱的亲人也去世了：查尔斯·兰曼，享年75岁。人们再也听不到这位美国父亲自豪地讲述养女的成就了。一直以来，给梅子带来最稳定情绪安慰的是乔治城的兰曼家庭，自此，这份安慰也不再似从前那样坚固。

整日听这些着迷于礼俗的富家小姐不加理解、没有激情、鹦鹉学舌般的初级英语朗诵，梅子感到郁闷彷徨。"我就要失去自我了，因为我找不到生活的重心和方向，"梅子写信给布林茅尔的朋友们，"在这里，什么都没变，不论是教育还是其他方面，这里还是一潭死水，跟以前一个样。有时候，我觉得自己真应该坐上一条船，远远地离开这里，不再关心，不再尝试。"

学生们也看得出梅子心中的沮丧：这位年轻老师以前是那么有活力，课间休息时，她会带着女孩们玩抓犯人的游戏，可是现在，这位老师在课堂上俨然变成了一个令学生们害怕的人，如果有谁念错课文，她还会用拳头敲击讲台。爱丽丝一如既往地安慰梅子，为她打气。"别泄气，亲爱的，"她写道，"上帝一定会给你机会，让你做出许多好成绩，他不会将你这样的女性放在世间，却浪费掉你的才华。"

舍松也有让她感到郁闷的事。舍松年龄最大的继女信子 17 岁就结婚了——舍松认为这个年纪就结婚，为时过早，可是，这个女孩毕竟不是自己亲生的，舍松还是顺从于大山家的愿望。新郎名三岛弥太郎（Yataro Mishima），是一位子爵家的儿子，年轻有为，非常帅气，刚从美国留学归来，即将赴任农业部工作。虽然两家皆为有权有势的家庭，它们的联姻符合传统习俗，但这对年轻人的婚姻有新潮的一面：此二人互相爱慕。1893 年，婚礼如期举行，这桩幸福的事情也使大家暂时忘却了战争的威胁。然而，婚后第一个冬天对信子来说却非常难捱：东京被流感侵袭，照顾和护理丈夫全家的担子落在了信子身上，可是信子自身也没有那么强壮，筋疲力尽的她终于也病倒了，且恢复得非常慢。公婆将信子送回大山家休养。信子染上了肺痨。

三岛是家中独子，其任务是给家里留下继承人。信子一直没能怀孕——就这一点，女方不仅不被理解，还被视为耻辱——再加上又生了病，三岛家开始认为，信子对他们家是一个危险人物：如果三岛被传染上该怎么办？三岛的寡母要求儿子履行自己的义务：与现任妻子离婚，并为自己重新寻找一位身体健康的妻子。爱情让位于孝道。

对此，疼惜女儿的大山自然感到非常愤怒，然而他也理解对方家传宗接代的想法，于是同意了三岛家的离婚请求。去乡下亲戚家休养的信子一直被蒙在鼓里，两人之间的通信全被仆人拦截了，最后还是因为某个女仆的疏忽，三岛的一封信递到信子手里，她才终于知道发生了什么。1895 年秋天，这段婚姻宣告结束。"我有责任照顾我的家族，在家里，我的意见并不重要，"三岛在写给舍松的心中袒露了他的痛苦和抱歉，"我知道这是个懦弱的理由，但我相信，这场不幸一定是由于我在前世做了什么坏事。"爱丽丝惯于以实际的眼光看问题，她将这件事的发生归咎于社会条件，而非转世轮回。"听到离婚的消息，我感到很难过，"在写给梅子的信中爱丽丝说，"这更让我坚信这一想法，那就是，如果日本不做出改变，使婚姻更具约束力，那么不正常的事情依旧会继续。"

信子感到绝望，她的身体也一直没能好转。父亲将信子接回隐田家中，在这里，继母用尽所有在康纳狄格护士培训学校的所学来照顾她。大山夫妇为信子专门搭建了一个住处，以保护其他孩子不受感染；他们尤其注意信子的饮食，天气暖和的时候就带她出去透气。然而，这一切努力最后都付诸东流了：1896 年 5 月，年仅 20 岁的信子去世。信子的悲剧证明，美国的进步思想依旧没有在日本生根，日本女性的生活没有多少改变。这个生长在优越家庭的女儿，接受了最好的教育，拥有一对开明的双亲，然而，因为社会教条将一位妻子的价值远远放在其丈夫和丈夫家庭的需要之下，这使她心碎，她的生命也随之结束。舍松倾尽全力去照顾信子，却换来周遭的闲言碎语：这是什么样的继母？居然把那生病的孩子赶到家里最偏僻的一间房子里，还阻止其他家庭成员去探望她！

信子去世后，一本以信子和三岛这段无果之恋为原型的小说竟成为畅销书。这本小说即《不如归》①，书名取自一种杜鹃鸟，这种鸟象征着悲剧的爱，出现于日本诗歌中；它听似悲惨的叫声被解读为向逝去的伴侣献上的一首挽歌。有传说称，这种鸟会唱出它的悲恸，直到血从喉中迸出——这形象地比喻了因肺痨而死的女主人公。作者以怜惜的笔触描写了这对年轻的爱人及大山将军，然而舍松的待遇就没那么好了。这位虚构的继母年幼时就被送去英国读书，回国后成为了"全日本最懂英语的人"。然而，除了让她感到自傲之外，这一新奇技能并无他用，结果，她还给丈夫的家庭带来了不幸。"进入这个家庭之后，她急于彻底改变和打消所有旧习，"只因这一切都带有将军第一任妻子的痕迹。虽然作者站在现代的男女之爱一边，但他显然认为，舍松这样的女性过分追求西方思想。"按照欧洲人的方式打扮，浑身散发着奇异的香水味道"，以舍松原型的这一虚构人物"不通世故，刚愎自用，炫耀学问，举止不讨人喜欢"。

那些上流社会的太太们一直在背后议论，这已经够令人难过了，居然有人将自己的故事写成书印出来，让全日本的人都来八卦，这真是让人更加难以忍受。全日本的人都可以读懂，只有舍松不行。书面日语对她依旧是一个难题，当然，她也不大可能亲自读这样一本书了。

只要有时间，繁子就会向两个烦恼的朋友传达她的爱和支持，可是，毕竟有六个孩子和一份教职要兼顾，能够让繁子向朋友们传达快乐能量的闲暇时间并不多。1896 年 8 月，大山一家还在悼念信子的去

---

① 日本小说家德富芦花的成名作，也是其代表作。——译者注

世时，瓜生一家则迎来了一个值得庆贺的时刻：结束了巴黎外派的瓜生外吉，终于回到家了。迎接他的除了繁子，还有繁子抱着的小女儿坂子；这个4岁的孩子还从未见过爸爸呢。

这是一次短暂的团聚；新年过后，瓜生外吉就前往赴任新的一项指挥巡洋舰的海上任务。这次离别本已让繁子感到痛苦了，然而坏消息还在后面：在一次海上军事演练的过程中，瓜生的船与另一艘船不慎相撞搁浅。作为船长的瓜生需要为这起事故负全责，他被海军当局关押了起来。

瓜生被关在距离东京几百英里①以外的四国，那里是日本四岛中最小的一个。繁子和六个孩子在东京，大儿子武雄还生着重病，繁子心急如焚。一直像父亲一样照顾繁子的哥哥益田孝建议繁子，要么先搬去和他住一段时间，要么立刻启程去探望自己的丈夫，路费由益田孝出。繁子虽然迫切地想要奔去瓜生身边，但她还是选择像丈夫一样承担起责任，留守家中。军事法庭后来判瓜生入狱三个月。有传言称，海军上层军官由萨摩藩主导，而瓜生一直对德川幕府忠心耿耿，这些人在庭审中动了手脚，以确保瓜生这样身份的人没办法脱罪。入狱成了板上钉钉的事。

然而，瓜生正直谦逊的品德一直为大家所知，出狱后的瓜生发现，自己的声誉竟并未受损。他的官职得到恢复，但也正因为此，他必须继续自己的海上任务，还是不能回家。"怪不得繁子说自己不想让女儿们嫁给海军！"梅子在给兰曼女士的信中写道。

---

① 一英里等于1.61公里。——译者注

武士的女儿

19 世纪即将接近尾声，顺境伴随着逆境。繁子享受着众多子女和丈夫的爱，也从教学工作中感受着一份骄傲，可是为了平衡家庭和工作所带来的压力才刚刚开始显现。从美国二度留学归来的梅子作为教育的先锋人物，获得了越来越多的赞誉，可是华族女校保守幽闭的气氛却也让梅子烦恼不已。中日战争持续的数个月让舍松重获活力，大山将军也越来愈受瞩目；因为打了胜仗，天皇将大山岩的爵位从伯爵升至侯爵，并令其负责皇太子的教育。舍松固然毫无疑问比自己的两位朋友拥有更为广博的学识，然而受阶层和家庭义务的限制，任她发挥的机会少之又少。美国人欣赏她，但许多日本人却不然，舍松的生活苦乐参半。

对爱丽丝而言，那个曾经与自己一起幻想着同住一屋檐下，避谈丈夫话题，将精力投入于日本女性教育事业，二人共同创立学校的舍松，如今在信里透露出的更多是安顺，而非热情："我丈夫一年比一年胖，我却越来越瘦。"

第十四章

女子英学塾

　　这是 1897 年 2 月某个下雪的午后。从东京到海边度假区叶山的火车还未启动，梅子和安娜已经在无人打扰的车厢里坐下了。她们脱掉鞋子盘坐着，腿上盖着旅行用的毛毯。因为暴风雪的原因，窗外的景色模糊不清，但车厢里面温暖舒适，就未来何去何从，她们进行了一番讨论。这个月初，安娜的父亲在东京逝世，虽然不情愿，安娜还是定了回宾夕法尼亚的票。为了安慰安娜，让她高兴起来，梅子邀请她周末出去走走。

　　梅子离开布林茅尔后的这几年里，安娜和丧偶的父亲两度来到日本。其父亨利·哈茨霍恩（Henry Hartshorne）是贵格会医生，著有一部广受重视的医学课本，因收到日方的演讲邀请，他首度前往日本，作为家中独女的安娜，被安排在梅子父亲曾协助创立的一所贵格会学校教英语文学。在这之后，哈茨霍恩父女又以传教士的身份再次前往日本。安娜的出现让梅子为之振奋；安娜称她们二人之间的友谊是"人类能获得的最让人快乐的友情"。她们认为这段情谊是早已注定的：早在 1867 年，梅子的父亲奉将军之名前往旧金山，回程时他箱子里装了不少书，其中一本便是亨利·哈茨霍恩的《医学原则与实践》（*Essentials of the Principles and Practice of Medicine*）。

就日本女性的地位问题，梅子和安娜已经进行过无数次讨论。当火车轰隆隆驶过东京郊区时，梅子向安娜透露了一个新想法，安娜也是最早知道梅子这一打算的几个人之一。虽然现在日本政府允许女性参加英语教师资格考试，可几乎无人有这个能力。女孩子们可以上教会学校学英语，但她们在那里学不到其他领域的知识；女子高等师范学校的学生接受的仅仅是教师培训，在那里她们无法大幅度提升自己的英语水平。（华族女校的学生都出身名门，不需要为生存操心，所以梅子并未将她们考虑在列。）"梅子所提的并非一件易事，"安娜回忆道，"但是，津田小姐说，如果她能帮助学生们掌握好这门外语，那么她就能进一步带领她们进入西方思想的世界，这是任何一个受过良好教育的男性能够参与的世界，却对大多数女性紧闭大门。"

保守主义思想的升温致使全社会对西方思想的热情减退，这在政府兴办的女子学校里体现得尤为强烈；即便如此，英语学习需求依然存在。如果梅子能够开办一所私人学校，她无疑就能够填补这个需求，为日本女性打开一扇通往西方的窗户。梅子向安娜坦诚地说，她认为自己的声誉足以吸引许多学生和支持者，让这个想法开花结果；但是现在的自己尚未准备好。那么，当时机来临时，安娜是否愿意再来东京，一同开创这项事业？安娜今天 37 岁，没有任何家庭责任和牵挂，且拥有无可比拟的才华：就像爱丽丝·培根，安娜也通过了哈佛为高知女性提供的考试。她与梅子的友谊尤其珍贵。"我以感恩的热忱之心答应你，我会的。"后来安娜在信里回答道。

如今梅子也三十多岁了，怎么看都是职业女性的料，她终于摆脱了那些已婚朋友的催婚唠叨（正如爱丽丝所预料的），梅子的工作内容也不断扩大，从华族女校和美国女性教育奖学金延伸至日本教育政策的纠正。她在英语报刊上发表经验与见解，包括刊载在《芝加哥记录》（Chicago Record）上的一篇有关儿时踏上美国留学之路的文章；一篇发表在《远东》（Far East）上有关女性教育重要性的长文，这是德富苏峰广受欢迎的新闻杂志的英文版。还有一篇呼吁设立更有力的婚姻与离婚法，废除纳妾旧俗的文章。文明时代的女性绝对无法接受与其他女性共事一夫。"我们一定不希望看到，女性的思想和视野逐渐开放的同时，她们对家庭生活的不满和焦躁却也随之逐渐增加，甚至忘记自己最神圣的义务是，即使牺牲自我也要维护家庭和睦。"

梅子传达的概念一以贯之：女性受教育不是为了挑战男性，而是为了更好地辅佐男性。"没有文化修养、教育和经验积累，"她写道，"女性在丈夫的生活中只是一个卑微的角色，这样的状况与贤妻良母相差甚远。"她鼓励所有女性，掌握一技之长，一旦形势所迫，就可以此养活自己。"任何喜欢和擅长之事都可以发展为一项技能，比如教书、写作、护理、烹饪，或者缝纫。"梅子所描述的女性可施展才华的工作范围还是很有限。[19世纪90年代末，已经有一些日本女性开始挑战女性的能力空间了；比如日本第一位女医生荻野吟子（Ginko Ogino），她于1885年获得医生执业资格，同时，许多私立医学院校也逐步向女性开放旁听课程。]

女性学习有用技能绝不代表她会失去女性特质，换个思维考虑，"我们可以视这项技能为一个女性最好的嫁妆，"写这句话时，梅子一定想到了繁子，当丈夫生病时，是繁子用教书挣来的钱帮家里渡过了难关。梅子从未在自己的论述中提出，其他女性可能和自己一样放弃有丈夫孩子的生活，将全身心投入工作。梅子是其自我主张的矛盾体，她没有家庭，但是她的教育事业却以推崇女性追求家庭完美为基调。

梅子的教育信仰相对平和，也完全符合明治政府"贤妻良母"的教育宗旨，这保护了梅子不受传统势力的攻击。现在，梅子发表意见时不再以爱丽丝作掩护，文章也都署着自己的名，因而，她更加重视外界的评论。"有一两条批评意见，但也没什么新意，"就发表在《远东》杂志上那篇文章的反响，梅子写信给兰曼女士说道，"我总会听到各方的评论，这也正常，因为您知道，一位日本女性在报刊上发表文章，在日本这还是件新鲜事。"梅子多年来的辛苦付出正开始产生回报。除了华族女校的工作之外，1898 年春，政府任命她为女子高等师范学校的老师，这项任命不仅有助于提升梅子的薪水，更意味着一份肯定，这说明，掌权者终于相信，一个日本女性也可以有所作为。

好事还在后面。同年五月，来自马萨诸塞州的爱丽丝·艾夫斯·布里德太太（Alice Ives Breed）到访东京，有媒体称她是一位"非常俊俏的女性，体格健壮，气质迷人"。布里德是妇女俱乐部总联合会副主席，夏天在丹佛将有一场选举，布里德希望届时自己能够被推选为主席。访问期间，布里德给日本政客们留下了深刻的印象，她还敦促日方尽快向即将举行的选举大会委派一名代表。不知是受了布里德太太性格魅力的影响，还是震撼于她高大的身形，总之，日方同意了布里德的要求。这位代表的人选不言自明。

"您知道发生了什么吗?"几周后,梅子写信给兰曼女士,此时她已经坐上奥林匹亚号蒸汽船了。"这是件特别棒的事情!!"在一个周五的晚上,文部大臣向梅子提出了布里德太太的邀请;第二周的周五,梅子就已经和华族女校的另一位女性同事乘坐蒸汽船出发了。这次,政府表现出了非凡的效率,而且还准许梅子二人在美国停留五个月。

六月末,梅子站在丹佛某礼堂的讲坛上,就自己受邀来到这里向台下满满当当、清一色的女性观众表示感谢。"一个国家将向另一个国家学习,如此,提升女性教育水平和地位的事业将持续下去,"梅子告诉台下观众,"一步一步,全世界的女性将摆脱野蛮时代的苦役,摆脱玩物和附属品的命运,成为其丈夫真正的有力伴侣,获得与男性平等的地位。"美国女性向她们的日本姐妹伸出手,而这些日本女性将为亚洲其他未开化国家的女性带去文明和曙光。

对梅子来说,丹佛只是一场大胆新征程的起点。继丹佛的大会之后,梅子赶忙向东行,与失去了丈夫、年迈的兰曼女士团圆。她见到了许多六年未见的老友,包括爱丽丝·培根,以及布林茅尔的玛莎·凯里·托马斯,并与朋友们分享了之前已经告诉过安娜·哈茨霍恩的那个雄心勃勃的计划。梅子还参观了不少学校,期间,她认识了一个自孩童时代就被夺去听力和视力的 18 岁女孩,而这个女孩正在为报考拉德克里夫学院做准备。"亲爱的津田小姐,你想象不到,与你见面让我感到多么高兴,祝你一切顺利,生活幸福。"为了纪念二人的相识,海伦·凯勒在一张便笺上写下这句话,并签上自己的名字,送给梅子。梅子一直保存着这张便笺。还有什么更好的例子可以用来证

武士的女儿

明，只有教育的力量才能将女性从黑暗中拯救出来？

就在为期五个月的美国之行即将结束时，梅子意外地收到了另一份邀请，这份邀请来自几位声名显赫的英国女性，由日本驻伦敦大使转交。津田小姐愿意赏光观察大西洋这边的女性教育进步状况吗？东京很快就批准了这次访问：梅子的假期也延长至来年夏天，同时梅子还将得到一千日元的补助。11月，梅子乘船前往利物浦，她不敢相信自己有这么好的运气。"我本来觉得，能再来美国已经是一件天大的好事了，"在船上，梅子写信给兰曼女士，"这次行程没有缺憾，一切都非常完美！可是竟然前方还有一次美好的旅程等待着我……我真的感到受宠若惊。"

这是第一次，梅子并非以学生的身份，而是以一个独立的成年人，一个教育工作者的身份走出国门，她代表的是那个冉冉升起的祖国，而那些国际同行又是如此渴望与她交流。在这几个月的旅程中，梅子暂时摆脱了平日工作里的苦闷，她感到自己失去的士气又回来了。在伦敦，她给自己买了件雨衣，她坐地铁，上餐厅吃饭，去剧院看戏。梅子看尽了名胜景点，她认为，走在威斯敏斯特大教堂里的墓碑之上是件亵渎神明的事。"对这样不用着急、慢慢来的生活，我感到多少有些不习惯，"梅子写道，"我还从来没这样奢侈地享受过时间。"

在英国，接待梅子的人当中，许多都是大主教的妻子和大学女校长，她们向梅子展现了女性可以拥有何等的智慧和自信。在切尔滕纳姆女子学院，梅子认识了受人尊敬的多萝西·比尔（Dorothea Beale），"一位有能力、有权势的女性"，她将一所小学校发展成为一所拥有超过 900 名学生的学院。"看到英格兰的教育进步速度如此之快,我深受鼓舞,"梅子在日志中记录道,"目前日本的教育水平与比尔小姐开始工作时英格兰的教育水平相当。"梅子在牛津的圣希尔达学院度过了几个星期,她旁听了一些讲莎士比亚文学、读约瑟夫·艾迪生①及亚历山大·蒲柏②诗歌的课程,也没有错过茶会和晚宴。梅子认识了英国诗人丁尼森的侄女,以及华兹华斯的几位亲戚;她小心记下这些人的头衔,对自己所受到的贵宾待遇也很满足。"不论去哪里,我都坐着马车,有人服侍,就像一位有品位的贵族小姐,"梅子写道,"我自己都很难想象,自己竟能得到这样的待遇。"

回到伦敦后,因为一次难得的机会,梅子见到了弗洛伦斯·南丁格尔(Florence Nightingale)。"比起皇室成员,我更愿意拜访南丁格尔,"梅子写道,"我是不会那么快就忘记这张受病痛折磨却依旧温暖而智慧的面庞,这位躺在病房里的女性已经 70 多岁了,但她的思路是如此清晰,她的想法是如此充满朝气。"南丁格尔小姐的头靠在白色枕套上,盖着红色丝绸被,她的身体每况愈下,但梅子却被她深深吸引:这是一位坚强的女性,她做出了具有开创性的工作,这为她带来了国际性的赞誉,但同时,作为女性,她的行为从未越界。护理与教书一样,都是能够协助女性维护美满家庭的技能。这次会面进一步增强了梅子的信心,也坚定了她的目标。梅子就像个追星族,从南丁格尔的床边离开后,她心中依旧充满感激。"我确实是想要一张她的

---

① 约瑟夫·艾迪生,Joseph Addison(1672—1719),英国散文家、诗人、剧作家及政治家。——译者注
② 亚历山大·蒲柏,Alexander Pope(1688—1744),英国诗人,杰出的启蒙主义者。——译者注

签名，或者任何她的东西都行，但是我今天根本不敢开口。"梅子将心事记录在日志里。临行前，女仆送给梅子一束紫罗兰花，作为离别的赠礼。梅子很小心地捧在胸口。

见到多萝西·比尔和弗洛伦斯·南丁格尔这样的女性偶像自然让梅子感到心潮澎湃，但同时，与另一位有权势的男性讨论问题，也给了梅子不少启发。人脉广博的查尔斯·兰曼曾经非常宠爱梅子，是他启发了梅子的思想；梅子成年后，是具有领袖气质的伊藤博文继续开拓梅子的眼界，住在伊藤家的几个月里，伊藤就非常欣赏梅子对时事发表的看法。现在来到英格兰后，梅子又遇到了这样一位杰出人物，他也相当重视梅子的见解：年迈的约克大主教威廉·达尔林普尔·麦克拉根（William Dalrymple Maclagan）。梅子受邀在毕肖普索普宫（Bishopthorpe Palace）小住数日，大主教不止一次向梅子表示关注，这让梅子感到受宠若惊。"他是位可爱的先生，品格高尚纯粹，值得尊敬，"梅子写道，"他对我非常友善，让我感到自己也受到他的尊敬。"

因为麦克拉根真心关注梅子的工作，所以梅子也向这位老先生表述了自己的困惑。"我告诉他，我确实想做出些成绩来，我希望自己保持感恩之心，因为我得到了比别人更多的优势，同时我也想发挥自己的优势，让他人受益。我也告诉他，我感到肩上的责任如此之重。上帝给予我的比给予其他日本女性的要多得多，但我并不值得上帝这样做，有时候，我甚至希望自己从未看到、听到和知道这么多。"梅子急切地将自己最真实的感受写下来。难道我过于野心勃勃、自视甚高？难道我所做的工作是女性分外的事？女性能否在有所作为的同时依旧保持谦逊？大主教肯定了梅子这份事业的正当性，及其对日本社会的贡献。"他祝福我，并为我未来的工作祈祷，他心怀同情心和美好的善意，并给予了我许多智慧的建议，我受益良多。"

　　梅子居然有些怀念自己在日本日复一日波澜不惊的工作了，这让她自己都吃了一惊。"贵妇人一样的生活，过个一年半载就差不多了，虽然日本的生活又忙又累，钱也不多，但我喜欢那种脚踏实地做事情的感觉。"梅子写道。既然梅子拒绝考虑结婚，那么她成为有钱又有闲的太太的机会就随之蒸发了，因此，梅子所表达的满足，实际上是建立在生活所迫的现实之上的。可尽管如此，梅子确也对现实感到满意，这是事实。梅子从未表露过背叛日本，留在西方的这类想法——即使是在给兰曼女士的信中，她也从未这么写过。

　　1899 年 5 月，离开东京近一年的梅子，终于要踏上跨越大西洋的回程路了。在向西的漫长跨洲之旅开始前，梅子再一次去费城和华盛顿看望自己的朋友们，还有兰曼女士。"我还是感到一切都是这么不真实，我居然能够再回到这里，我的生活与你们的生活曾几何时已经断开，此刻却再一次接续起来。"梅子从温哥华写信给自己的养母。"不论我在哪里，您一定要记得，我一直思念您，爱着您，您的伤痛与孤独我感同身受，虽然您可能并不这么想，但请您明白，这是我的真实感受。"这一次，梅子没有提起自己对乔治城那座老房子的想念。在这么多年的工作以及游历中，梅子获得了越来越正面的认同，这也使她更加明确自己的方向。"请不要为我担心，"前往日本的船启航前，梅子给兰曼女士写信说道，"中国皇后号是一艘好船，驾驶平稳，我会得到周到的服务和照顾，两周后就能到家。"

梅子离开日本的一年里，舍松非常想念她；舍松家的老大也已经12岁了，她手上开始有不少空闲时间。与此同时，繁子却越来越忙：除了要照顾六个从6到15岁不等的孩子，她还接手管理梅子在女子高等师范学校的几个班。1899年1月4日，正好是新年假期期间，在这一天，梅子参观了大英博物馆，坐上双层巴士的上层观赏英国街景，同时还在勾画着即将到来的巴黎之行；舍松则在这一天邀请繁子一起过新年，两位老友终于得此宝贵时间相聚。

繁子与舍松分享了女子高等师范学校里发生的各类新闻八卦，同时也带来了一条充满希望的消息：师范学校校长高岭秀夫（Hideo Takamine）计划提升学校对西方思想的重视程度。很久以前，高岭秀夫是舍松的哥哥们在会津藩校的同学；健次郎在耶鲁上学的那几年，高岭恰巧在美国纽约州北部的奥斯威戈师范学校读书。他与舍松她们不仅是老朋友，更是思想上的同路人，在美国的学习生活让他们了解到，教育可不是在课堂上背诵课文那么简单。

自从爱丽丝·培根十年前离开东京以后，日本友人们就盼望着爱丽丝能再度赴日。现在，她们终于看到机会了。舍松让繁子试着探探高岭的意见，结果不出几天，高岭就来大山宅邸登门拜访了。舍松将当晚的讨论结果告诉给爱丽丝。"看起来，他确实希望学校里能有你这样的老师，"舍松告诉自己的继姐，"一位合适的美国女性"，在课堂内外都能树立起文化榜样。"我认为学校需要一位有坚韧品格，能够给孩子们带来正面影响的外教，"舍松继续道，"当然，你也许并不总能按照自己的意愿行事，但高岭先生的思想很前卫，他会理解和支持你的工作。"

在又一封信中，舍松继续劝说爱丽丝。虽然师范学校的工资不高，但爱丽丝一天只需要上两小时的课，剩余时间尽可用来做其他有趣的事——梅子已经将自己办学校的计划告诉了爱丽丝，所以爱丽丝也可以帮梅子做事。"他们都很尊敬你，希望你能答应帮忙。"舍松提到了高岭和他的同事们。一番夸赞奉承之后，舍松又使出另一项劝说技能，好让爱丽丝感到非去不可："他们希望你尽快来，我也希望你能答应，如果你不来，那可是就成了我的责任，他们会认为，我的话没能打动你，所以你才没接受这份邀请。"

师范学校的教职工作比爱丽丝之前在华族女校的工作更有吸引力。繁子会成为爱丽丝的同事，而且舍松认为，梅子从美国回来后会继续在师范学校任职。"梅子对另一所学校并不满意，那所学校的许多老师也不喜欢梅子，所以她即使回去了，也不会感到高兴。"如果爱丽丝、繁子和梅子在一所学校教书，舍松则可以在背后适时地给她们一些建议，那么这就非常接近她们少女时代所追求的在日本办学的梦想了。

然而，爱丽丝在汉普顿还肩负重任，她没能立刻给舍松一个使其满意的答复。爱丽丝刚完成汉普顿学院的护士培训医院的建设工作，又紧接着投入了一个新项目：1897年，爱丽丝在新罕布什尔州斯夸姆湖畔开办了面向学者和知识分子的迪普黑文夏季度假屋。爱丽丝在美国的生活是充实的，但她也听从了日本的召唤，其中还有一个原因，那就是爱丽丝的养女光子即将完成美国的学业，返回祖国。梅子还在英格兰的时候，爱丽丝就写信向梅子表达了自己的想法，梅子也将爱丽丝的想法转述给了乔治城的兰曼女士。"爱丽丝确实在考虑再度赴日的事，如果此行成真，那是再好不过的，"梅子写道，"她善良，稳重，优秀，值得信赖，我非常看重这位朋友。"在思索生活新篇章的同时，梅子也认识到，可靠的朋友比什么都重要。

1899 年，暑热正酣，梅子结束了她在国外一年多的旅程，踏上了日本的土地。几天后，梅子就被传唤入宫（同时入宫的还有去年夏天一起参加丹佛大会的同事），向皇后本人做海外见闻报告。"这将给我这一年的旅程画上完美的句号。"梅子告诉兰曼女士。进宫禀报，这是自 1882 年回到东京以后梅子一直渴望的待遇。自 1771 年获准赴美留学后，皇后终于首肯，认可梅子的成绩——作为女性教育权威，梅子的名声正越来越响。"到那时，当女校建立起来，你们也学成归来，你们将成为全国女性的榜样。"完成了自己的学业的梅子，已经做好成为榜样的准备了。

八月的东京潮湿闷热。梅子穿着一件用日式衣料剪裁的西式裙装，这符合当天觐见皇后的场合。梅子对这件裙子感到满意，但花边帽、紧身胸衣和蕾丝领总让人有些喘不过气，还好觐见的过程简单得近乎仁慈。梅子和她的同事跟随一位官员进入觐见室。皇后穿着一件镶白边的粉色朝礼服，梅子她们来到皇后面前，向皇后鞠躬数次，回答了皇后的提问。在过去这一年，梅子一直都讲英语。"当然，这是莫大的荣耀，"梅子写道，"但是站在皇后面前讲话对我也是一项挑战，我生怕自己一出口就犯错。"一番使紧身胸衣嘎吱作响的鞠躬后，梅子她们走进前厅，等候她们的是丰盛的茶点。依照惯例，她们还将领取皇后赠予的白色绸缎。

梅子正在被越来越多的人认识。入秋时，一位记者拜访梅子，这位记者正在做有关名流女性的系列报道，他想将梅子的故事纳入其中。"我告诉他，现在这么做还为时过早，我不想这么做，"梅子告诉兰曼女士，"我想他可能被我的拒绝逗乐了。"看到报纸上出现有关自己回国的报道，梅子固然感到很满意，但梅子绝不希望媒体认为过去的一年是自己事业的高峰。"

梅子恢复了华族女校和女子高等师范学校的工作，她每天连续讲好几个小时的话，嗓子又疼又哑。梅子的日程排得满满当当，但她的心思却在别处。12月时，她袒露了自己的想法。"亲爱的莫里斯太太，"梅子给自己的费城女赞助人写信说道，"我一直想写信给您，近来更是如此，我要告诉您，在这个学期末，我将向华族女校提出辞职申请，并正式着手去年夏天告诉过您的建校工作。"同时寄出的还有给玛莎·凯里·托马斯的信，在信中梅子重申了自己的计划，她请求自己的赞助人为办学筹款。

话既已出，就没有回头路了。不过，梅子还需要将这一学年的工作认真做完。在信的末尾，梅子请求自己的赞助人小心一些："我不喜欢国外舆论界任意夸大，或者随意评说我的工作，因为东京这边对流言蜚语的接受程度非常有限，"她写道，"所以请您拜托那些有可能将这件事传出去的人保持谨言慎行，毕竟，我还需要对政府负责。"

最谨慎的是梅子自己。华族女校和女子高等师范学校里的同事们（当然，除了繁子）都没有察觉到梅子心不在焉的状态。一月，政府为梅子提高了薪水和官阶，这又一次证明了政府对梅子的认可。手头有了更多可以支配的钱，梅子心怀感激，然而她并没有因为这件事大肆庆祝，甚至一个月后才在信件中提到这件事。新的世纪正在来临。"1900 年，这写起来是多么奇怪！"梅子惊呼道，"我总是犯错，总写成 18，反应过来后赶紧改正。"

这是一个充满希望的新起点。1899 年，中日战争激发的爱国情绪还在日本上空飘荡之时，明治政府通过了一项女性教育法，要求每一个县必须开设至少一所女子学校，与已经存在的男子中学呼应。只有让受过良好教育的女性培养出受过良好教育的儿子，他们才能够为日本的未来奋斗。同时，另一项条例宣布禁止宗教教育，这限制了教会学校的自由。自此，政府确实扩大了女性教育，但女性教育却也更受政府管控。

在政府法令的政治含义之外，有两件事情是不言自明的：开办新学校意味着对新老师的需求扩大，学生增加意味着一定会有一些学生选择继续深造。1900 年到来之前，日本政府建立了 52 所新学校，并招收了 12 000 名中学女生。在此之前，日本只有东京女子高等师范学校一家为女孩提供更高程度教育的学校。

此时正是梅子开展自己的职业计划的最好时机了。天时，地利，人和。"我收到了爱丽丝·培根的来信，她很快就会来日本。"二月时，梅子在给兰曼女士的信中提到。到了三月，爱丽丝已经在费城与梅子的赞助人们——包括安娜·哈茨霍恩、玛莎·凯里·托马斯、莫里斯太太等人——讨论建立英文学校的细节了。作为津田小姐日本新学校筹资管委会成员，这些女士很快就筹集到了两千美元。一个月后，爱丽丝出发。高岭先生为爱丽丝提供的女子高等师范学校的工作是她在日本立足的保证，但爱丽丝此行真正的目的是帮助梅子实现她的梦想。

爱丽丝的身边还有一位同伴。渡边光子，那个 1889 年被爱丽丝带回美国的 5 岁小女孩，如今已经成长为一位年轻女性，正如 18 年前的梅子，从船上走下来踏上横滨港的光子，对她去美国之前的生活只有非常模糊的记忆。但是，她不需要承受梅子曾经承受过的沮丧和煎熬，她将在自己的祖国拥有一席之地。就在未来几个月之内，一所新成立的学校将迫切渴望她的才华。

1900 年 7 月，暑期将近，梅子接了几个班的课之后，便辞职了，放弃了官阶、薪水，结束了与全日本声名最响的女子学校长达十五年的关系。梅子的离开一时间成了大新闻。"当我提出辞职时，没有一个人相信我，我知道不论是现在还是未来，我都会遇到阻力，"梅子情绪高涨，她写信给布林茅尔的朋友们，"但是我自由了（梅子在自由两字下面连画两条线），我已经烧掉身后所有的船，没有退路了！"摆脱皇室义务，一心为女性教育工作，梅子认为这是条更纯粹的路。"我想逃离所有保守和教条，现在我已经是一介平凡人，可以想做什么就做什么。"正如自己的父亲当年所做的，梅子也放弃了头衔，转而开始追求职业理想。

当兴奋褪去，梅子以更平和的心情给玛莎·凯里·托马斯写了封信。"从这里的学校辞职要比从美国的学校辞职困难得多，任何成长在美国民主制度下的人都无法想象。虽然我还算体面地辞职了，但我觉得，在之后的两三年内，我都无法为自己的办学计划向这里的熟人们开口求助。"即使东京的精英们能够理解梅子的决定，他们也不大可能为梅子打开自己的钱包；虽然成功举办过慈善会，但慈善的传统尚未在日本站稳脚跟，梅子需要外国人倾囊资助这项计划。紧锣密鼓地开始工作之前，梅子和爱丽丝在山中温泉胜地享受了短暂的暑假。"请写信给我，这对我是种鼓励。"梅子恳切地告诉布林茅尔的朋友们。

最要紧的是找寻合适的校舍。梅子心目中的这所学校并非只是由几间教室，几张桌子组成；它应该能够成为学生们的家。师生同住一个屋檐下，学生们不仅从书本和课堂上汲取知识，在平时与老师们轻松的聊天中，也能获得启发。英文是最重要的一门课，同时，学生们将会有一张丰富的课程表，它更注重锻造学生们的性格，而不仅仅是知识的传授。梅子认为，除了培养讲一口流利英文的人，以及培养英文教师以外，学校更深邃的教育理念是，培育出深受西方思想滋养，深谙女性教育重要性的人，不论毕业之后会否再次踏进教室之门，她们都将坚守这一教育理念。

1900 年 9 月 14 日，周五，在一栋租来的房子中的一间小屋子里，十四名学生凑在一起，庆祝女子英学塾的正式开办，女子英学塾，即女子英文私立学校。十名学生加入了梅子的三年教学项目，另外四名学生年龄稍大，她们需要为参加英语资格考试做准备。学校有三位老师：梅子、爱丽丝，以及在华族女校读书时就与梅子同住的铃木歌子（Utako Suzuki）。爱丽丝的养女光子尚未成年，她负责协助三位老师的工作。作为大山侯爵夫人、赞助人和顾问，舍松这一天也到场，为不起眼的学校环境增添了一份荣誉感。

典礼的第一个仪式是恭敬地朗诵《教育敕语》——从华族女校辞职已经是件引起众人震惊的大事了，梅子可不想再进一步疏远与权贵们的距离。虽然梅子是用英文打的底稿，但她选择用日文进行正式演讲，该演讲内容与《教育敕语》所透露的儒家保守思想形成了一种奇特的对立。

就目前尚未成形的教学环境，梅子提醒她的学生们，装修一新的教室和宽敞的图书馆并非一所成功的学校的核心要素；最重要的还是"教师质量，师生的热情、耐心和努力，以及追求人格和知识培养的精神信念"。学校之"小"也是大优势。梅子继续道："给一间大教室里的所有学生同时传授一些知识，这几乎不可能，真正的教育是悉心对待每一个学生，就像我们每个人的长相有不同，我们每个人的脑力和道德特征也各不相同。"梅子希望培养出懂得独立思考的个体，而非只知道死记硬背的玩偶，学生们将学会思辨，成长为老师和丈夫之外的独立体。

梅子对女性地位的认知与儒家思想相背离，她清楚地认识到，女子英学塾的学生们将成为新时代的先锋人物，肩负责任感，挑战不合时宜的旧观念。梅子认为，此刻对于日本女性正是一个关键时刻，将决定她们未来能否接受高等教育。"人们不大会批评学校课程，或者你们的学习方法，他们会在你疏忽的小细节上挑你的毛病，而这些小细节是你们最应该注意的，一位真正的淑女总会关注这些小细节，"梅子告诉女孩们，"这包括你所采用的语言、谈话的举止，以及对礼仪习俗细节的关注。"虽然梅子秉持的是更先进的教育理念，但她要

　　　　　　　　　　　　　　　　　　武士的女儿

求自己的学生们尽可能不要漏出棱角。"我希望你们的行为举止不要引人注意，不要显得超前，你们要时刻表现得温柔、顺从、有礼貌，就像过去的女性那样。"虽然多萝西·比尔和玛莎·凯里·托马斯深深影响了梅子，但她还无法完全背弃儒家思想。

校舍的租金是 50 日元，虽然不算贵，但也比梅子在华族女校的月薪要高。这栋房子一共有七个房间，其中包括厨房，以及爱丽丝和梅子的卧室，逢到上课的时候，所有房间都需要用作教室。房子里摆放着一些普通家居，一些女孩就坐在榻榻米上听课。梅子的藏书就是简易图书馆，她的照片就是唯一的装饰。房子里还有一架破旧的钢琴，没有赞美诗集，爱丽丝干脆自己打印，每周，女孩们会伴着钢琴伴奏唱赞歌。

开学后的六个月内，学校的学生数量就翻倍了，入学要求也随之提高，因为梅子认为，能力薄弱的学生无助于为学校建立良好的声誉。爱丽丝不收工资，每周上八个小时的课，每周五上一堂时事课。只接受英文学习的话，学生们无法培养出梅子期待的正直品格；"在这门学科上精进的同时，"梅子告诫她的学生们，"不要忽视了其他方面的努力，齐头并进才有助于你们成长为完整的女性。"除了英语课以外，还有日语和中国文学、历史以及伦理课。正如布林茅尔以该校与哈佛课程不相伯仲的广度为傲，梅子的学校也将证明，在学业上，巾帼不让须眉。

梅子的学生们惊讶地发现，这所学校不要求自己抄笔记，死记硬背，考试之前反复记忆。梅子期望女孩们在课前就做好准备工作，积极参与课堂讨论，表达自己的看法，甚至挑战老师的观点。不论老师资历深浅，对其观点看法的无条件认同植根于日本文化中，梅子的教育方针无疑是革命性的。梅子不允许学生们为懒惰和懈怠找借口。梅子认为，语法、发音和拼写是基本学习，她对女孩们要求甚严，直至她们将所有细节弄准确。"再试一次！再一次！再来一遍！"

学生们的英文水平上升到一定阶段后，梅子就让她们学习《小爵爷方特勒罗伊》（*Little Lord Fauntleroy*）和《织工马南》（*Silas Marner*），不知是有意还是无意，梅子挑选出的故事，其主人公都是被命运的大手推来操去却依然保持乐观豁达的孩子。梅子和爱丽丝还为半月刊杂志《英语学生》供稿，她们也会用自己的语言重新演绎经典英语故事。一篇由光子创作、爱丽丝修改的《流行童话故事》取材自光子的十年美国生活，《日本邮报》称其"用词简练、有力、纯粹，是一篇英文佳作"。

第二年春天，局促的空间已经容不下这么多学生了。因为买不起合适的校舍，梅子将学校搬去一栋租金更低的房子，距离皇居不远。这是栋宽敞的房子，颇有来头——曾经为一位贵族男士所有——但住起来问题也不少。每次下雨，房子都漏水，每次漏水的位置还不一样；房子里没有暖气；已经弯曲的房梁似已不能支撑房顶多久了；湿气侵入墙壁，使墙壁上生出一道道裂痕；开关门时吱吱呀呀的声音在隔壁卧室和教室都能听得见。"有个学生说，这也是我们的优势，如果某个学生生病不能上课，躺在隔壁房间的床上也能听讲。"梅子写道。最可怕的是，有传言称这栋房子闹鬼：其中两个房间里都发生过悲剧事件。梅子可不是个胆小的人，她爽快地决定由自己住这两间房，一间作卧室，一间作客厅。"因为我从未看到过什么鬼，所有女孩们也就停止幻想了。"

将闹不闹鬼放在一边，有更宽敞的校舍总是件好事。现在，每个人都有了足够的空间，梅子和爱丽丝便开始举办一系列月度文学聚会，就是舍松和繁子曾在瓦萨参加过的那种聚会活动。这些活动将英语学习搬到了课堂外，学校以外的朋友们都可以来参加，观摩女孩们的进步。五月底，梅子她们为庆祝皇后生日举办了一次活动。"女孩们朗诵了一些段落，然后表演了《小红帽》，"梅子向兰曼女士报告，"嗓音动听的小歌唱家演唱过后，一位学生为我们表演了小提琴独奏，这真让人感到愉快。"这天晚上的活动还提供茶水、蛋糕和草莓。

音乐、草莓、外婆，还有大灰狼——梅子将自己美国童年生活的味道，以及丰富有趣的社交生活带给她的学生们。第二学年开课之前，舍松邀请所有师生外出野餐。没有人力车列队，大家一路走到隐田的大宅子，度过了愉快的一天。舍松带女孩们参观自己的家，端出三明治和蛋糕让大家品尝。"我们甚至爬上了房顶的换气圆顶。"梅子写道。大家在房子里做游戏，在草坪上打网球，一个大山家的男孩还像女孩们展示了自己的成像装置，那是一种立体试镜，有配套的相片卡，当你透过镜头观察相片卡，会发现上面的物体似乎在运动。女孩们简直被这件东西迷住了。"她们当中许多人从未见过气派的外国建筑，她们认为卡片上的建筑很漂亮，"梅子写道，"我们大概六点回到家，又累又快活。"其他学校的日本学生还在像学拉丁文一样学英文时——他们背单词，做翻译，却从不开口说英文，梅子的学生们已经开始在生活中活学活用这门外语了。"我为她们感到骄傲，"梅子写道。

也许这么想有些不谦虚，但梅子确实在很多方面为自己感到骄傲。在学校建立第二年的秋天，教育部任命梅子为英语教师资格考试评审会评审员。几个月后，梅子与另外三位男性评审员坐成一排，面前是64位进入最终评选环节的应试者（其中只有四位女性），他们将展示个人英文口语表达能力。"候选者并非男孩子，他们都是成年男性，有些人已经是老师了，"梅子告诉兰曼女士。"我尽量让自己表现得得体从容。梅子作为一位女性——还是位未婚女性——坐在评审席上品评面前一众男性的表现。"这是一项重大责任，"梅子写道，"也是件值得骄傲的事，还没有任何一位日本女性这么做过，但是我开了先例。"

学校搬进麴町的元园町后，梅子将新地址寄给兰曼女士。"很抱歉这么晚才将地址告诉您，但是请放心，即使地址栏里只写着'东京'，我也一定能收到，"这是句实话——哪怕信封上只写着"津田梅子，教育家，东京"，梅子也能收到。梅子倔强地坚持着不婚主义态度，这是条险峻的路，但最终，她找到了最合适自己的位置。

三个裹在披肩里的女孩浑然不知所措地走上华盛顿漫天飞雪的火车站台，至今已经三十年；那一群刚刚履新的日本政坛青年远渡重洋与美国总统谈判，也已是三十年前的事了。1902年3月，岩仓使节团中还在世的成员们又聚在了一起。聚会地点是私人贵族俱乐部，但它的曾用名更能勾起人们的记忆：鹿鸣馆，它象征着日本人对西方事物的着迷与追求，也正是这种热情激发了岩仓使节团踏上赴美的旅程。19世纪80年代末，鹿鸣馆逐渐被看作代表明治时代改革过于激进的反面教材。加之鹿鸣馆附近建起了帝国酒店，政府也就不再需要鹿鸣馆继续扮演接待外国游客的政府会客厅的角色。不久，鹿鸣馆被转卖掉了。

舍松、繁子和梅子是聚会席上仅有的三位女性。"男士们待我很好，"梅子写道，"大多数人都老了，留着大胡子，头顶也秃了，我是聚会上唯一的小宝贝，就跟当年的情形一模一样，当初亚美利加号从日本出发开往美国时，我就是船上的小宝贝。"还像当年一样，交谈由男士们主导；晚宴后是一系列演讲，"我们几个女人只负责听和欣赏。"使节团成员们回忆着曾经那段赴美岁月，这次聚会一连好几个星期都是媒体的焦点。

他们没有去回忆那些扑面而来的新事物和新想法，曾经的新事物和新想法，如今已完完全全融入日本的军队、工业和政府机构里了。他们讲述的是曾发生在自己身上的糗事：如，比起一顿烤牛排，他们更渴望一碗米饭，一口咸菜；比起一身别扭的西服，他们更渴望在酒店房间里换上舒适的和服；怎么也用不惯的西餐餐具；会见格兰特总统时，一位副大使的头饰突然掉到地上，他赶忙捡起来，慌慌张张重新戴在头上。大家要么袒露发生在自己身上的尴尬事，要么揭穿发生在同事身上的荒唐事，大厅里笑声迭起。大家乐呵呵地回看19世纪，那时每个人都摇摇摆摆，终于迈出了第一步。如今，这些人已经领导着日本这个现代国家走入20世纪了。

对宴会上的三位女性来说，她们成长的关键时期是从跟随使节团上路开始的。聚会当天，大山侯爵夫人和瓜生上将夫人提议早点走，三人离开宴会厅，坐上舍松的马车，脑海中装着满满的回忆。这一晚，她们三人舒服地缩坐在舍松家的西式沙发上，官阶和责任被远远抛开，仿佛又回到了做女孩的时代。"我们得到了一次彻底的放松。"梅子写信给艾德琳·兰曼。

这三位女性似乎又一次自成一国，因为她们比世界上其他任何人都更了解彼此。虽然后来的路不尽相同，但曾经的共同经历将她们紧紧相连：一位是尊贵的侯爵夫人，一位兼顾妻母两个角色，一位是终身未婚的教育家。她们面临不同的挑战，以不同的方式寻求慰藉，但她们一直拥有彼此。

二度旅居日本期间，爱丽丝收到了令人悲痛的消息：她的哥哥阿尔佛雷德突然逝世；紧接着，爱丽丝又突发白喉，这加重了她低迷的情绪。虽然爱丽丝非常渴望陪伴梅子走完创业之路的第二年，但她知道，自己的日本之旅要结束了。临行前，爱丽丝、梅子、舍松和繁子在一家摄影工作室留下了一张合照。这张四人唯一的合照，记录下了她们心中的骄傲、乐观的态度，或许，还有一丝遗憾。

爱丽丝坐在中间，她的身体微微侧向一边，面色坚定，乌黑的裙装凸显出爱丽丝宽阔的肩膀，一丝灰白已飘上她的鬓角，人到中年以后，爱丽丝下巴鲜明的轮廓也柔和了许多。梅子穿着和服，站在爱丽丝一旁，并不比坐下的爱丽丝高出多少，她直视镜头，娴静地微笑着。繁子站在爱丽丝的另一侧，戴眼镜，暗色的和服使她看上去更沉着，不似平日里的开怀，镜头前的繁子收敛了她的笑容。其他三人都挺直着腰背，只有舍松，身体微微斜倾，与爱丽丝膝盖对膝盖坐着。她的目光游离出镜头的角度，表情更轻盈，双手藏在浅色丝绸和服的袖口里。看到这幅照片，使人不禁想要去揣度照片中人物的心境。

"学校进展得一切顺利，一共有 60 名学生，这已经达到我能接受的最大工作量了，真是有做不完的事情。"一月的某一天，梅子写道。不论是命运使然，还是意志驱动，毫无疑问，梅子走过的路比任何一位日本女性都要远，这些曲曲折折的路引领梅子收获了此刻的成就。"几天前，我还在感叹，小时候我在您的藏书室里杂七杂八地读了那么多书，现在终于派上用场了。"梅子逗趣地向兰曼女士提到。梅子童年时的爱好与其他日本女性都不同，正是这一爱好，给予梅子的生活更丰富的意义。"我坚信，我的工作是有益的。多年以来我一直怀着这一心愿，希望我的一生，以及我所树立的榜样不会白费。此刻我认为，我的愿望成真了。"曾经对于自我选择的犹疑消失不见，对于梅子，学校就是家。"在这里，我收获了许多朋友，得到了数不尽的欢乐，我相信这就是我一生的心血。"爱丽丝的离开确实是学校的损失，但梅子相信，安娜将会赶来接替爱丽丝的位置，兑现多年前在那趟去海边的火车上与梅子的承诺。

同年，梅子采取法律措施，将自己的名字从父亲家移除，从法律上独立门户——此前日本人还从未听说过哪个独身女性有这样的举动。梅子在自己的名字"Ume"后面添加后缀"ko"，因为"Umeko"

听上去更摩登一些①。梅子仔细确保自己的身份被登记为士族，这也代表了武士；梅子一生推崇西方思想和女性教育，珍惜与皇室的亲近关系，但同时，她也以祖先家世为傲。在照片中，梅子年轻的面庞流露出内心的坚定、沉着与自信。

繁子成为了女子高等师范学校的中流砥柱，她耐心、热情、富有同情心，上至校长，下至年幼的学生都喜欢她。没有学生愿意辜负瓜生老师的希望。自从 1881 年选择了这条路，作为妻子、母亲和音乐老师，繁子从未离开，似乎也从未怀疑过自己的选择。但是，繁子有六个儿女需要照顾，丈夫又常年在外，这样的生活也逐渐令她感到困乏。迫于精神压力，以及在 41 岁的高龄意外怀上第七胎的现状，繁子将于这一年结束自己的教师生涯。

至于舍松，那个顺利从瓦萨学院毕业，获得风光和荣耀的女孩，后来并未如同学们期待的那样兑现她的承诺。虽然因舍松而起，日本也开始发展慈善事业，她也在背后支持着日本的女性教育，这都是值得骄傲的成绩，但舍松大部分的生活还是贡献于自己这个显赫家庭的打点和管理。1882 级瓦萨毕业生 20 年聚会之际，舍松向同学们寄去了自己的消息，其中透露出她心中的沮丧。津田小姐的学校蒸蒸日上，她写道，"至于我，我能说出什么让你们感兴趣的呢？一件事也没有。"

---

① Umeko 的中文翻译即梅子，因为后世人皆称呼书中这位主人公为"梅子"，所以本书的翻译也从头至尾采用"梅子"这一名字。——译者注

武士的女儿

与你们的生活相比，我的生活何其平淡……你们会想听我讲自己为什么辞退了一个仆人吗？会想听我说如何又雇到了新仆人吗？或者我和某些军官吃晚饭，席间他们一直在谈论军队的事，或者我的小儿子成绩糟糕，我对他已经失去耐心了，或者因为天气太冷，我饲养的蚕状况不太好，又或者我的生活被各种社交活动填满，来自各种俱乐部和组织的邀请信一堆又一堆……不，这样的事情全世界都在发生，所以我不认为我的生活和普通美国女性的生活有什么区别。

舍松没有创立任何一间学校，也没有加入"高贵的老处女"行列。日本第一位女性大学毕业生隐退于被名誉和地位层层包裹的生活里，从外表上看，只有额头上的几缕卷曲的刘海儿还保留着这位瓦萨女孩曾经的朝气蓬勃。1900 年，几位来自纽黑文的朋友前去东京探望舍松，"我们感觉她比实际年龄看上去苍老，"虽然依旧那么优雅，但眉宇间透露出一丝忧郁。

"我已经好几年没这么笑过了，"开心地与老友们聊了一个小时之后，舍松告诉他们，"在日本，年纪大的女性便不再开怀大笑。"舍松今年 40 岁，是三个岩仓使节团里的女孩中唯一一个回到日本后就再也没有离开过这个国家的人。然而，这位会津的女儿能够笑对生活，以这样自我嘲讽的口气说自己和普通美国女性没什么区别，这本身就是了不起的。

1902 年 4 月，爱丽丝开始收拾行李，距离出发还有几天，爱丽丝、梅子、舍松和繁子抓紧一切机会共度最后的时光。舍松为爱丽丝举办了一场午餐会，繁子则尽量在梅子的学校待得久些。出发当天，许多人前来新桥火车站送别爱丽丝，舍松、繁子和梅子与爱丽丝一同上了火车，她们会把爱丽丝送到横滨。蒸汽船出发前，她们还有时间一起安安静静地吃最后一顿午餐——作为四个中年女性，她们早已习惯了周围的环境，她们亲密地用英文聊天。这与 20 年前，同样在横滨，繁子欢迎自己最亲密的朋友们回到这片陌生的祖国土地时几个人一起吃的那顿饭截然不同。那时，繁子突然想到，或许另外两位早已不会用筷子了。

　　"我有种奇怪的感觉，"那顿午餐之后很久，梅子在一封给兰曼女士的信中提到，"这感觉就像一颗被移植的树，它需要一段时间才能适应新环境；而我也不禁在想，我被移植进的竟是如此迥异的土壤。"这三个岩仓使节团的女孩，曾两度迁徙，生下根，繁茂地生长。即使连政府都曾一度失去方向，但她们没有让国家失望，而是以自己的方式，兑现了国家的期待。除了她们三人，大概也只有爱丽丝了解其中的代价。成年后，这三位女性只能以一双外国人的眼睛观察祖国，这却也是一种古怪的能力。她们是回家了，但往更深处看，她们致死也无法停止那份思乡之情。

　　午饭过后，朋友们陪伴爱丽丝来到港口。船将于三点发出。"我们一直站在那里，直到蒸汽船消失在码头，"梅子写道，"看着船逐渐驶向远方，那感觉真叫人绝望心碎。"

　　　　　　　　　　　　　　　　　　　　武士的女儿

第十五章

尾声

　　梅子的学校蒸蒸日上。1903年，学校终于搬入了英国大使馆附近一栋设施更齐全、更合适教学的房子。这次校舍搬迁的费用由一间名为外友会的日本女子俱乐部赞助，赞助人皆为有过出国经历的女性，其中也包括舍松和繁子；同时，一位波士顿的女赞助人也送来了惊喜，给学校赞助了六千美元。此后的20年，这里都是学校的校址。1904年，政府批准该校为"专门学校"，即职业学校，这是女子私立学校里最高级别的办学形式。1905年，教育部进一步批准梅子学校的毕业生不需要再参加教师资格考试。

　　梅子姐姐琴子的两个女儿及舍松的女儿久子都在这所学校里读书，繁子也说等女儿大一些了就送她们来。"您看，这所学校成了女孩们的大本营。"梅子骄傲地写信给兰曼女士说。这一年，梅子的学校共有来自全日本的150名学生入学。爱丽丝离开后，安娜·哈茨霍恩果真赶来接替爱丽丝的职位，她是梅子教学项目中的关键人物，既肩负教师责任，又做管理者。安娜也是梅子最亲密的陪伴者，二人在镰仓买了一栋小别墅，窗外就是海景，逢空闲时间，她们总要去小住一番。

作为平衡政府保守势力的一股力量，梅子学校的重要性不可低估。战争又一次近在眼前。自从日本第一次与西方国家正面交锋后，日本国内民族主义情绪高涨。1895 年，日本打败中国，给了俄国可乘之机，1904 年初，针对朝鲜的控制权，日俄两国再次剑拔弩张。比起十年前那场战争，1904 年至 1905 年的日俄战争耗时更长、更血腥、战事更复杂。日本数次击败俄国军队，后因西奥多·罗斯福（Theodore Roosevelt）的外交介入，明确日本已上升为全球力量的一支，日本才罢休。

在这场战争中，大山岩又一次扮演了核心角色，这一次，他出任的是日本满洲军总司令。战后，天皇将大山侯爵升至公爵。副上将瓜生外吉也立下了功。在战争早期，瓜生率领的海军中队击没了两艘俄国船舰，天皇授予其男爵爵位。两位将领后方的妻子们也名声斐然：她们筹款，为士兵收集慰问袋①，把自己知道的所有情况都写给爱丽丝·培根，鼓励有心的美国人捐钱捐物。

舍松的大儿子和繁子的大儿子相差一岁，因为年纪太小，没有参加对俄战争，但二人都跟随父亲的脚步，成为军校学员。读了海军学校寄来的报告后，舍松的脸上满溢骄傲的神色。"我以前尤为担心高，可是现在我真是要说，他的进步太快了，"舍松写信给爱丽丝，"我感到很欣慰。"

舍松和繁子一生中的许多大事都发生在同一阶段：纽黑文的生

---

① 慰问袋是普通日本国民为其战士们准备的礼品袋，里面装有罐头、干果、慰问信等。——译者注

活，进入瓦萨，结婚，生大女儿，以及生下相差一岁的儿子。1908 年
4 月，她们也共同面对了那场悲剧。彼时，大山高和瓜生武雄受命随
松岛巡洋舰进行海上演习，武雄的父亲曾是这艘巡洋舰的舰长。在一
个黎明前，停泊在澎湖列岛附近的巡洋舰突遇弹药库意外爆炸，导致
船舰翻沉，三分之二的船员丧生。其中包括高和武雄。

　　一收到这令人悲痛的消息，爱丽丝就立刻写信给两位母亲。"你
温暖的文字是对我最大的安慰，"舍松回复道，"有时，我的脑海中竟
然会生出这样的念头：为什么不让其他人死，为什么偏偏夺去这样一
个年轻开朗的生命？……我努力让自己不要过于悲伤，如果我把一切
都表现出来，我丈夫和茶酱①会更加难过。"因为担心舍松的状况，善
良的繁子一如既往地将自己的伤痛藏于心底。"可怜的小舍，这消息
击垮了她，她需要你深厚的爱和鼓励，"繁子写信给爱丽丝，"你知
道，她将自己的生命和灵魂寄托在高的身上，高是那样一个快乐聪慧
的男孩，和舍松一模一样。我真想去看看她。每次我握住她的手，都
忍不住流泪，她将所有情绪都藏在心里，白头发越来越多。"

　　也许是为了唤起一些快乐的回忆，使自己不要陷于悲伤的情绪，
1909 年，繁子陪同丈夫去往美国，其间二人会拜访白宫，参加安纳波
利斯海军学院的舞会，回到纽黑文，在老朋友家住一段时间，并参加
了瓦萨学院的毕业庆祝活动。在瓦萨的校友宴会上，繁子也表达了自
己的感想。"虽然她用词很注意，但能感觉到她对英语的感觉正逐渐
生疏。"《波基普西鹰报》报道说。"我们那里还没有出现瓦萨这样的

---

① 此处为 Chachan，音译为茶酱，是舍松家人对久子的昵称。——作者注

学校，"在宴会上，繁子告诉各位来宾，"但是女性教育及教育方法都在进步。"繁子为瓦萨学院带去了一只华贵的银碗，那是来自日本皇后的礼物，为感谢瓦萨在激励日本女性教育发展上所做的贡献。

　　1912 年 7 月，日本明治天皇去世，距其 60 岁生日只有几个月。一个时代结束了。超过两万人组成了一支绵延几英里的送葬队伍。贵族们身穿全套制服，国会议员着燕尾服，士兵们按官阶一排排行进，将天皇的灵车包围在队伍的中心位置。灵车形似古代木制牛车，在旧时都城京都制作而成，灵车周围是一群穿着传统宫廷服饰的随从。天皇睦仁从天而降，他已然成为了日本崛起的象征。在位 44 年，在他的身上，眼界与腐迁并存，他给日本带来电闪雷鸣般的进步，也曾让这个国家深陷绝望的泥淖。如今，他的国家已经走上世界舞台，成为不可小觑的玩家，他的葬礼也正是一次连接这个国家的辉煌过去与光明未来的机会。普通民众的巨大悲痛验证了岩仓使节团曾经的设想：众神之国脱胎换骨，成为全球舞台上的现代强国，她的子民怀抱国家认同感和自豪感，凝聚一心。新天皇嘉仁即位，改元大正，意为"伟大的正义"。

　　明治天皇逝世不到两年，美子皇后也离开人世——虽然没有留下自己的孩子，但美子皇后被她的臣民们视为这个时代"贤妻良母"的象征。就在美子皇后离世几周前，梅子最亲爱的母亲，将近 90 高龄的艾德琳·兰曼逝世。1913 年，在一次为学校做宣传的旅行中，梅子得以最后一次前去看望兰曼女士，那时兰曼女士的身体已经非常虚弱了，常年孤身一人，乔治城的家也垂垂老矣。为养母打点好财务之后，梅子叫来木工和油漆工，翻修后的老房子能让兰曼女士住得更舒服些。然而，三个月后，兰曼女士就去世了。

50岁以后，梅子的节奏逐渐慢了下来。她的学校已经是一所大学了，发展得很好，但是，她一生为之奋斗的事业正慢慢发生变化。梅子的学生平冢雷鸟（Raicho Hiratsuka）创立的文学杂志《青鞜》（"蓝色长筒袜"的意思）为新一代女性活动家提供了发声的平台。在该杂志创刊号发刊词中写着这样的句子："日本诞生之时，女性是太阳，是真正的人；而现代女性成了月亮，依靠别人的光辉生存，是有着病人那样苍白面容的月亮。"梅子认为平冢是"自私的新一代女性中的一个"，代表了有关女性教育最大的担忧，她们受过良好的教育，却忘记了自己本来的位置。梅子认为女性不应该将自己置于风口浪尖，激发争论；如果女性能够通过学识证明自己的价值，那么自上而下的改革自会到来。"真正的事业需要以平和的方式开展，"梅子写道，"说到底，需要的还是东方人的方式。"

舍松同意梅子的看法。"我不得不说，如今的年轻女孩和以前可真不一样，"她写信给爱丽丝道，"她们没有学到外国教育的精华，却已丢失日本女性最宝贵的品格——优雅、忍耐、纪律、责任。也许是我落伍了，但在我看来，日本女性教育没有在正确的方向上发展。"感到忍无可忍的时候，梅子甚至称那些激进的改革者为"魔鬼代理人"。她的身体状况越来越糟糕；1917年，梅子因糖尿病并发症住院，这是她第一次住院。紧凑的教学日程，加之财务状况长期不稳定，这些压力逐渐反映在了梅子的身体上。

不受时间流逝、政治变幻的影响，一如既往坚如磐石的是舍松、繁子和梅子三人之间的友情。1916 年秋天的一个下午，天色昏暗，繁子和舍松来梅子家喝茶；她们三人并非第一次这样聚会，但是，这一次的聚会还有另一位加入者。不久后，她们就听到人力车吧哒吧哒的声响。人力车停在梅子家门前，坐在车上的女性与她们年龄相仿，一身文静的和服，脸型瘦长，发髻高高梳起。她走下车，四个女人相视无言，记忆将她们带回初到美国那段无所适从的日子。

　　来客是上田悌子，当年岩仓使节团五个女孩中的一员。悌子终于出现了。后来，悌子嫁给了一位医生，目前住在上野，离繁子家不远。几十年前，悌子做出不成熟的决定，与吉益亮子回日本。这些年来，她看着自己曾经的同伴们慢慢摆脱身份的困扰，从疑惑中走出来，不断获得成功，她不禁为自己的失败感到懊悔。四个女人聊了一个小时又一个小时，追忆曾经那段互相依靠的岁月，尽可能拉近彼此间的距离。

　　这是一次受瞩目的聚会，《朝日新闻》甚至派出记者报道了整件事。不论她们经历过什么挫折，收获了多么傲人的成绩，或者为后世留下何种遗产，发生在这几位女性身上最不可思议的，依旧是她们童年时期远赴另一个世界的那场旅程。"自华盛顿一别睽违多年，"两天后报纸上出现了这样的标题，"上田女士受邀前往津田小姐家做客；追忆童真时代，旧时光再现眼前。"

　　日俄战争后，爱丽丝·培根再次赴日，但这次是为了收集写作材料。爱丽丝再未进入任何日本学校执教。从汉普顿学院退休后，爱丽丝在纽黑文定居。舍松的侄子、健次郎的儿子洵后赴耶鲁大学学习生物化学，爱丽丝也兼顾照看这个男孩。爱丽丝的养女、在东京结婚成家的光子由舍松三人帮忙照看。同时，爱丽丝接收了另一个日本寄宿生：一柳满喜子（Makiko Hitotsuyanagi）。满喜子曾是梅子的学生，她在布林茅尔的学业因病被迫中断。满喜子成为爱丽丝在新罕布什尔州度假屋的得力助手。经营迪普黑文度假屋是爱丽丝晚年投入最多的一项工作，它满足了爱丽丝这辈子最有激情的两件事——这里是十六只冠军级别英国牧羊犬的家，还修有几栋建筑风格及装潢设计都体现出浓郁日本风格的房子。爱丽丝自豪地告诉所有游客，迪普黑文是全美国唯一可以享受到正宗日式泡澡的地方。直至今天，迪普黑文还作为家庭度假屋继续经营着。

1918 年，爱丽丝去世，享龄 61 岁。葬礼在纽黑文中心教堂举行，爱丽丝的父亲在世时，每个礼拜日都会在这座教堂布道。爱丽丝在遗嘱中将迪普黑文留给了两个日本女儿。东京的几位朋友一直以来都以爱丽丝寄来的那些言辞间透露出勇气与美式智慧的信件为慰藉，爱丽丝的死，对她们是巨大的打击。

对舍松来说尤为如此。舍松发觉自己又一次陷入了孤独之境。就在舍松第一个孙子出生两个月后的 1916 年底，大山岩在陪伴大正天皇视察军队演习期间病倒了。天皇派去自己的私人医生，送去一份又一份礼物，甚至还送去补身体的汤，但是，这些都未能挽回这位政府元老的生命。大山获得了国葬待遇，舍松从公众生活中隐退，搬进儿子家。"我无法告诉你，丈夫的离去对我的生命意味着什么。"舍松写给爱丽丝。她渴盼自己的朋友能够最后一次来日，安慰自己的丧夫之寂。

第一次世界大战在即，日本上下又一次开始为战争动员。但这次，舍松将红十字会的责任交予自己的儿媳妇，仍积极投身在梅子学校的理事工作中；梅子的身体情况越来越糟，敲定学校负责人的问题也不得不提上日程。1919 年 1 月，梅子从学校辞职。舍松本希望，既然爱丽丝的二女儿满喜子已经回国，那么由她来接替梅子工作也是合适的，可是满喜子还是选择了婚姻，嫁给了一个美国建筑师。

一场流感肆虐东京，舍松将家人送去乡下躲避病灾，但她自己却不能随家人一起去，因为由谁来接替梅子这个问题依旧悬于空中。直到 2 月 5 日，女子英学塾教员辻松被任命为学校执行校长，舍松才松了口气。

第二天醒来后，舍松感到喉咙酸痛；没过两周，流感就夺去了舍松的生命。"大山公爵夫人聪慧、敏感、隐忍，身体积弱的她却时时散发出内心的力量与迷人气质，为日本社会倾注了自己的才华，"一份悼文这样写道，"她敏捷热情，幽默直率，温和善良，从不恶意讽刺。旧时武士道的理想责任与无私精神业已成习，或也因于此，使死亡过快地带走了她。"舍松去世时，享龄 60 岁。

艾德琳·兰曼、爱丽丝，然后是舍松，梅子最坚定的支持者就这样接连离去。舍松离世一周后，梅子遭遇了一次轻微中风，六个月后又遭遇了一次比较严重的中风，她的右胳膊因此瘫痪。在生命的最后十年里，大部分时间梅子都被困家中，生活越来越寂寞。1923 年的关东大地震将包括女子英学塾在内的东京大部分地区破坏殆尽，是花甲之年依旧满身气力的安娜·哈茨霍恩匆匆赶回美国为灾后重建筹集资金。安娜为日本赈灾四处奔走，成功筹集到五十万美元捐款，其中包括来自洛克菲勒基金会和卡内基国际和平基金会的捐款。她一去就是两年，梅子非常想念自己的朋友。再次回到日本后，安娜继续教书，直到1940年，本打算在费城短暂停留的安娜，因为又一场战争的爆发，使得她再也没能回到日本。

1928年11月3日，嘉仁天皇去世、家家户户挂起太阳旗的两年后，嘉仁的儿子裕仁接过神圣的皇室宝物——天丛云剑、八尺琼勾玉、八咫镜，成为新任天皇。就在当晚，与癌症短暂抗争了一段时间的繁子在家中去世，享龄67岁。第二天傍晚，东京首家广播台JOAK向繁子表示哀悼与怀念，播放了卡尔·马利亚·冯·韦伯（Carl Maria von Weber）的《邀舞》（*Invitation to the Dance*）。这是一曲音乐会华尔兹，为听众而非舞者而作，是繁子最爱的一首，也是繁子最后一次在公开场合演奏过的曲子。选这首乐曲来悼念这位曾指导同胞们如何体面地参加一场舞会的女性，再合适不过。

瓜生外吉一直是夫妻俩里面身体状况更糟的那个，繁子去世近十年后，瓜生也随她而去。同样深深怀念着繁子的还有益田孝，那个曾经做主将小妹妹送去美国的年轻武士。与瓜生一样，益田也已经是男爵，从三井物产退休后，益田将精力投向了自己的艺术爱好。妹妹去世时，他以一首短歌表达了心中的哀思：

吾妹儿时颜

今亦挂心间

漫漫美利坚

眼前犹浮现

　　五十年前，梅子曾目送两位挚友离开华盛顿，前往纽黑文，今时今日，她又一次孤独一人。当然，梅子还有安娜。随着梅子的身体愈加孱弱，梅子对这份友情的占有欲变得更加迫切和执迷。最近几个月，梅子在日记里记录的全部是自己与安娜在一起的分分秒秒。

　　繁子去世不到一年后，1929 年 8 月，梅子逝世，享年 64 岁。为了表达对梅子的敬意，女子英学塾后改名为"津田英学塾"。随着震后重建的完成，梅子的骨灰被转至位于国分寺西北郊区的新校园，埋在一处安静的角落，这里竖起一座大理石碑，周围栽种着一片梅树林，就像是一个纪念梅子一生的精神圣地。

　　今天的日本小学生会在社会学课堂上了解到梅子的故事，但很少有学生知道舍松或繁子的名字。津田塾大学依旧蓬勃发展，每年招收 2500 名女本科生，教授的专业包括英语、数学、计算机科学和国际关系学等。津田塾大学的学生们有时称自己为"梅子们"，每逢期末考试和重要的工作面试临近，许多学生都会来到校园里这片梅树成荫的静谧一角，向梅子寻求力量。

致谢

　　十年前的某一天，我从纽约社会图书馆（New York Society Library）地下室的书架上取下爱丽丝·培根的《窥见日本》。那时，我未曾料想到，这本书竟会带我踏上这样一趟旅程，使我遇见这么多了不起的人。

　　本书的主人公及其家庭成员的后代们与我分享了许多故事和历史物件，为我打开了通往过去的那扇大门，他们是琼·培根·布赖恩特，久野明子、津田道夫、瓜生节子和容应萸。藤田家族的三代津田塾大学校友向我讲述了这所大学几十年间的沧桑演变。

　　田中祥子和高见泽贵子是我在东京做研究时结识的两位贵人，是她们给予我宝贵的资源，给我建议和鼓励。许多图书馆和档案馆工作人员为我打开了一箱又一箱珍贵信件、文件和照片，我要感谢津田塾大学的衫浦明和中田友纪，瓦萨学院院长 M. 罗杰斯，纽黑文博物馆的詹姆斯·W. 坎贝尔，日本国际文化会馆（International House of Japan）的林理惠，罗格斯大学的费尔南达·佩罗，以及纽约社会图书馆的布兰迪·坦巴斯科。

许多专家、朋友，甚至陌生人向我不吝赐教：玛格丽特·本德罗斯、莱斯利·唐纳、伊丽莎白·吉特、罗伯特·格里格、安·哈夫迈耶、詹姆斯·霍夫曼、詹姆斯·路易斯、詹姆斯·穆尔肯、安妮·沃索尔，以及芭芭拉·惠勒。还要特别感谢耶鲁大学东亚研究中心教授丹尼尔·波兹曼，他给予我的广泛指导与深刻建议是一笔财富。

我还要感谢那些悉心阅读本书的挚友们，他们是杰西卡·弗朗西斯·凯恩、盖尔·马库斯、赞特·泰勒、卡尔顿·范，以及艾萨克·惠勒。

是罗伯麦·奎尔金慷慨的承诺和艾琳·萨勒诺·梅森智慧的编辑使得这本书得以诞生；不知疲倦的史蒂芬妮·希伯特投入了无数个小时，校对书中的每一个细节；南希·豪威尔描绘了精美的地图。

我要向二村雄三致以最深沉的谢意，他是勤奋的研究者、译者，也是我的公公；没有他，就没有这本书。还有我的丈夫二村阳二，他才是我写作此书的真正灵感来源。是阳二引领我看到了世界的另一边，是我的孩子克莱尔和戴维又将我们带回来。你们在哪里，家就在哪里。

　　　　　　　　　　　　　　　　　　　　　　　　武士的女儿